W0399171

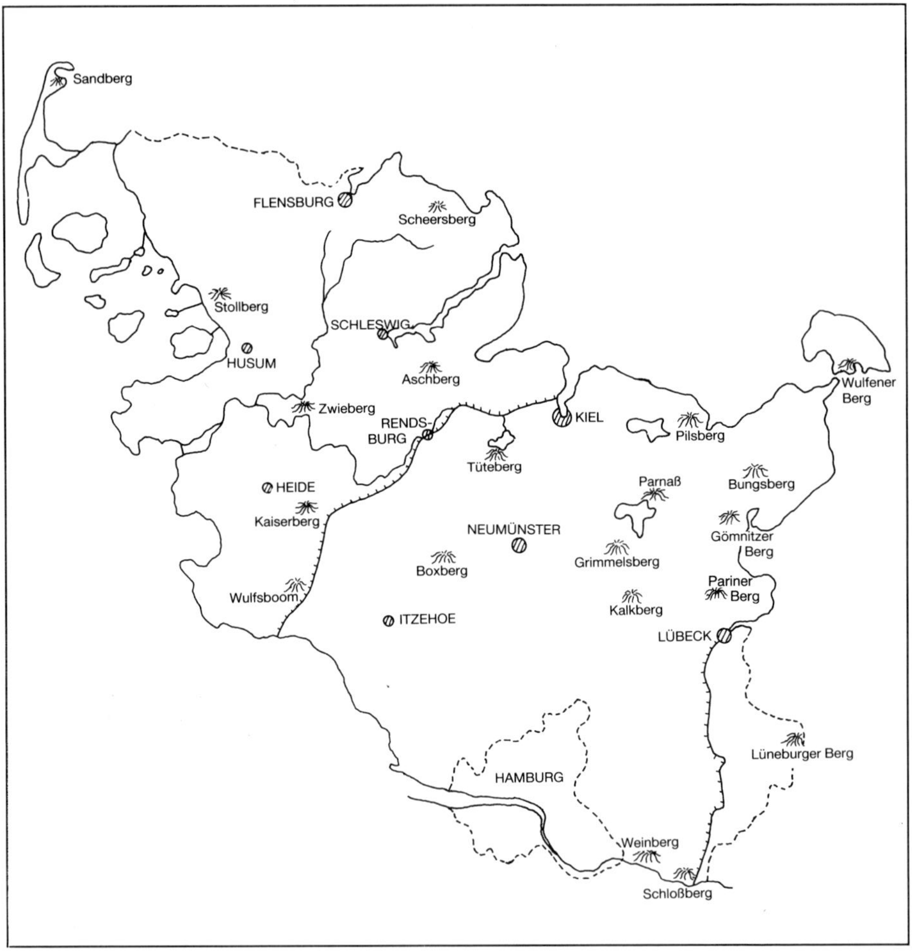

Sandberg
FLENSBURG
Scheersberg
Stollberg
SCHLESWIG
HUSUM
Aschberg
Zwieberg
RENDS-
BURG
KIEL
Wulfener
Berg
Pilsberg
Tüteberg
HEIDE
Parnaß
Bungsberg
Kaiserberg
NEUMÜNSTER
Gömnitzer
Berg
Grimmelsberg
Boxberg
Pariner
Berg
Wulfsboom
Kalkberg
ITZEHOE
LÜBECK
Lüneburger Berg
HAMBURG
Weinberg
Schloßberg

Kurt-Dietmar Schmidtke

Berge
in Schleswig-Holstein

Husum

Abbildungen auf dem Umschlag (v.l.n.r.): Gömnitzer Berg, Tüteberg-Moor, Segeberger Kalkberg, Bungsberg, Scheersberg

CIP-Kurztitelaufnahme der Deutschen Bibliothek

Schmidtke, Kurt-Dietmar:
Berge in Schleswig-Holstein / Kurt-Dietmar Schmidtke. – Husum : Husum Druck- und Verlagsges., 1986.
ISBN 3-88042-318-0

© 1986 by Husum Druck- und Verlagsgesellschaft mbH u. Co. KG, Husum
Satz: Fotosatz Husum GmbH
Druck und Verarbeitung: Husum Druck- und Verlagsgesellschaft
Postfach 1480, D-2250 Husum
ISBN 3-88042-318-0

Ein Buch über Berge in Schleswig-Holstein – Was soll das?

Natürlich weiß ich nicht, wo Sie herstammen, lieber Leser, ob Sie im Flachland zu Hause sind, den Raum der Mittelgebirge Ihre Heimat nennen oder gar im alpenländischen Hochgebirge wohnen. Ganz gleich woher Sie kommen – warum haben Sie dieses Buch gekauft? Sicher nicht in der Erwartung, man würde Ihnen zünftige Bergtouren oder steile Kletterfelsen im norddeutschen Flachland nachweisen, obwohl selbst das machbar wäre (Abb. S. 7). War vielleicht ein Schuß Neugier dabei zu sehen, wie jemand das scheinbar Unmögliche zu realisieren versucht, nämlich über Berge in einem Teilgebiet der Norddeutschen Tiefebene zu schreiben, in einem Raum also, in dem es doch eigentlich gar keine richtigen Berge geben darf?
Größeres Verständnis könnte man vielleicht einer Schrift über die tiefsten Landmarken Schleswig-Holsteins entgegenbringen. Aber, obwohl es hier sehr viel weniger an Fantasie bedarf, um sich dies vorzustellen – wer weiß denn schon, daß Schleswig-Holstein am Grunde des Hemmelsdorfer Sees bei Timmendorfer Strand/Niendorf den „Tiefpunkt" Deutschlands besitzt, nämlich mit 44,5 m unter dem Meeresniveau. Oder – was sogar auf der verbreiteten Generalkarte der Bundesrepublik Deutschland (Blatt 2) mit einem Stern versehen ist – in der Wilster Marsch zwischen Neuendorf und Hinterneuendorf verfügt Schleswig-Holstein über die tiefste deutsche Landstelle mit minus 4 m; eine durchaus aufregende Angelegenheit, wenn man bedenkt, daß in wenigen Kilometern Entfernung das Wasser der Elbmündung und Nordsee um genau diese 4 m höher steht.
Aber was sind das nun für Berge, um die es hier geht, und wo liegen sie? Eine Atlas- oder Wandkarte von Deutschland weist Schleswig-Holstein mit einheitlich grüner Farbe als Tiefland aus. In einer Karte, in der die unterste, grün gezeichnete Höhenschicht von 0 bis 100 m reicht, fallen tatsächlich fast alle Erhebungen im Lande unter den Tisch.
Erst eine stärker differenzierende Schleswig-Holstein-Karte mit Höhenschichten, die anfangs 5 oder 10 m, dann schließlich 20 oder 50 m Höhenunterschied umfassen, läßt in allen Farbabstufungen vom kräftigen Tieflandsgrün bis zum Höhenbraun ein nennenswertes Relief erkennen und ähnelt im Farbeindruck großräumigen Kartendarstellungen mit kleinem Maßstab und allerdings größeren Abstufungen der Höhenschichten.
Auf einer solchen Schleswig-Holstein-Karte entdecken wir Höhenunterschiede von minus 4 m bis plus 168 m. Innerhalb dieses – zugegeben – für Gebirgler nicht sonderlich beeindruckenden Reliefrahmens liegen die Bodenerhebungen, die Gegenstand dieses Buches sind.
Berge definiert man als abgrenzbare Geländeerhebungen, die entweder

durch Abtragungsvorgänge (Zertalung) aus höheren Teilen der Erdkruste herausgeschnitten oder durch Aufschüttung entstanden sind. Zum ersten Typ gehören praktisch alle Berge innerhalb von Gebirgen, gleichgültig wie sich diese geologisch-tektonisch gebildet haben. Den zweiten Typ – die aufgeschütteten Berge – bilden z. B. Vulkane, Moränen und Dünen. Mit den beiden letztgenannten Bergarten nähern wir uns den schleswig-holsteinischen Erscheinungsformen.

Nun existiert neben dem Begriff „Berg" noch der Begriff „Hügel". Er ermöglicht eine größenordnungsmäßige Unterscheidung, die allerdings keineswegs überall gleich definiert ist. Gelegentlich wird gefordert, daß der Berg die umgebende Erdoberfläche um mindestens 150 m überragt, an anderer Stelle muß die Reliefenergie sogar 200 m betragen, und am dritten Ort unterläßt man hypsometrische Definitionen und begnügt sich mit der allgemeinen Erklärung, daß als Berg jede deutliche Bodenerhebung angesehen wird.

Wenn man jedoch Hügel und Berg mit deutlichen Höhenunterschieden voneinander abgrenzt und der Hügel im allgemeinen gerundetere Formen aufweist, dann sind die schleswig-holsteinischen Geländeerhebungen eher als Hügel zu bezeichnen, wenngleich sie ihrer Entstehung nach zum Typ der aufgeschütteten Berge gehören.

Genug dieser Abgrenzungsversuche, was Hügel und was Berg sei. Stellen wir einfach fest, daß alles, was in der schleswig-holsteinischen Landschaft über 5 oder 10 m hinausragt, hier bereits ein Berg ist – punktum! – und daß Kartographen, Topographen und Geographen in voller Übereinstimmung mit dem gesunden Volksempfinden die markanten Höhen in unserem Lande als Berge bezeichnen: Bungsberg, Pilsberg, Stollberg, ja sogar Wulfener Berg, obwohl letzterer kaum 20 m über NN (= das Meeresniveau als Nullbasis) ansteigt. Schließlich sind zwei Schweizen (Dithmarscher und Holsteinische Schweiz) sowie ein veritabler Skilift (Deutschlands nördlichster!) nicht wegzudiskutierende Hinweise auf einen Bergreichtum in Schleswig-Holstein, dem nachzugehen ein lohnendes Unterfangen ist.

Für die im folgenden besprochenen Berge gilt neben dem Kriterium ihrer relativen Höhe als zweiter Auswahlgesichtspunkt ihre natürliche Entstehung. Das bedeutet, weder Abfallberge noch Trümmerberge, weder Deiche noch Warften und auch nicht die für das Marschenvieh künstlich aufgeschütteten Fluchthügel interessieren an dieser Stelle.

Jeder dargestellte Berg ist ein Individuum, besitzt ein eigenes Gesicht und unverwechselbare Besonderheiten. Das ergibt sich z. B. aus der Genese wie auch aus der lageabhängigen Funktion als Aussichtspunkt mit oder ohne (Bismarck-)Turm. Neben der relativen Höhe und der natürlichen Entstehung ist die Blickweite ein dritter Auswahlaspekt für die Beschreibung bestimmter Berge.

Die Vielfalt individueller Merkmale der schleswig-holsteinischen Berge ist

Der Segeberger Kalkberg als Kletterfelsen für Winnetou.

beeindruckend. *Geologisch* schmücken sie sich mit so klangvollen Namen wie Jungmoräne oder Altmoräne, Stauchendmoräne, Drumlin oder Nunatak. *Historisch* verbindet man mit ihnen Schlachten, Gräber, Denkmäler. *Kulturgeschichtlich* sind sie Kultstätten und Ursprung oder Gegenstand von Sagen oder Orte von heimatverbundenem Brauch- bzw. Volkstum. *Klimatisch* stellen sie Reibungspunkte bzw. -flächen der Atmosphäre mit der Erdoberfläche dar und beweisen damit ihre Wetterwirksamkeit. *Agrarwirtschaftlich* betrachtet erlauben sie Einblicke in naturräumlich bedingte Agrarlandschaften und in differenzierte Bewirtschaftungsformen. *Biologisch* bedeutsam ist der noch teilweise erhaltene Wald auf den Kuppen vieler Berge oder die Anlage von Naturzentren und biologischen Lehrpfaden. *Touristisches* Gewicht erhalten die Höhen als attraktive Aussichtspunkte in abwechslungsreiche Landschaften, auf gelbe Getreidefelder, grüne Wiesen und Weiden, auf Seen und Meere oder auf alte Stadtkerne. Der Gesichtspunkt des Fremdenverkehrs wird erweitert durch die Auslösung *sportlicher* Aktivitäten von Tages- und Urlaubsgästen aus dem Nah- und Fernraum, die auf Trimmpfaden ihre körperliche Leistungsfähigkeit steigern bzw. auf markierten Wegen wandern oder joggen.
Die meisten und auch die höchsten Berge liegen im Bereich des Östlichen Hügellandes. Aber letztlich sind sie über ganz Schleswig-Holstein verstreut, erscheinen im Mittelrücken ebenso wie am Marschenrand und sind auf den Geestkerninseln (vor allem auf Sylt und Amrum) wie auf der Ostseeinsel Fehmarn anzutreffen. Wer die Berge aufsucht, hat sich im wahrsten Sinne des Wortes einen Überblick über das Land zwischen den Meeren veschafft, über den Norden und Süden ebenso wie über den Westen, den Osten und die Landesmitte. So wäre als vierter Auswahlgesichtspunkt für die dargestellten Berge die Absicht zu nennen, daß möglichst alle wichtigen Naturlandschaften Schleswig-Holsteins ausschnitthaft erfaßt werden, die Nordsee-Inseln ebenso wie die Marsch und die Halligwelt, die Hohe Geest wie die Moore und Sander der Niederen Geest und nicht zuletzt die Hügellandschaften und Küstenräume des Ostens. Der daraus erwachsende Überblick schließt all das ein, was im vorangegangenen Absatz an individueller Vielfalt der Berge angedeutet wurde.
Beginnen wir unsere Bergtour im äußersten Osten des Landes auf einer Insel. Enden werden wir abermals auf einer Insel, dann allerdings im Westen Schleswig-Holsteins. Bis wir dort ankommen, werden Herz-, Kreislauf- und Lungentätigkeit sowie die Beinmuskulatur einer wechselnden Belastung ausgesetzt sein, aber natürlich nur in dem moderaten Ausmaß, wie es sich für Flachlandberge gehört. –

Klein, aber fein – der Wulfener Berg auf Fehmarn

Die Ostsee-Insel Fehmarn steht wohl nirgendwo im Verdacht, Berge zu besitzen. Das scheint einleuchtend, denn – geologisch betrachtet – gehört sie zum eiszeitlichen Ablagerungstyp der flachen Grundmoräne, ist also im wesentlichen ohne Druck-, Schub- und Stauchwirkung aus dem schmelzenden Eiskörper, dem Transportmedium, herausgetaut und abgesetzt worden. Dennoch gibt es auf der Insel Höhenrücken und Berge, die mit dem Hinrichsberg bei Staberdorf immerhin 27 m Höhe erreichen.

Deutlich niedriger, aber in vielerlei Hinsicht beachtenswerter ist der Höhenzug, der sich östlich von Strukkamp (etwa bei der E 4), dann südlich von Avendorf bis zum Wulfener Hals erstreckt und mit dem 19,6 m hohen Wulfener Berg die höchste Erhebung aufweist.

Der fehmaraner Heimatforscher Peter Wiepert berichtete einmal von der Äußerung eines Badegastes, der die Inselhauptstadt Burg für viel schöner hielte, wenn der dumme Sandhaufen da oben, Wulfener Berg genannt, nicht die schöne Aussicht auf den Fehmarner Sund und nach Ostholstein versperren würde. Dieser Geringschätzung des Wulfener Berges können wir uns allerdings nicht anschließen, denn die Erhebung ist eine geologische Spezialität und – trotz der geringen Höhe – ein hervorragender Aussichtspunkt.

Wenn man sich von Burg oder Avendorf dem Berg nähert, erkennt man seine eigenartige Form, die wie ein langgezogener Walbuckel aussieht. Als sich das Eis gegen Ende der letzten Eiszeit aus Schleswig-Holstein zurückzog, geschah dies nicht kontinuierlich, sondern in Winterzeiten und bei Kälterück-

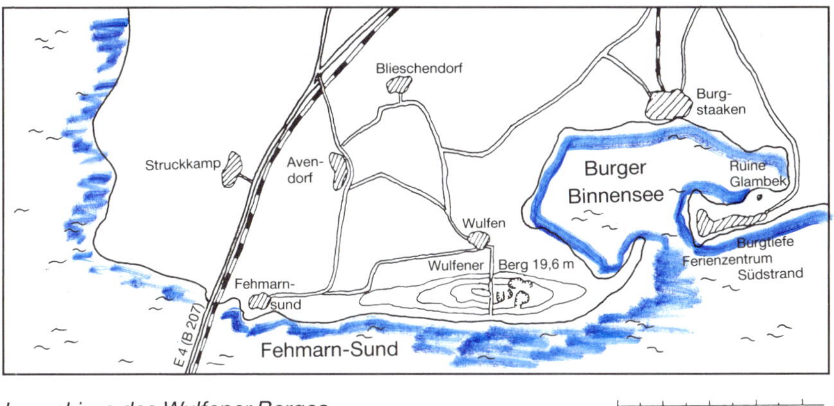

Lageskizze des Wulfener Berges.

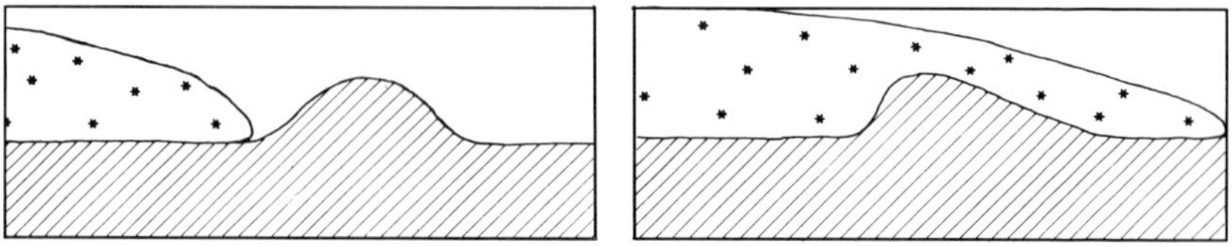

Wie ein Drumlin entsteht: Eine Eiszunge schiebt sich über eine ältere Stirnmoräne und baut den Hügel walrückenartig um.

fällen mit erneuten, kurzzeitigen Gletschervorstößen in ost-westlicher Richtung. Bei einem solchen Vorstoß wurde eine ältere Ablagerungsform, die im Kern überwiegend aus sandig-kiesigem Material bestand, vom vorrückenden Eis überfahren, gestaucht und umgelagert.
Man kann sich die Formveränderung der Erhebung folgendermaßen vorstellen: Wenn der untere Eiskörper mit Grundmoränenschutt überfrachtet ist, fließt der darüber befindliche reinere Eiskörper stromlinienförmig schneller über die Erhebung, formt sie walrückenartig um und bedeckt sie mit einer schaligen Decke ausgeschmolzenen Grundmoränenschutts. Eine solche Ablagerung nennt der Geologe wegen der Ähnlichkeit mit einem umgekehrten Schild Schildrücken oder Drumlin (von irisch „druin“ = Hügelchen). Die Drumlins zeigen die Stoßrichtung des Eises an, verlaufen also parallel zur Fließrichtung des Gletschers.
Damit ähneln die Drumlins dem ovalen, stromlinienförmigen Grundriß der Schären Südschwedens und Norwegens. Tatsächlich ist die Entstehung vergleichbar, wenn auch mit einem Unterschied. Da die Schäreninseln aus Felsgestein bestehen, das vom Eis zu Rundhöckern umgewandelt wurde, steigt die Luvseite flacher an, während die Leeseite durch herausgebrochenen Fels einen rauheren, steileren Charakter besitzt. Das weiche Material des Wulfener Drumlins wurde hingegen an der Stirn gestaucht und versteilt und an der Leeseite, wo der Gletscher herabschwang, sanfter abgeböscht. An der Stirnseite im Osten bildet der Wulfener Berg eine 10 m hohe Steilfront, die vom Campingplatz Wulfener Hals und an der Steilküste aufragt. Am Parkplatz Bergmühle hat der Schildrücken rasch die Buckelspitze mit 19,6 m erreicht, um dann nach Westen über die 15-, 10- und 5-m Höhenlinie allmählich abzusinken und auszulaufen.
Auf dem höchsten Punkt des Berges steht der Bergmühlenhof, ein Bauernhof mit Fremdenzimmern. Die Mühle selbst existiert nicht mehr. Es handelte sich um eine Bockmühle, die bereits im Jahre 1632 urkundlich erwähnt worden ist. 1856/57 wurde sie abgebrochen und an einen Bauern in Biesdorf verkauft. Auf dem gesamten Höhenrücken lagen einst zahlreiche Megalithgräber aus der jüngeren Steinzeit, von denen eines 100 m, ein anderes 68 m lang gewesen sein soll. Das letzte Hünengrab wurde 1923 zerstört und die Steine

Den Wulfener Berg bezeichnen Geologen als Schildrücken oder Drumlin.

als Schotter für den Straßenbau verwendet. Andere Grabfindlinge verbaute man als Fundamentsteine in Gebäuden.
Vom Parkplatz neben dem Bergmühlenhof hat man einen eindrucksvollen Blick auf die Insel. Sie ist die einzige Ostseeinsel der Bundesrepublik und mit 185 km^2 deutlich größer als die Nordfriesischen Inseln Sylt (100 km^2), Föhr (87 km^2) und Amrum (20 km^2).
Fehmarn wird von der Landwirtschaft geprägt. Zu Füßen des Wulfener Berges und weiter bis an den Horizont erstrecken sich die Felder. Klima- und Bodenverhältnisse prädestinieren den Anbau von Weizen, Gerste, Raps. Die Niederschlagsarmut der Insel (ca. ⅓ weniger Niederschlag als der Durchschnitt Schleswig-Holsteins) und der Sonnenreichtum kommen vor allem den Körnerfrüchten – sie sind bekanntlich in ihrer Wildform Steppenfrüchte – sehr entgegen. Der kalkhaltige jungeiszeitliche Mergelboden ist außerordentlich fruchtbar. Allerdings ist der Boden schwer zu bearbeiten und erfor-

Blick vom Wulfener Berg auf Sund und Sundbrücke.

Die Sandentnahmestelle für den Bau der Vogelfluglinie. Im Hintergrund das Ferienzentrum Südstrand.

Der Bergmühlenhof.

dert wegen verbreiteter Staunässe über tertiären Tarrastonen aufwendige Drainagearbeiten. Der dazu erforderliche Kapital- bzw. Maschineneinsatz begünstigte die Ausbreitung des Großbauerntums in den 42 Inseldörfern.
Bis 1910 kamen jedes Jahr Erntearbeiter vom Festland auf die Insel. Monarchen nannten sie sich. Das waren wilde Gesellen, die in einer alten Ziegelei bei Burg Obdach fanden. „Schloß Lausenstein" hieß man ihre Bleibe. Da kamen der „Radau Emil" und der „Schwarze Karl", der „Revolverheini" und der „Kreihenhannes", die „Schlanke Mathilde" ebenso wie die „Schöne Eugenie". Arm, wie sie gekommen waren, verließen die Wanderarbeiter nach der Kampagne die Insel. Denn was sie verdienten, jagten sie durch die Kehle, und oft mußte die Stadt Burg den Monarchen noch das Sundgeld für die Rückfahrt aufs Festland zahlen. Schließlich war man froh, sie wieder los zu sein.
Im Mai/Juni, wenn der Raps blüht, ist der Blick in die Agrarlandschaft Fehmarns am schönsten. Aber auch im Hochsommer, wenn der Weizen und die Gerste reif sind und die Getreidefelder sich im Wind wiegen, sollte man den Weg auf den Wulfener Berg nicht versäumen.
Nach Nordosten, jenseits des haffartigen Binnensees, ragt die auf einer flachen Bodenwelle gelegene mittelalterliche Pfarrkirche St. Nikolai der Inselhauptstadt Burg heraus. Die Stadt selbst mit ihren knapp 7000 Einwohnern vermittelt den Zauber einer norddeutschen Kleinstadt mit roten Backsteinbauten und gut erhaltenem Kopfsteinpflaster.
Der Hafenvorort Burgstaaken ist an seinen Getreidesilos, in denen Fehmarner Körnerfrüchte gelagert werden, gut zu erkennen. Sein Name leitet sich ab von dem Wort „Staaken", das ist ein Stockhaus, heute würden wir sagen ein Gefängnis, das früher neben dem alten Zollhaus stand. Der Hafen, am Burger Binnensee gegen Sturm und Wellengang geschützt, wurde 1867 bis 1870 ausgebaut. Durch die Errichtung einer Mole hat man versucht, Binnensee und Hafen vor Versandung einigermaßen zu bewahren; denn sowohl bei Staberhuk wie am Wulfener Berg, also beiderseits des Binnensees, gibt es Materiallieferanten in Form von Kliffs, deren Sande von küstenparallelen Strömungen zur Hafeneinfahrt versetzt werden. Dank der Molenverengung entsteht bei Wasserstandsschwankungen jedoch eine Düsenwirkung im Bereich der Fahrrinne, so daß die Wasserstraße sich selbst offenhält. Im Hafen liegen zahlreiche Fischerboote, ein Seenotrettungskreuzer, viele Yachten und nicht zuletzt die weißen Schiffe der Seetouristik, die von hier aus Einkaufsfahrten (Butterfahrten) unternehmen, wofür Gäste aus ganz Norddeutschland per Bus herangefahren werden.
Der Blick nach Osten geht zum Ferienzentrum Südstrand, das alle Kureinrichtungen besitzt, die heute von einem modernen Ferienzentrum erwartet werden: Wellenbad, Kurmittelhaus, Haus des Kurgastes, Sportplätze, Yachthafen und nicht zuletzt den feinsandigen, südexponierten Strand. Der

Komplex wurde in den Jahren 1969 bis 1973 auf einer Nehrung gebaut, die durch 20 ha Sandaufspülung zugunsten der Strandfläche noch verbreitert wurde. Nach der brückentechnischen Anbindung der Insel an das Festland im Jahre 1963 war es im Grunde nur noch eine Frage der Zeit, wann den Urlaubern die einzigartige Sonnenfülle und Niederschlagsarmut der Insel auffallen würden und sich der Tourismus in größerem Umfang entwickelte. Immerhin verweisen die Fehmaraner mit Stolz und zu Recht auf 20 bis 30 % mehr Sonnenschein als in Hannover oder Essen. Inzwischen ist Fehmarn mehr als zweifacher Übernachtungsmillionär. Diese Zahlen basieren auf der Belegung im Ferienzentrum, in weiteren Hotels und Pensionen in Burg, in zahlreichen Unterkünften auf Bauernhöfen und vor allem durch über 5000 Camping-Stellplätze. Allein hier werden 1 Million Übernachtungen gezählt. Zwei Campingplätze befinden sich unmittelbar am Strand westlich und östlich des Wulfener Berges.
Übrigens liegt im Bereich des Ferienzentrums die einzige Burgruine Schleswig-Holsteins, die Burg Glambeck (neben der Kurverwaltung). Sie wurde zu Beginn des 13. Jahrhunderts zum Schutz der Hafenzufahrt auf der Nehrung gebaut. Es bleibt im Bereich der Sage, daß hier Störtebekers Versteck lag. Richtig ist, daß die Burg bis zu ihrer Zerstörung im 30jährigen Krieg Sitz dänischer und lübscher Amtmänner war und vorübergehend auch ein Schlupfwinkel von Seeräubern, nämlich der von den Vitalienbrüdern oder Likedeelern, aber – wie gesagt – nicht von Störtebeker.
Wer Spaß daran findet, sich zu gruseln, möge die Nähe des Hotels „Vosshaus“ aufsuchen. Hier am Strand fanden vor mehr als 300 Jahren die schrecklichen Gottesurteile statt. Dem Ziel, Hexen zu erkennen, diente eine einfache Methode. Man warf die Frauen ins Wasser. Gingen sie unter – was so gut wie nie geschah –, waren sie unschuldig. Trieben sie an der Wasseroberfläche, standen sie mit dem Teufel im Bunde und wurden anschließend verbrannt. Die Art und Weise der Fesselung sowie die ölhaltige Kleidung verhinderten fast ausnahmslos das Ertrinken bei diesen Gottesurteilen, und so ist allein aus den Jahren 1620 bis 1660 von über 100 Hexenverbrennungen zu berichten.
Westlich des Wulfener Berges ist die Aussicht nicht minder eindrucksvoll. Unser Blick fällt auf die Küste des Festlandes, Europa, wie die Fehmaraner den ostholsteinischen Küstenstrich nannten, solange man ihren „Miniaturkontinent“ nur per Schiff erreichen konnte. Man erkennt das alte Fährbecken von Großenbrode und das Ferienzentrum von Heiligenhafen und natürlich in erster Linie die Sundbrücke, die seit 1963 nicht nur die Fährverbindung Großenbroderfähre–Fehmarn überflüssig macht, sondern auch die Auto- und Eisenbahn-Fähre zwischen Großenbrode und dem dänischen Hafen Gedser auf Falster. Die Brücke ist Teil der Vogelfluglinie, für die eine neue, kürzere Fährverbindung von Puttgarden nach Rødbyhavn auf Lolland eingerichtet

wurde. Der Name Vogelfluglinie für die E 4 ist auf die Route der Zugvögel zurückzuführen, die im Herbst während ihres Zuges nach Süden und im Frühjahr von dort zurückkehrend auf der Inselbrücke Fehmarn rasten, besonders im Bereich des ehemaligen Teichgutes und jetzigen Vogelschutzgebietes Wallnau im Westen und im Grünen Brink (Nordküste).
Man hat sich mit dem Entschluß zum Brückenbau Zeit gelassen. Schließlich war Fehmarn ja nicht immer Insel, sondern ist erst in geologisch junger Zeit durch nacheiszeitlichen Anstieg des Ostseewassers zur Insel geworden. Selbst dann kam man anfangs noch über einen als Trittstein ins Wasser geworfenen Pferdekopf trockenen Fußes hinüber, so heißt es. Aber richtiger ist wohl, daß die slawische Bezeichnung „Perekop" nichts mit einem Pferdekopf zu tun hat, sondern in der Übersetzung „Furt" bedeutet, also ein flaches, zum Übertritt geeignetes Gewässer, und das war es auch noch in frühgeschichtlicher Zeit, bis der Meeresspiegelanstieg weiterging und die Strömungserosion zwischen Insel und Festland die Meerenge (den Sund) vertiefte.
Als dann die knapp tausend Meter lange Sundbrücke im Jahre 1963 fertiggestellt war, erregte sie als brückentechnische Meisterleistung großes Aufsehen. Sie ruht in 23 m Höhe auf 7 Pfeilern und 2 Rampen. Das 248 m lange Mittelstück der Brücke wird von zwei Bögen überspannt, die in 67,5 m Scheitelhöhe aneinandergeführt werden. Der darunter befindliche Fahrbahnabschnitt ist mittels starker Stahlseile am Doppelbogen aufgehängt. Das Bauwerk ist zugleich Straßenverkehrs- wie Eisenbahnbrücke und zusammen mit der 50minütigen Schiffsreise von Puttgarden nach Dänemark über den 19 km breiten Belt eine Hauptachse für den europäischen Verkehr.
Für den Bau der E 4 wurden große Mengen Sand und Kies gebraucht. Woher kamen sie, da doch Fehmarn aus fruchtbarem Geschiebemergel besteht? Da fällt uns ganz schnell der „dumme" Sandhaufen bei Wulfen ein, der den Burgern die Sicht versperrt, sie dafür mit einer um so schöneren Sicht belohnt, wenn sie sich die Mühe der „Besteigung" des Wulfener Berges machen. Die geologische Spezialität enthält im Kern umfangreiche Kies- und Sandnester, die für den Bau der Vogelfluglinie ausgebeutet wurden. Ein riesiger Krater liegt östlich des Bergmühlenhofes. Wenn man den Parkplatzzaun umwandert, kann man in dem Gelände (27 ha) spazierengehen. Es dient heute Erholungszwecken mit Wegen, Bänken und Baumanpflanzungen.
Dieses war der östlichste Berg, den wir auf unseren Sprüngen von einem schleswig-holsteinischen Berg zum anderen kennen- und – hoffentlich – schätzengelernt haben. Zugegeben – kein besonders überragendes Exemplar und selbst im schleswig-holsteinischen Maßstabe allenfalls ein Berglein. Aber für fehmaraner Verhältnisse doch ein veritabler Berg – oder? Klein, aber fein!

Auf dem Bungsberg – Ski und Rodel gut

Der gewaltigste Berg, den die akkumulierende Tätigkeit des Eises in Schleswig-Holstein hinterließ, ist der 168 m hohe Bungsberg am Nordostrand der Holsteinischen Schweiz. Angesichts dieser stattlichen Höhe könnte man in schwärmerischer Übertreibung geradezu vom Bungsbergmassiv sprechen, insbesondere dann, wenn man die staffelartigen Randhöhen des Bungsberges einbezieht. Der Bungsberg ist zweifellos der älteste Berg der Holsteinischen Schweiz. Er ist zwar wie alle anderen Erhebungen in dieser Landschaft eine Jungmoräne, also in der letzten Eiszeit (Weichsel-Eiszeit) entstanden, aber das geschah in einem recht frühen Stadium, noch bevor der Raum sein endgültiges Gepräge erhielt. Als nämlich die Weichseleiszeit ansetzte, die Holsteinische Schweiz mit Ablagerungs- und Hohlformen zu gestalten, da stand der Bungsberg schon da, von einem früheren Gletschervorstoß herantransportiert. Dem erneut vorrückenden Eis mit seiner Schuttfracht stemmte sich nun der Bungsberg entgegen. Die Eismassen versuchten daher, den Berg in bewährter und geübter Manier beiseite zu drücken, ihn einzuebnen, abzutransportieren und weiter westlich im Zehrgebiet des Eisrandes abzusetzen.

Aber das Hindernis war zu groß. Weder die von Norden herandrängende Preetz-Plöner-Eiszunge, noch die von Südosten drückende Eutiner Eiszunge – die eine aus der Hohwachter Bucht, die andere aus der Lübecker Bucht vorstoßend – vermochten die Höhe des Bungsberges zu übersteigen. Zangenförmig umflossen sie daher den Berg und vereinigten sich erst im flache-

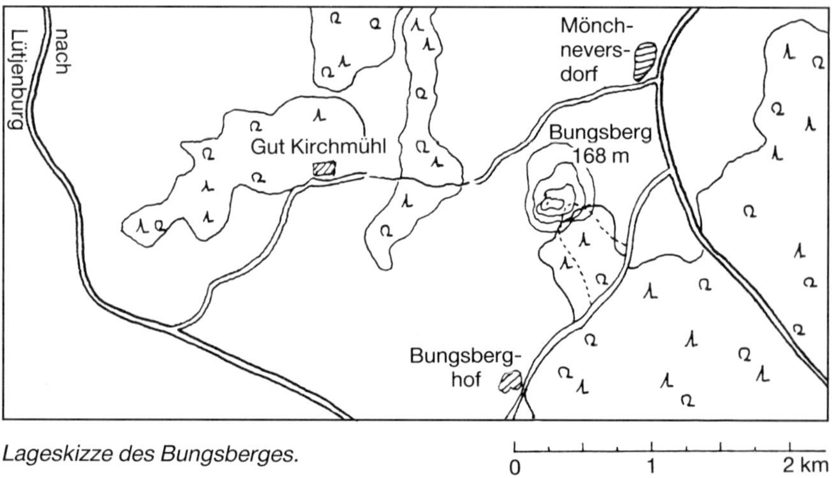

Lageskizze des Bungsberges.

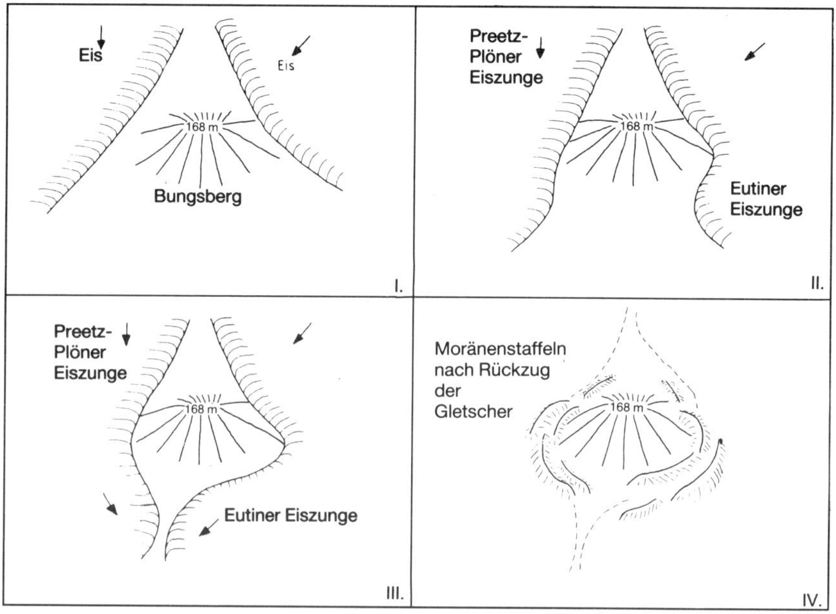

Zwei Eiszungen umfließen den Bungsberg und hinterlassen Moränenwälle, die gestaffelt um den Bungsberg liegen.

ren Gelände westlich des Bungsberges (nördlich von Malente). Das Ergebnis der Zangenbewegung ist zweierlei. Erstens blieb das Bungsberg-„Massiv" eisfrei. Wie eine Insel ragte es aus dem allseits fließenden Inlandeis heraus. Die Grönländer nennen solche Erscheinung „Nunatak". Als glazialmorphologischen Begriff für einen vom Eis umflossenen Berggipfel übernahmen ihn die Eiszeitforscher. Zweitens erhielt die Bungsberg-Region eine Um- bzw. Anlagerung von mächtigen Moränenwällen. Die Eiszungen führten kreisförmig bis zu fünf gestaffelte Randmoränen an die Flanken des Bungsberges, so daß auffällige Höhenunterschiede zwischen Bergrücken und Tälern auf kürzestem Raum bestehen und das Gelände prägen. Je tiefer die Moränenstufen liegen, desto jüngere Eisrandlagen markieren sie.
Ein solch aufragendes Relief bleibt nicht ohne Einfluß auf atmosphärische Vorgänge. Selbst relativ geringe Höhen führen zu einer entsprechenden Anhebung der darüberfließenden Luftschichten. Ein solches Aufsteigen von Luft bedingt physikalische Veränderungen einer Luftmasse, wie wir sie aus dem Erdkundeunterricht unserer Schulzeit erinnern, wenngleich an einem markanteren Objekt gelernt, gemeint ist der Steigungsniederschlag in Luv von Gebirgen.

Der Luftdruck ist in Bodennähe am höchsten. Wir haben hier eine hohe Luftteilchendichte, die allerdings mit der Höhe rasch abnimmt. Wenn nun Luftmassen gezwungen werden aufzusteigen, finden sie in der geringeren Luftteilchendichte höherer Luftschichten mehr Platz, d. h. – bildlich gesprochen – die einzelnen Luftteilchen können auseinanderrücken, das Gedränge nimmt ab. Physikalisch ausgedrückt: Die aufsteigenden Luftmassen dehnen sich aus, der Druck sinkt. Ein sich ausdehnendes Gas aber verliert an Wärme, während im umgekehrten Fall die Temperatur steigt. Letzteres ist übrigens besonders schön beim Aufpumpen eines Fahrradschlauches festzustellen. Die Pumpe wird warm, und das enge Fahrradventil kann sogar heiß werden. Die Temperaturabnahme trockener (d. h. wolkenfreier) Luft beträgt 1° Celsius auf 100 m Höhendistanz. Das bedeutet, Luftschichten, die über dem Bungsberg angehoben werden, kühlen sich um 1 bis 1½° Celsius gegenüber der meeresspiegelnäheren Umgebung ab. Ein zweites kommt hinzu: Kühlere Luft kondensiert schneller, bildet also Wolken und Niederschlag. Damit sind wir nun in der Tat beim Steigungseffekt en miniature, wie wir ihn von Gebirgen (Harz, Sauerland, Alpen) in größerem Umfang kennen.
Die Niederschlagssteigerung am Bungsberg ist gering, aber meßbar. Die Temperaturdifferenz merkt man besonders im Winter, wenn man bei Temperaturen eben über dem Gefrierpunkt zum Bungsberg hinauffährt und aus Taulagen in Frost- und Schneelagen gelangt.
Wen wundert es nun noch – angesichts der Berghöhe und der Temperatur –, daß auf dem Bungsberg das Wintersportzentrum Schleswig-Holsteins entstand, übrigens mit dem nördlichsten Skilift der Bundesrepublik. Angefangen hatte das schleppliftunterstützte Wintervergnügen in der ersten Hälfte der 70er Jahre mit einem Trecker, dessen Motor die Winde für ein Schleppseil zog. Anlaß dazu bot die Tatsache, daß die Wintersportler einen Hang vorfinden, der beeindruckende 17 % Gefälle aufweist, welches sich allerdings, wenn man nach wedelnder Abfahrt unten angekommen ist, in lästige 17 % Steigung verwandelt. Den jetzigen Lift hat man aus dem Wintersportort Grabenstätt am Chiemsee nach Schleswig-Holstein gebracht. Inzwischen wird sogar geplant, einen Schlittenlift zu installieren.
An schönen Wintertagen tummeln sich hier Hunderte von Ski- und Rodelsportlern und üben sich im Langlauf oder in der Abfahrt. Letztere geht ziemlich rasch, denn die Piste auf der Bungsbergspitze beträgt nur 300 m, was aber immerhin beachtlich ist für schleswig-holsteinische Verhältnisse, noch dazu bei dem Gefälle. Angesichts dieser Zahl steht andererseits wohl nicht zu befürchten, daß sich etwa die beliebte Fremdenverkehrsgemeinde Schönwalde am Bungsberg zu einem mondänen Wintersportort à la Garmisch-Partenkirchen entwickeln könnte, einschließlich Après-Ski, Highlife usw. Abgesehen davon, daß es zu schade wäre um das hübsche Dorf mit seiner mittelalterlichen Feldsteinkirche (13. Jh.) und den Fachwerkhäusern, gä-

Talstation des Bungsberg-Skilifts.

Ski- und Rodelbruch auf dem Bungsberg-Gipfel.

be es natürlich einen herrlichen Spaß ab, wenn es gelänge – man verzeihe den Patriotismus – bayerischen Wintersportorten schleswig-holsteinische Konkurrenz zu machen, und sei es auch nur um der Aufmerksamkeit willen. Aber kehren wir auf den Boden der Tatsachen zurück und machen wir künftige Besucher des Bungsberges auf einen verzeihlichen, aber unnötigen Irrtum aufmerksam, dem die meisten Gäste unterliegen, die ja schließlich als Gipfelstürmer herkommen. Der höchste Punkt des Bungsberges liegt nicht beim Fernsehturm oder der gemütlichen Bungsberg-Gaststätte, sondern ca. 200 m nördlich davon auf einer Koppel. Hier zeigt der granitene Vermessungsstein die höchste schleswig-holsteinische Landstelle an. Nur von hier aus hat man einen herrlichen Blick in die ostholsteinische Landschaft, da der 4 m tiefer liegende Parkplatz vor der Gastwirtschaft und dem Fernmeldeturm von hohem Buchenwald umstanden ist.

Bungsberg-Gaststätte und Elisabeth-Turm.

Man sollte allerdings nicht versäumen, den 135 m hohen Fernseh- und Fernmeldeturm der Deutschen Bundespost zu ersteigen (kein Fahrstuhl!). Von seiner Aussichtsplattform in 200 m Höhe über dem Meeresspiegel reicht der Rundblick bei guter Fernsicht weit über Ostholsteins Knicklandschaft hinaus. Man erkennt im Norden die Hohwachter Bucht, blickt bis nach Heiligenhafen und Fehmarn, zur Neustädter und Lübecker Bucht mit der Kette bekannter Badeorte, sieht Lübeck, Bad Segeberg, Neumünster und die vielen Seen bei Eutin, Malente und Plön. Aus der Vogelschau fällt der Reichtum an Wald auf, der hier noch in ausgedehnten Beständen geblieben ist und in dem einst slawische Volksstämme siedelten, bevor im Mittelalter (12. u. 13. Jahrhundert) die Kolonisation durch deutsche Siedler begann.
Überraschend mag es erscheinen, daß die bäuerliche Erschließung Ostholsteins im Urwaldgebiet zwischen Bungsberg und Ostsee gefördert wurde durch die moralisch verwerfliche, weil allzu weltliche Haltung der Lübecker Mönche, die nicht nur ihre Zuneigung für Nonnen entdeckten und diese ins Kloster holten, sondern neben ihren Regungen für die geistliche Weiblichkeit ebensolche entwickelten für die Bürgerfrauen und deren Töchter. Dieses Ärgernis, an dem die Lübecker Bürger lautstark Anstoß nahmen, versuchte der zuständige Bremer Erzbischof zu beseitigen, indem er 1231 die Mönche in die Wildnis von Cismar strafversetzte, wo sie bei der Gründung eines neuen Klosters zu mönchischer Keuschheit zurückfinden sollten. Aber der Widerstand der Benediktiner, die auf das Angenehme ihrer lockeren Lebensweise nicht verzichten wollten, war erst 1256 gebrochen und der Umzug der Sünder von Lübeck nach Cismar endgültig vollzogen. In der Folge entstand hier ein kolonisatorisches Zentrum, von dem aus die Rodung, Besiedlung und landwirtschaftliche Erschließung Ostholsteins kräftige Impulse erhielten.
Als später jedoch durch die Reformation das Kloster Cismar aufgehoben (1560) und weltlicher Verwendung zugeführt wurde, ging eine Vielzahl von Rodungsdörfern in Gutsbezirke ein, und die Bauern unterstanden gutsherrschaftlicher Weisung (vgl. auch Pilsberg/Hessenstein). Daraus resultierte eine Beschränkung, ja Unterbrechung der Rodungsaktivitäten, so daß sich relativ ansehnliche Waldbestände vor allem im Gebiet des Bungsberges erhalten haben.
Völlig vom Wald eingewachsen ist der aus Steinquadern gebaute, 22 m hohe Elisabeth-Turm, der 1863 als achteckiger Aussichtsturm errichtet wurde und in dieser Funktion 100 Jahre diente. Als der Neumünsteraner Conferenzrat und Astronom Paul Schumacher vom Vermessungsstein auf dem Berggipfel die erste ostholsteinische Landvermessung begann (die von ihm bestimmte Höhe von 157,77 m wurde später bei der preußischen Landvermessung auf 168 m berichtigt), bediente er sich eines hölzernen Gerüstes. Dies inspirierte den Großherzog Peter II. von Oldenburg, 1863/64 auf dem Bungsberg einen Aussichtsturm bauen zu lassen, den er nach seiner Gemahlin

Elisabeth-Turm benannte (einer der wenigen nicht nach Bismarck bezeichneten Türme im Lande).
Der neue Fernseh- und Fernmeldeturm aus dem Jahre 1979, der einen kleineren, inzwischen gesprengten Vorgänger ablöste, dient zusammen mit dem rot-weißen Sendemast von Mönchneversdorf der Rundfunk-, Fernseh- und Fernmeldeversorgung Ostholsteins und der funktechnischen Verbindung nach Skandinavien. Der 231 m hohe Antennenmast von Mönchneversdorf ist ausschließlich dem ersten, zweiten und dritten UKW-Programm und dem ersten Fernsehprogramm vorbehalten. Die Anlage wurde 1961 in Betrieb genommen. Übrigens spiegelt der Name Mönchneversdorf die Beziehung zum Benediktiner-Kloster Lübeck, später Cismar, wider.
Wer den Bungsberg umwandert, wird auf mehrere Quellen stoßen, die drei Flüsse bilden: Kremper Au und Lachsbach fließen zum Neustädter Binnenwasser, die Bungsberg-Schwentine bei Neumühlen in die Kieler Förde. Insbesondere die Schwentine und der Lachsbach schneiden düstere Schluchten in die Ringmoränen. Im Wald zwischen Bergfeld und Stendorf, das sind 6 Kilometer, herrscht ein Gefälle von 90 m, dem der Schwentineoberlauf folgt. Das tief eingeschnittene Tälchen braucht an dieser Stelle den Vergleich mit Mittelgebirgsbächen nicht zu scheuen, zumal das Wasser zahlreiche Findlinge im schluchtartigen Bachbett freigespült hat.
Die Quellen sind sehr unterschiedlich beschaffen. Die Lachsbach-Quelle liegt im Wiesengrund rechts unterhalb der Straße Bungsberghof–Bungsberggipfel. Das von den Hängen austretende Wasser bildet einen dicht mit Wasserpflanzen bestandenen Quelltümpel, der schließlich überläuft und im nahen Wald als Lachsbach weiterfließt.
Die Schwentine hat mehrere Quellen. Zum Teil treten sie als kleine Quelltöpfe aus dem Acker, andere bilden Quellsümpfe oder -teiche in den Senken der Getreidefelder und stören dort den Kulturpflanzenanbau. Solche Quellen werden zunehmend drainiert und verrohrt, wie z. B. der Quellsumpf östlich von Gut Kirchmühl. Das Quellwasser sprudelt aus einem Rohr im Wald.
Die Bungsbergschwentine ist eigentlich nicht die echte Schwentine. Diese entspringt nämlich unterhalb vom Grimmelsberg bei Bornhöved (vgl. dort) und vereinigt sich erst bei Preetz mit der Bungsbergschwentine. –

Abb. S. 23: Der Bungsberg aus der Vogelperspektive. Neben dem neuen Fernsehturm erkennt man den fast völlig eingewachsenen Elisabeth-Turm aus Steinquadern und das Dach der Bungsbergwirtschaft (oben) (Luftbild freigegeben unter Nr. 1135/2). Der granitene Vermessungsstein zeigt an: Hier liegt der höchste Punkt des Bungsberges (unten).

Der Pilsberg in der „Herrschaft Hessenstein"

Wenn man von Lütjenburg in nordwestlicher Richtung nach Schönberg fährt, passiert man nach wenigen Kilometern das Dorf Darry. Kurz hinter dem Ortsausgang geht links die Asphaltstraße zum Hessenstein (Hinweisschild) auf den Pilsberg ab. Man kann allerdings auch noch ein Stück weiter Richtung Schönberg fahren und trifft schließlich auf eine Kreuzung, die rechts zum Gut Panker (500 m) führt, während zur linken ein holpriger, aber befahrbarer Waldweg zum Hessenstein verläuft. Wie auch immer man fährt, die Beziehung zwischen dem Aussichtsturm Hessenstein auf dem Pilsberggipfel und dem Gut Panker sind eng, und man tut gut daran, beide Standorte als historische Einheit zu betrachten.

Aber zunächst Geologie und Entstehung des Pilsberges. Der Berg mit seinen 128 m ist Teil eines Höhenrückens, zu dem auch der Strezer Berg gehört. Diese mächtigen Moränenwälle sind nach dem Bungsberg die zweithöchsten im Lande. Gegen das Hessenstein-Gebiet schoben sich während der letzten Eiszeit zwei Gletscherzungen vor, die der Geologe und Eiszeitforscher Gripp als Selenter und Futterkamper Zungen bezeichnet hat. Da der Absatz von Gletscherschutt im Winkel zweier Eiszungen verstärkt erfolgte

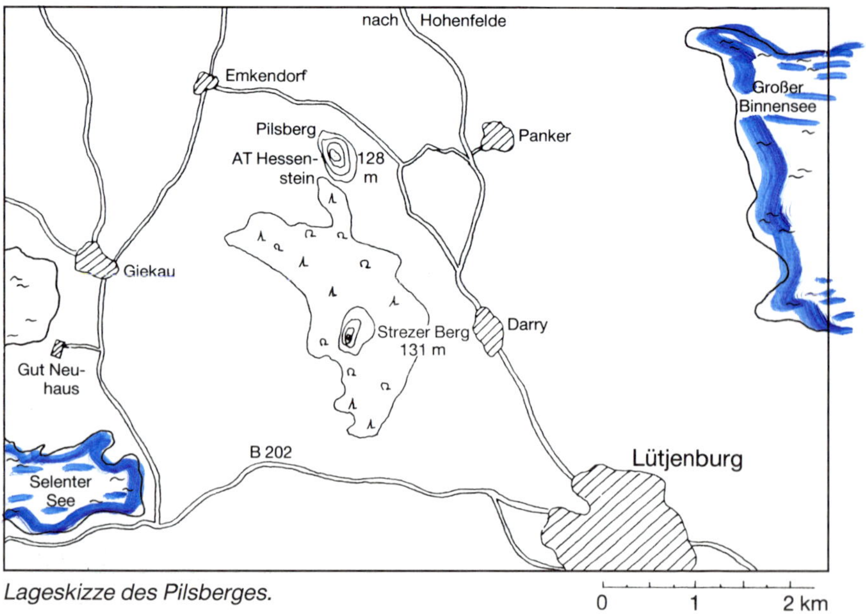

Lageskizze des Pilsberges.

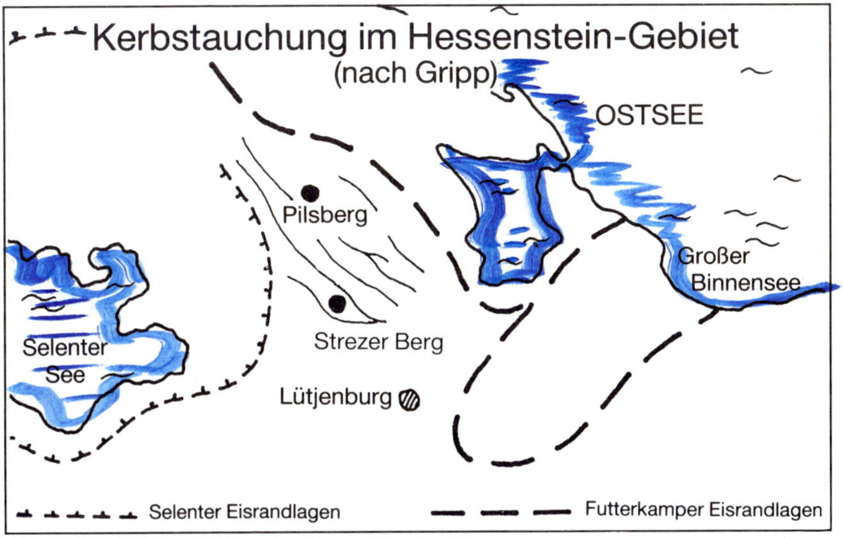

Kerbstauchung im Hessenstein-Gebiet (nach Gripp): Im Winkel zweier Eisrandlagen wurde die Hessenstein-Moräne in die Höhe gepreßt.

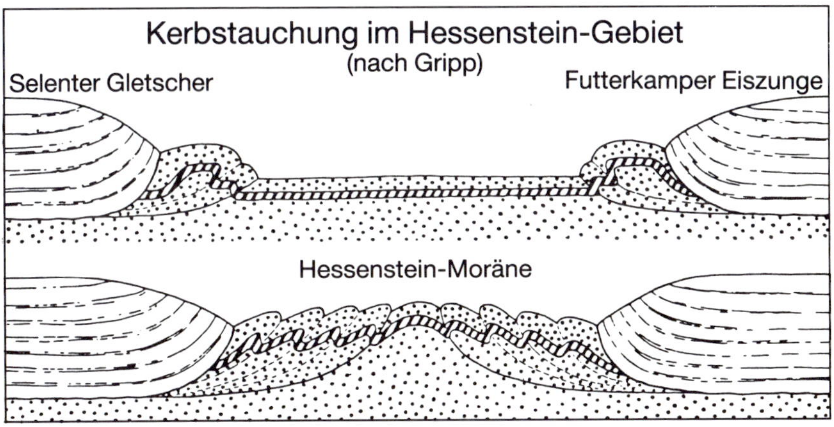

Aufpressung der Hessenstein-Moräne.

und der Preßdruck der beiden „Planierraupen" in der Enge des Winkels ebenfalls wuchs, wurde das dazwischen befindliche Moränenmaterial gestaucht und zusätzlich in die Höhe gedrückt. Solche Endmoränen nennt Gripp Kerbstauchmoränen.

Auf dem Pi(e)lsberg, dessen Name möglicherweise von dem plattdeutschen Wort „piel“, d.h. „steil“, abgeleitet werden kann, hat der Landgraf Friedrich von Hessenstein mit Sitz in Panker in den Jahren 1839–41 den Aussichtsturm Hessenstein bauen lassen. Der Turm, im Stil der romantischen Neugotik errichtet, ist bis zur Plattformbrüstung 17 m hoch. Er besteht aus rotem Backstein und ist mit zierlichen, zackigen Türmchen auf den vorspringenden Eckpfeilern geschmückt. Die Turmfenster bestehen aus buntem Glas. Er war in den knapp anderthalb Jahrhunderten seines Bestehens baufällig geworden, wurde aber jüngst restauriert und für die Öffentlichkeit zugänglich gemacht.
Der Rundblick vom Turm zählt zu den schönsten im Lande. Bei klarem Wetter blickt man weit bis zu den dänischen Inseln, erkennt den Kirchturm von Petersdorf auf Fehmarn und die Sundbrücke, Heiligenhafen, das Oldenburger Land und, gleichsam zu Füßen, Lütjenburg und den Großen Binnensee. Im Nordwesten liegen die Probstei, Holm, Laboe, Kiel. Nach Südwesten zu fesselt der Selenter See den Blick; er ist nach dem Plöner See der zweitgrößte im Lande. An seinem Ufer liegt das Gut Neuhaus, nicht weit davon entfernt der Kirchort Giekau und das Dorf Emkendorf (nicht zu verwechseln mit dem Gut gleichen Namens im Kreis Rendsburg-Eckernförde). Unmittelbar südlich schließt sich dem Pilsberg das schluchtenreiche Waldgebiet des Strezer Berges an, in dessen Gehegen der „Grundlose Kolk“, ein von Schilf umsäumter romantischer Waldsee, und jungsteinzeitliche Anlagen auf ihre Entdekkung warten. Das säulengeschmückte Förstereigebäude auf dem Pilsberg dient den Besuchern des Hessenstein-Gebietes als Gastwirtschaft und willkommene Rastmöglichkeit.
Zusammen mit den benachbarten Gütern Schmoel, Hohenfelde und Klamp bildet das Gut Panker die Herrschaft Hessenstein, zu der auch der Pilsberg gehört. Der Landgraf Friedrich I. von Hessen-Cassel, der übrigens seit 1720 als Frederik I. König von Schweden war, kaufte 1741 die residenzartig angelegte Gutsanlage Panker aus dem Besitz der Rantzaus, die den schloßähnlichen Herrensitz um 1700 erbauten. Friedrich schenkte den Besitz zusammen mit den drei anderen Gütern der mit ihm morganatisch vermählten Gräfin Hedwig Ulrike von Taube. Morganatisch bedeutet „zur linken Hand angetraut“, was schlicht heißt, daß es den großen Fürsten und Königen in damaliger Zeit offiziell gestattet war, neben der „rechtsseitig“ angetrauten Gemahlin mit einer zweiten die linke Seite zu besetzen. In der Tat stand die Frau bei der Trauung an der linken Seite des Mannes. Die vermögens- und erbrechtliche Stellung von Frau und Kindern wurde durch einen Ehevertrag festgelegt. Aus dieser morganatischen Ehe entstammte der Sohn Friedrich Wilhelm von Hessen, der als der alte Fürst von Hessenstein ehrfürchtig in den Chroniken genannt wird. Als Soldat in schwedischen, deutschen und französischen Diensten (er wurde übrigens später schwedischer Feldmarschall), hatte er of-

Der Pilsberg mit dem Hessenstein.

fensichtlich keine Gelegenheit gefunden zu heiraten, obwohl er als eine interessante und stattliche Persönlichkeit mit eleganten Umgangsformen galt. Er zog das ungebundene Leben eines Junggesellen auf Schloß Panker vor.
Friedrich Wilhelm von Hessen hatte offensichtlich ein Herz für Tiere. Sein alt gewordenes Lieblingspferd Liese übergab er dem treuen Wagenknecht Behrens mit der Maßgabe, dem Tier zeitlebens das Gnadenbrot zu reichen. Dafür übertrug er ihm die Schankkonzession für die Wirtschaft, die heute noch existiert und nach dem Namen des Lieblingspferdes „Ole Liese" heißt. Ein Schild an dem Wirtshaus gegenüber dem Schloß Panker zeigt das Bildnis der Liese und daneben einen launigen Spruch des Schankkonzessionärs Ludwig Behrens:

In de ole Liese,
Hier geiht dat na de ole Wiese,
De Werth, de süpt das Beste,
Segt prost, mien lewen Gäste!

De ole Liese.

Blickrichtung Heiligenhafen–Fehmarn. Hinter dem Wald liegt der Große Binnensee, ein Strandsee, der von der deutlich erkennbaren Nehrung abgeriegelt wurde.

Die fruchtbare Landschaft der Probstei.

In besonderer Erinnerung ist das soziale Engagement geblieben, das z. B. in dem Testament zum Ausdruck kommt, das der kinderlose Fürst 1776 verfaßte: „Ich gebe die Länder in Holstein dem Prinzen Carl von Hessen ... Ich gebe sie ihm mit der Bedingung ... 5. Daß er mir erhalten lasse meine Hunde und Pferde, solange sie leben können. 6. daß er alle Bauern freilasse mit einer ungefähren Bedingung, daß sie 10 Jahre den Acker bestellen und 21 Jahr sein müssen, ehe sie anfassen können. Sie können sich nicht vor 20 Jahren verheiraten ohne die Erlaubnis des Vorgesetzten, die Mädchen mit 18 Jahr. 7. Ich rate ihm, alles in kleine Pachtgüter zu teilen."

Noch unter seiner Herrschaft begann die Entlassung der Bauern aus der Leibeigenschaft. Das war ein wahrhaft revolutionärer Schritt, den vor ihm nur der Graf Hans Rantzau von Gut Ascheberg bei Plön beschritten hatte (bereits seit 1739).

Die Leibeigenschaft war aus der Kolonisation Ostholsteins allmählich historisch gewachsen. Als nämlich die mittelalterliche Landnahme begann, mußte man sich gegen die Vorbesitzer, die slawischen Volksstämme, kämpferisch durchsetzen und sich auch später noch gegen wiederholte Angriffe verteidigen. Dazu besaßen die mit der Kultivierung des Landes intensiv beschäftigten Bauern weder die Zeit noch die Kampferfahrung. Die Lösung des Problems boten kampferprobte Ritter aus dem Adelsstand. Sie bekamen zu ihrem Unterhalt Freiland, das die Bauern mitbewirtschafteten und dafür Schutz genossen. Die Folge war ein wachsender politischer Einfluß der zu Grundherren gewordenen Ritter. Als diese 1523 sogar die Privilegien der Gerichtsbarkeit und Steuerfreiheit erhielten, wuchsen ihr Einfluß und ihre Begehrlichkeit nach zusätzlichen Leistungen der Bauern gleichermaßen. Da die sogenannten Hand- und Spanndienste auf Kosten der eigenen Feldbestellung gingen, verarmten die Bauern, und die adeligen Herren übernahmen deren Land. Sie faßten den adeligen Streubesitz durch Aufkauf von Bauernstellen zu größeren Gütern zusammen. So wurden die Bauern zu Landarbeitern auf ehemals eigener Scholle.

Aber wem gefällt das schon? Nach und nach kehrten immer mehr Bauern ihren Herren den Rücken und wanderten ab. Damit aber drohten wiederum die Gutsbesitzer in Existenznot zu geraten. Folglich erließen sie rasch ein Gesetz, das der Erhaltung ihrer Arbeitskräfte diente: Die Bindung des Bauern an die Scholle (Leibeigenschaft) erlangte 1614 Gesetzeskraft. So entstanden Güter, Gutsherren und Leibeigenschaft in Ostholstein. Als jedoch die Bauern abhängig waren, nicht ohne Erlaubnis des Gutsherrn fortziehen konnten und kein eigenes Land besaßen, nahm ihre Arbeitskraft, mit der die Ertragskraft der Güter eng verbunden war, auf wundersame Weise ab. Der Verpflichtung dem Eigentum gegenüber ledig, sank die Arbeitsfreude, und die Gutsherren wurden ärmer. In der Zeit des aufgeklärten Absolutismus wuchs daraufhin – zunächst vereinzelt – ein Denken in wirtschaftlichen Kategorien, als man

nämlich erkannte, daß die Entlassung der Bauern aus der Leibeigenschaft einer Ertragssteigerung gleichkäme. Vom Vorreiter Ascheberg und dann vom Gut Panker ausgehend, wurde Land an tüchtige Bauern zurückgegeben. Die Gutsherren schlossen Erb- und Zeitpachtverträge mit ihnen ab, und – siehe da – die gewünschte Ertragssteigerung trat ein. Es ist eben doch alles eine Frage der Motivation.
Gewiß, nicht so sehr humanitäre Überlegungen lieferten die Gründe zur Aufhebung der Hand- und Spanndienste als vielmehr wirtschaftliche und finanzielle Notwendigkeiten. Aber mit der freiwilligen Entlassung der Bauern aus der Leibeigenschaft hatte der Fürst von Hessenstein seinen Weitblick bewiesen. Erst viel später, am 1. Januar 1805, wurde die Leibeigenschaft durch landesherrliche Verordnung endgültig abgeschafft. Zu diesem Zeitpunkt waren große Gutsflächen im Hessensteingebiet bereits durch Zwischenknicks in Koppeln abgeteilt, damit jeder freie Bauer oder Kätner das Land nach eigenem Ermessen bearbeiten konnte und nicht dem Flurzwang unterlag. Trotzdem blieben natürlich die Kerngüter erhalten, weshalb man noch heute vom ostholsteinischen Güterdistrikt sprechen kann, in dem viele große landwirtschaftliche Gutsbetriebe Nutzflächen von einigen hundert Hektar bearbeiten.
Im Alter wurde der Fürst sonderlich. Es wird berichtet, daß er zunehmend mystische Neigungen entwickelte, oft in stiller Nachtstunde im Kerzenschein Zwiesprache mit der toten Mutter hielt und in anderen Nächten in seiner hell erleuchteten Kutsche samt Vorleser und Leibjäger auf den holprigen Wegen seiner Güter spazierenfuhr.
Als er 1808 starb, legte man den Entschlafenen seinem Wunsch gemäß in einen doppelten Sarg, ließ ihn an der höchsten Stelle des Parks in eine Gruft hinab und schüttete 7 Tonnen frisch gebrannten Kalk auf das Grab. Den stattlichen, würfelförmigen Granitstein setzte später sein dankbarer Erbe und Vetter, der Landgraf Carl von Hessen-Cassel.
Am 14. September 1868 erhielt das Gut allerhöchsten Besuch von König Wilhelm, der knapp 2 Jahre nach der siegreichen Auseinandersetzung mit Österreich und der Vereinigung der Herzogtümer Holstein und Schleswig mit der preußischen Monarchie seine neuen Provinzen bereiste. Zusammen mit dem landgräflichen Paar bestieg der greise König den Aussichtsturm auf dem Pilsberg, wo er trotz scharfen Luftzuges – wie berichtet wird – längere Zeit Umschau gehalten hat. Als der König schließlich aus der Turmtür trat, überreichte ihm eine junge Probsteierin in malerischer Landestracht einen Lorbeerkranz auf einem Samtkissen, und der bejahrte Hufner Klaus Wiese aus Bendtfeld hielt als „freier Bauer" eine Ansprache:
„Allergnädigster König! Namens der hier versammelten Bewohner des Plöner Bezirks habe ich Ew. Königliche Majestät auf das freudigste und ehrfurchtsvollste zu begrüßen. Wir fühlen uns Ew. Majestät zu unaussprechlichem Dank verpflichtet, indem Sie mit starker Hand und großen Opfern die

Herrensitz Panker.

Bande lösten, die uns an eine unliebsame Regierung und an ein fremdes Volk fesselten. Deutsche Tugend, deutsche Sitte und Holstentreue, das sind die Güter, die wir von unseren Vätern überkommen haben. Genehmigen Ew. Majestät die Versicherung, daß wir diese Treue auch Ihnen und Ihrem erhabenen Herrscherhause bewahren werden. Und so wollen wir der freudigen Hoffnung leben, daß auch unsere Provinz unter Ihrer starken Hand und weisen Regierung zu einem höheren Wohl erblühen werde. In dieser Hoffnung rufe ich aus voller Brust: Lang lebe Wilhelm, unser König und Vater! Er lebe hoch!"
Unter Hurrarufen der Bevölkerung verließ der König freundlich winkend den Pilsberg, der ihm den wohl schönsten und weitesten Einblick in seine neue Provinz ermöglicht hatte. Am 5. 12. 1868 verlieh König Wilhelm den vier Hessensteinschen Gütern die Bezeichnung „Herrschaft Hessenstein".
Das Gut Panker im Talgrund zu Füßen des Pilsberges, nur durch den Großen Buchenwald von ihm getrennt, erlangte nach dem 2. Weltkrieg den Ruf eines bedeutenden Trakehner-Gestüts. Heimatvertriebene brachten nach 1945 die rassigen Warmblüter aus dem ostpreußischen Trakehnen mit. Heute tummeln sich zahlreiche Trakehner-Pferde auf den Wiesen rund um den Herrensitz und beweisen die erfolgreiche Weiterzucht dieser edlen Rasse.

Von Hünengräbern und Schlachten – der Grimmelsberg bei Bornhöved

Schlachtgetümmel schallte in den vergangenen tausendzweihundert Jahren dreimal auf den 83 m hohen Grimmelsberg hinauf, von dem aus man in westlicher bzw. nordwestlicher Richtung die alten Kampffelder einsehen kann. Ungefähr im Dreieck der Orte Bornhöved, Gönnebek und Tarbek fiel am 22. Juli 1227 eine Entscheidung von historischer, ja europäischer Bedeutung. Die Frage lautete: Dänenherrschaft zwischen Eider und Elbe oder Freiheit von fremder Unterdrückung.

Der Dänenkönig Waldemar II. war ein äußerst tatkräftiger und erfolgreicher Feldherr, der nicht umsonst den Beinamen „der Sieger“ trug. Vom Erfolg getragen, wuchs sein Expansionsdruck nach Süden. Er eroberte Lübeck, Holstein, Mecklenburg. Entschlossen, die 25jährige dänische Oberherrschaft zu beenden, traten die deutschen Heerscharen unter Führung von Graf Adolf IV. von Holstein am 22. 7. 1227 den sieggewohnten Truppen des mächtigen Dänenkönigs gegenüber. Dies wäre ein aussichtsloser Kampf geworden, wenn sich nicht Adolf der Unterstützung durch Truppen aus Sachsen, Mecklenburg, Bremen, Lübeck und Hamburg versichert hätte. Wahrscheinlich wäre

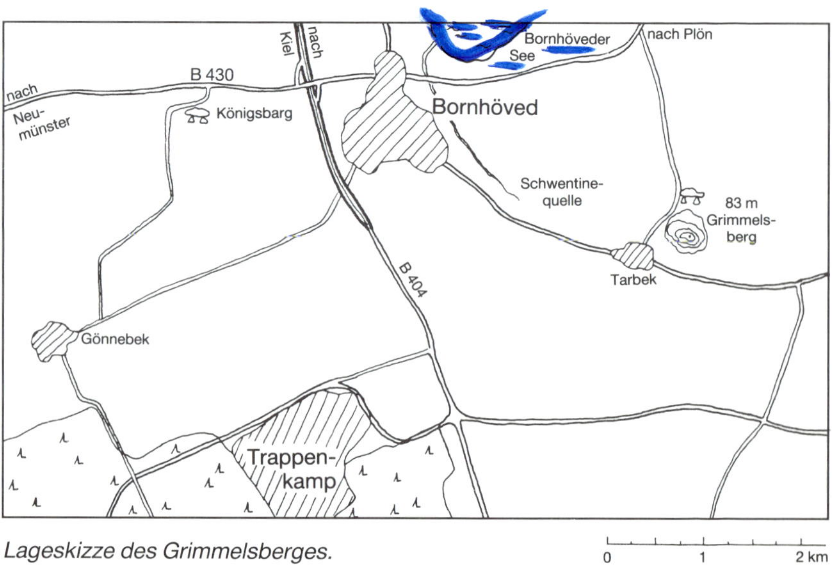

Lageskizze des Grimmelsberges.

für Adolf die Schlacht dennoch verlorengegangen. Er besaß jedoch eine Trumpfkarte, mit der er den Dänenkönig überraschte. Waldemar hatte nämlich die von ihm unterworfenen Dithmarscher zur Heerfolge gezwungen. Aber wer die Dithmarscher kennt, weiß um ihren entschlossenen Freiheitswillen. Und so bedurfte es für Adolf wohl keiner besonderen Überredungskünste, um mit den Dithmarschern eine geheime Absprache zu treffen. Tatsächlich kehrten die Dithmarscher während des Kampfes ihre Schilde um und richteten die Waffen gegen die Dänen. Trotzdem tobte die Schlacht lange hin und her, bis Waldemar, der seine Soldaten vom Königsbarg aus, einem bronzezeitlichen Grabhügel, befehligte, sich geschlagen geben mußte.
Waldemars Niederlage veränderte die europäische Landkarte. Die Dänen wurden aus dem Raum zwischen Elbe und Eider zurückgedrängt, die 25jährige Fremdherrschaft war beendet. Der Sieg Adolfs und seiner Verbündeten war – historisch betrachtet – eine der wichtigsten politischen Entscheidungen für das weitere Schicksal Holsteins. Von nun an regierte in Holstein das Geschlecht der Schauenburger.
Bereits mehr als 400 Jahre zuvor gab es eine Schlacht auf dem Sventanafeld (= heiliges Feld) zwischen Bornhöved und dem Grimmelsberg. Karl der Große verbündete sich mit den slawischen Obotriten gegen die Holsten, Stormarner und Dithmarscher. Karls Ziel war die endgültige Herrschaft der Franken über die nordalbingischen Sachsen. Nach siegreichem Kampf überließ Karl das Land um das Sventanafeld den Obotriten. Erst um 1140 drangen die Holsten erneut vor, was den bedeutenden Missionar Vicelin veranlaßte, in Bornhöved eine Kirche zu bauen (1150), deren schlanker Turm vom Grimmelsberg aus zu sehen ist.
Die strategische Bedeutung dieses Raumes unterstreicht schließlich die dritte Schlacht aus napoleonischer Zeit, als am 7. Dezember 1813 in einem Rückzugsgefecht die mit Napoleon verbündeten dänischen und schleswig-holsteinischen Einheiten auf die von Süden vorrückende schwedisch-preußische Armee unter Leitung des Schwedenprinzen Bernadotte trafen und von dessen Truppen geschlagen wurden.
Wen vermag es zu wundern, daß in diesem historischen Raum die Neigung des Menschen, Ereignisse von geschichtlicher Tragweite in steinernen Denkmälern zu verewigen, ein breites Betätigungsfeld findet. Am Königsbarg weist ein Gedenkstein mit der Abbildung eines Ritterschwertes auf die Schlacht von 1227 hin. Auf dem Graf-Adolf-Platz in Bornhöved erinnert ein Findling an die kriegerischen Auseinandersetzungen von 798 und eine Gedenksäule an die Schlacht von 1227, und vor der Vicelinkirche steht ein Denkmal, das schwedische Offiziere im Jahre 1913 für ihre 1813 gefallenen Kameraden setzten.
Über Steinernes gibt es noch mehr zu berichten im Raum Grimmelsberg-Bornhöved, z. B. über die Hünengräber aus der Jungsteinzeit und Bronze-

Riesen- bzw. Langbett auf dem Grimmelsberg.

Gedenkstein an die Schlacht auf dem Sventana-Feld.

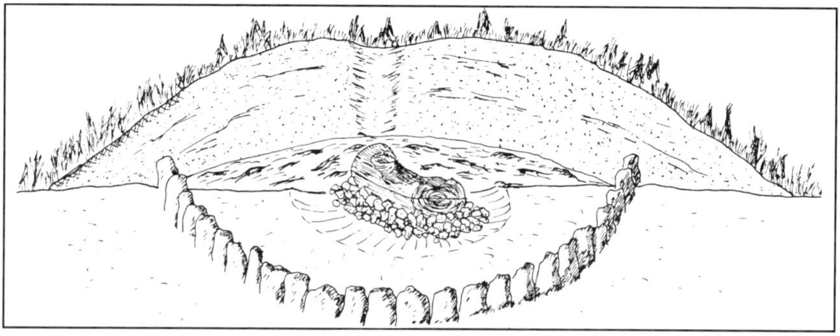

Querschnitt durch ein bronzezeitliches Hünengrab. Der Baumsarg liegt in einer Steinsetzung. Der Findlingskranz markiert den Bannkreis.

zeit. Den höchsten Punkt des Grimmelsberges haben sich bronzezeitliche Vorfahren für ein Hünengrab ausgewählt, und in dessen Nähe liegen zwei jungsteinzeitliche Megalithgräber vom Typ der Riesenbetten. Für diese Gräber wurden bevorzugt Geländeerhebungen, Kuppen oder gar Berge ausgesucht.

Das bronzezeitliche Grab ist in der typischen Hügelform erhalten. Unter solchen Erdhügeln befinden sich meist wannenförmige Steinsetzungen aus faust- bis kopfgroßen Steinen, worin die Baumsärge mit den Verstorbenen gebettet wurden. Oft ist nur ein einziger Sarg darunter, gelegentlich sind es mehrere, und häufig findet man Nachbestattungen in Gestalt von einfachen Aschenurnen, die in kleine Steinpackungen gesetzt wurden. Als Grabbeigaben entdeckten Archäologen Bronzewaffen, Bronzeschmuck und Bronzegeräte, Ketten aus Bernstein, Tongefäße und manchmal sogar wertvolle Goldfunde wie z. B. die Goldschale von Gönnebek, die im Schleswiger Landesmuseum zu besichtigen ist.

Die Riesenbetten auf der nördlichen Nachbarkoppel liegen nur 200 m von der Bergspitze entfernt. Sie sind bedeutend älter, stammen, wie gesagt, aus der jüngeren Steinzeit und sind also 4500 Jahre alt. Es handelt sich bei ihnen nicht um Einzel-, sondern um Sippengräber. Mythos und Sagen umhüllten die Grabstätten jahrhundertelang mit einem geheimnisvollen Schleier. Die Bezeichnung Hünengräber stammt aus einer Zeit, in der die Menschen von der Vorstellung beherrscht waren, nur Riesen könne man die Kraft zutrauen, solche gewaltigen Denkmäler aus tonnenschweren Findlingen aufzutürmen. Heute weiß man, daß es sich bei den Megalithgräbern um Erbbegräbnisse (vielleicht von besonders angesehenen Sippen) einer jungsteinzeitlich bäuerlichen Bevölkerung handelt, deren Durchschnittsgröße bei Männern mit 172 cm und bei Frauen mit 161 cm angegeben wird.

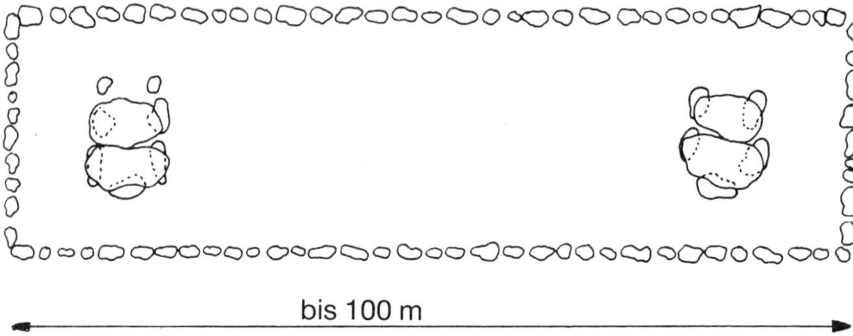

Riesenbett mit zwei Steinkammern.

Das ca. 50 m östlich der Straße Tarbek–Schmalensee gelegene Grab ist das größere der beiden Riesenbetten und das besser erhaltene. Es ist ungefähr 100 Schritte lang. In seiner Westecke befindet sich eine Steinkammer, auf der noch einer von zwei Decksteinen ruht. Die Steinkammer im Osten ist entfernt worden. Die längsseitigen Begrenzungssteine des Grabes sind relativ gut erhalten geblieben.
Der Bau der Megalithgräber entspricht einem besonderen Verhältnis der neolithischen Menschen zu ihren Toten. Die Steinmonumente faszinieren nicht nur den Menschen der Neuzeit, sondern sollten vermutlich auch die unsterblichen Himmelsmächte beeindrucken. Die Bauwerke sind ganz offensichtlich bewußt für die Ewigkeit geplant. Dauerhafter und aufwendiger angelegt als die Häuser der Lebenden, sprechen die monumentalen Gräber für das Vorhandensein einer besonderen Ahnenverehrung. Nachweislich wurden im Bereich der Großsteingräber Kultfeiern abgehalten und Opfer gebracht. Mindestens allgemeine Vorstellungen – so nimmt man an – muß der jungsteinzeitliche Mensch von einem Fortleben nach dem Tode gehegt haben.
Die Hünengräber beweisen nicht nur eine gewaltige körperliche Leistung, die zu ihrem Bau erbracht werden mußte, sondern auch die Existenz einer bestimmten Gesellschaftsstruktur, in der Teamarbeit und Spezialistentum die Planung und Ausführung der Kultmale ermöglichte.
Zur Vorbereitung gehörte die Wahl des Platzes für das Kultmal. Oft wurden die höchsten Erhebungen, die Geländekuppen, zu besonders günstigen Plätzen erklärt. Ganz sicher nicht aus bautechnischen Gründen – ganz im Gegenteil – sondern eher, weil die erhöhte Position der Steinsetzung (vielleicht wie die mittelalterlichen Kirchen) einen Bezugspunkt für die in der Nähe lebenden Menschen darstellen sollte.

Dann ging man an die Materialbeschaffung. Geeignete Findlinge mußten gefunden und in wahrer Herkulesarbeit an Ort und Stelle gebracht werden. Zugtiere und Scharen von Menschen zogen die Steine mit Seilen zum Kultplatz. Bei ganz schweren Exemplaren benutzte man Rundhölzer aus Baumstämmen, über die der Steinkoloß gezerrt wurde. Das Aufstellen der Tragsteine geschah mit Hilfe von Wuchtbäumen und unter wechselndem Einsatz von Hebelwirkung und Abstützung des Megalithen, bis er aufrecht stand.
Noch erstaunlicher und bewundernswürdiger erscheint, wie unseren Vorfahren das Aufbringen tonnenschwerer Decksteine auf die Pfeiler gelang. So sind Decksteine mit einem Gewicht von 30 Tonnen nachgewiesen worden, das entspricht dem Gegengewicht von ca. 9 bis 10 Indischen Elefanten. Wie gelang den Neolithikern das Hochhieven solch gewaltiger Lasten? Zu diesem Zweck schütteten sie neben den Tragsteinen Rampen aus Erdreich auf, eine schiefe Ebene, auf der man die riesige Steinlast mit Hilfe von Gleitrollen emporwuchtete. Hierzu waren viele Dutzende von kräftigen Männern erforderlich. Man kann sich vorstellen, daß manchesmal die Tragpfeiler stürzten bei dem gefährlichen und komplizierten Versuch, den Deckstein aufzubringen, und sicherlich wurde manch ein Arbeiter von der Steinlast zermalmt.

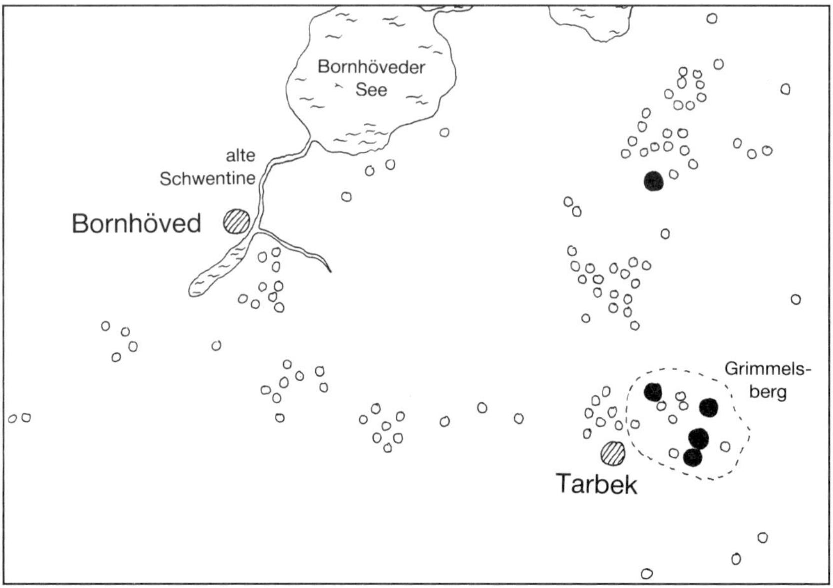

Im Bereich Grimmelsberg-Bornhöved sind von ehemals 107 Hünengräbern nur noch 5 erhalten geblieben.

Wahrscheinlich brachte man die Decksteine zunächst auf ein Baumstammgerüst, das über den Tragsteinen lag. Durch langsames Niederbrennen des Holzes sank der Koloß zentimetergenau in die gewünschte Position. Die Rampe selbst bezog man später in die hügelartige Überwölbung der Steinsetzung ein.

Ursprünglich lag die Zahl der Hünengräber im Bereich der nordischen Megalithkultur wesentlich höher, als wir sie heute vorfinden. Allein auf dem Schwentinefeld zwischen Grimmelsberg und Bornhöved sind von 1825 bis 1956 genau 102 Hünengräber verschwunden. Die 1825 festgestellte Zahl von 107 Gräber ging also auf 5 (!) zurück. Bereits in karolingischer Zeit, nach Niederwerfung der Sachsen, fielen zahlreiche Steingräber dem Zerstörungswillen christlicher Glaubensfanatiker zum Opfer. Diese hielten die Steinsetzungen für heidnische Opferaltäre, die man vernichten mußte. In den norddeutschen Landschaften, in denen anstehendes Felsgestein fehlt, sind die Findlinge ein ideales Baumaterial. Spätere Generationen scheuten sich deshalb zu keiner Zeit, die „Miniaturpyramiden" zu entsteinen und deren zerstückelte Findlinge für christliche und profane Bauten zu verwenden; und so verbrauchte man Findlinge für Denkmäler und Mahnmale, Gräber und Kirchen, Straßen und Brücken, für den Küstenschutz ebenso wie für den Hausbau. Man zermeißelte, zertrümmerte oder sprengte die Grabsteine, beschädigte die Grabanlagen, warf wertvolle Funde oft achtlos beiseite. Hinzu kam, daß die Steinsetzungen oft mitten auf der Ackerfläche standen und die Bestellung des Ackers in ärgerlicher Weise behinderten. Als Steingrus und Schotter, als Füll- und Straßenbaumaterial wurden sie zu Geld gemacht.

Glücklicherweise sind die restlichen, leidlich intakten steinernen Vorzeitdenkmale unter Denkmalschutz gestellt worden. Wie notwendig das war, beweisen nicht nur die Zahlen des Schwentinefeldes, sondern auch die des ganzen Landes: In Schleswig-Holstein sind von 5000 entdeckten Großsteingräbern nur noch 300 erhalten geblieben.

Vom Grimmelsberg aus – den schönsten und weitesten Blick hat man vom bronzezeitlichen Hünengrab – kann man einen Eindruck davon gewinnen, warum dieser Raum so geschichtsträchtig ist. Wir befinden uns im Grenzgebiet der letzten Vereisung. Sie hat hier mit dem Grimmelsberg und anderen Kuppen ihre Endmoränenfront errichtet. Bei Bornhöved jedoch, dessen Kirchturm wir in nördlicher Richtung sehen, trat unter dem Eis ein mächtiger Höhlenstrom mit Schmelzwasser hervor, in dem ungeheure Mengen an Sand und Kies transportiert wurden. Beim Verlassen des Eiskörpers schüttete der Schmelzwasserstrom seine Schuttfracht in südlicher bis westlicher Richtung auf und schuf den nahezu tischebenen Bornhöveder Sander, eine Teillandschaft der Niederen Geest. Diese Sandgebiete, so wenig fruchtbar sie sind, waren in frühgeschichtlicher Zeit ackerbaulich leichter zu bearbeiten als die schweren Moränenböden. Darüber hinaus boten sie auf dem ebenen, trocke-

Das bronzezeitliche Grab auf dem Grimmelsberg.

nen Sandboden die besseren Verkehrsverhältnisse. Archäologen fanden heraus, daß sich hier bereits in der Bronzezeit ein wichtiger Verkehrsknotenpunkt befunden hat. Kein Wunder, daß auch die Feldherren diese übersichtliche Landschaft für ihre Zwecke nutzten. Wer einmal auf den Königsbarg, den Feldherrnhügel des Dänenkönigs Waldemar II., gestiegen ist, überblickt nahezu das gesamte Schlachtfeld trotz der relativ geringen Höhe des Hünengrabes (man muß sich die Knicks teilweise etwas niedriger vorstellen bzw. sogar wegdenken).

Die Sanderfläche im Westen des Grimmelsberges ist bewaldet. Dort erstreckt sich das Nadelwaldgebiet des Staatsforstes Neumünster. An seinem nordöstlichen Rand ragt ein weißes Hochhaus deutlich heraus. Dort liegt, aus dem Wald herausgeschnitten, eine der eigenartigsten Siedlungen Schleswig-Holsteins, Trappenkamp. Bis 1945 gab es hier im Wald versteckt ein gewaltiges Munitionslager der Marine. In 170 Bunkern lagerten Wasserbomben, Minen und andere hochbrisante Munition. Nach dem Krieg ließen die Engländer den Wald abholzen. Die geplante Sprengung des Depots verwarf

die Besatzungsmacht wegen der verheerenden Folgen. Statt dessen räumte man die Munition aus und überließ die Bunker und Unterkünfte 600 Heimatvertriebenen aus dem Sudetenland. Die meisten von ihnen waren Mitarbeiter der Gablonzer Glas- und Schmuckwarenindustrie-Genossenschaft, die in Trappenkamp eine Glashütte aufbaute. Diese belieferte die einzelnen Handwerksbetriebe mit dem Rohmaterial, das in den Bunkern, den Notunterkünften der Familien, verarbeitet wurde. Heute ist aus Trappenkamp eine planmäßig aufgebaute Wohn- und Industriesiedlung geworden.
Abschließend noch ein Wort zur Schwentine. Die Höhen des Grimmelsberges und der benachbarten Moränen wirken als Einzugsgebiet einiger Quellen. Eine davon ist die echte Schwentine, die nicht auf dem Bungsberg entspringt, sondern südöstlich von Bornhöved im Wiesengrund unterhalb der Straße nach Tarbek (Hinweisschild). Da der Name Schwentine sich von der Bezeichnung Sventanafeld ableitet, ist der Besitzanspruch der Bornhöveder an der echten Schwentinequelle durchaus berechtigt. Erst bei Preetz vereinigen sich die Bungsberg- und die Bornhöved-Schwentine, um schließlich in der Kieler Förde zu münden. Der Bezeichnungsirrtum ist auf eine Fehlinterpretation des Kartographen Casper Danckwerth von 1652 zurückzuführen. Vermutlich spielte die Überlegung eine Rolle, daß der bedeutende Fluß nur auf dem höchsten Berg des Landes entspringen könne. Dabei geriet die historische Überlieferung, die in den Namen Sventanafeld oder Zuentinevelt zum Ausdruck kommt, ins Hintertreffen. So erklärt sich, daß die echte Schwentine auf der Karte als Alte Schwentine oder Kührener Au erscheint, während die Bungsberg-Schwentine, die früher eigentlich Neversbek hieß (nach Mönchneversdorf), den Namen zu Unrecht trägt.

Treffpunkt Scheersberg in Angeln

Wenn man auf der sogenannten Nordstraße, der B 199, von Kappeln über Gelting Richtung Flensburg fährt, sieht man sehr bald hinter dem Ort Steinbergkirche einen markanten Berg aus der Jungmoränenlandschaft aufragen, der von einem Turm gekrönt und von mehreren größeren Gebäuden bestanden ist. Von der Abzweigung nach Quern führt die Straße in nördlicher Richtung ca. 700 m direkt auf den höchsten Punkt Angelns, den 71 m hohen Scheersberg hinauf.

Der Aussichtsturm ist nach Bismarck benannt. Die Inschrift auf der marmornen Tafel im Innern lautet: „Zur Erinnerung an den ersten deutschen Reichskanzler Fürst von Bismarck wurde dieser Turm von der Landschaft Angeln und den anliegenden Städten erbaut in den Jahren 1900 bis 1903."

Die einzelnen Granitsteine des Turmes tragen wie das Gesims der Aussichtsplattform Eingravierungen, z.B. Nordangler-Sängerbund, Communalverein Quern, Kampfgenossen- und Kriegerverein Sterup, Flensburger Nachrichten, Kieler Neueste Nachrichten, Der Schleibote, Gut Brunsholm, weitere Güter, Sparkassen, Landwirtschaftsvereine, Gemeinden und nicht zuletzt viele Namen von Einzelpersonen.

Die Eingravierungen sind Danksagungen an alle jene Personen und Institutionen, die durch ihre Spenden den Bau des Turmes ermöglichten, der ohne staatliche Zuschüsse errichtet wurde. Die vielen kostenlosen Hilfeleistungen konnten – vielleicht aus Platzmangel – nicht mehr in Steingravuren verewigt

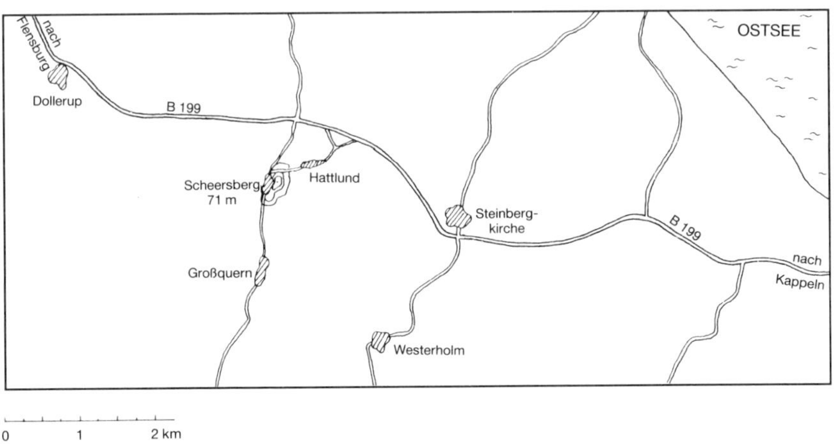

Lageskizze des Scheersberges.

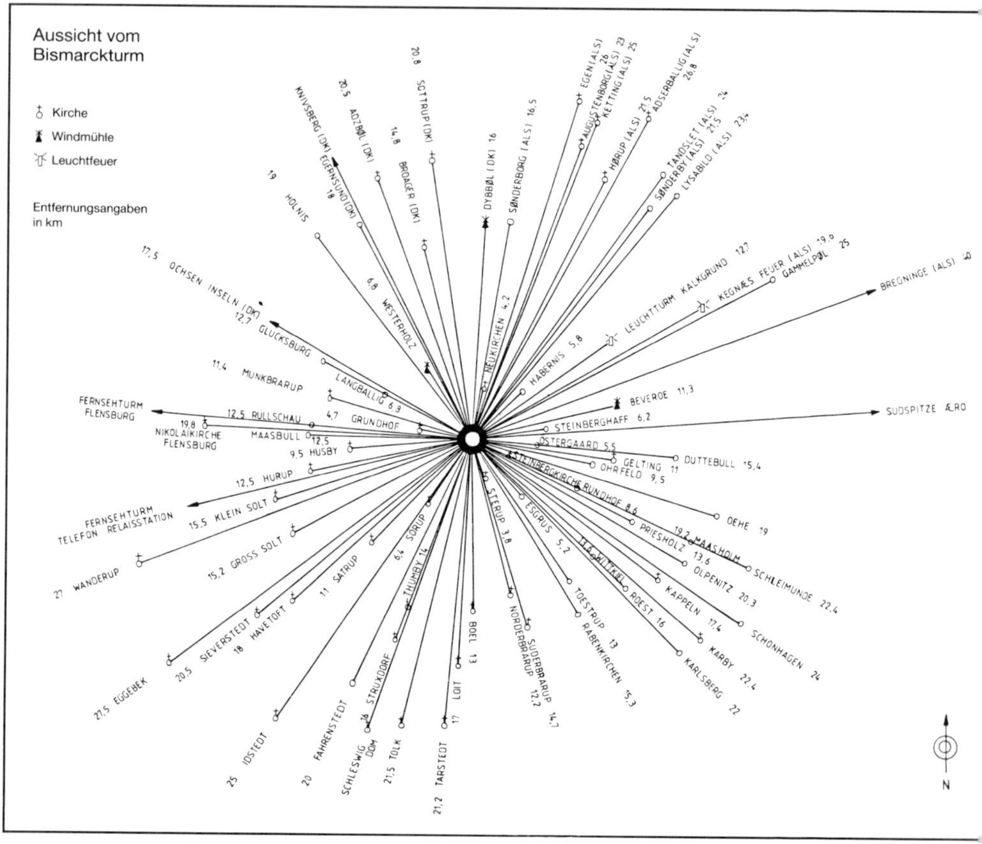

werden. Übrigens mußte jeder Spender seine Namensgravur selbst bezahlen. 40 Pfennige bekam der Steinmetz für jeden Buchstaben. Manch ein Spender – so heißt es – hat sich in seiner Freigebigkeit so verausgabt, daß es für die Eingravierung seines Namens nicht mehr reichte.

An Stelle des Turmes stand seit etwa Mitte des vergangenen Jahrhunderts ein Pavillon mit Lindenhecke, Lustgarten, Lauben und gepflegten Steigen. Die Anlage gehörte zum Gasthof, der heute auf ein 280jähriges Bestehen zurückblicken kann. Der Gasthof mit dem Lustgarten am höchsten und schönsten Punkt Angelns war ein beliebter Ausflugsort, an dem jeden Sonntag Frühkonzerte stattfanden. Sicherlich ist der herrliche Rundblick eine weitere Ursache gewesen, weshalb die Bevölkerung aus Nah und Fern sich zu den verschiedensten Anlässen auf dem Scheersberg als Treffpunkt zusammenfand. Voller Stolz und mit gelinder Übertreibung sprach man von einem zwei-

ten Sanssouci auf dem Scheersberg. Eine Zugverbindung existierte bis zur Station Nübelfeld.
Ein wichtiger Treffpunkt ist der Scheersberg bereits in vor- und frühgeschichtlicher Zeit gewesen. Unzählige Gräber von der Jungsteinzeit bis zu den Wikingern lagen an den sanft abdachenden Äckern und Weiden. Die meisten Großsteingräber sind bereits vor 100 bis 200 Jahren zerstört worden. Als die Gebäude und Sportanlagen auf dem Berg errichtet wurden, fand man zahlreiche Urnengräber aus der Zeit vor und nach Christi Geburt. Und an der Stelle des Bismarck-Turmes lag zuvor ein Grabhügel, den der dänische Vermessungsbeamte J. Timm 1842 so schildert: „Auf dem höchten Punkt dieses Berges liegt ein von Menschenhand aufgehügelter konischer Grabhügel, von alters her ‚Raevenshoi' oder ‚Råbensberg' benannt, von welchem die Sage berichtet, daß ein an dieser Stelle gefallener Häuptling mit Roß und Waffen, unter welchen ein goldenes Schwert genannt wird, in diesem Hügel begraben sei."
Ganz gewiß ist der Scheersberg auch eine Thingstätte gewesen, und es heißt, daß hier ein germanischer Herzogssitz lag und daß von hier aus ein Teil des Volksstammes der Angeln ausgezogen ist, um zusammen mit den Niedersachsen das Angelsächsische Reich zu gründen.
Auf der weichseleiszeitlichen Jungmoräne haben die Gletscher große Mengen an Findlingen von bedeutender Größe abgesetzt. Viele der erratischen Blöcke aus skandinavischem Urgestein wurden in den Megalithgräbern verbaut, später abgetragen und erneut verbaut, nämlich in Häusern und Straßen. Die Zahl geht in die Tausende. Dennoch gibt es genügend Blöcke auf den Äckern. In der Nähe von Hattlund unterhalb des Scheersberges liegt ein Flurstück mit dem bezeichnenden Namen „De grote Steenskoppel". Immer wieder stießen und stoßen die Bauern hier auf zahlreiche Findlinge, die teilweise nur mit Maschinenkraft entfernt werden können.
Auf dieser Koppel lag einer der berühmtesten Steine Angelns, der „Große Stein von Hattlund", ein grobkristalliner, rötlichgrauer Granit. Er maß ca. 18 m Umfang. Zu einer Zeit, da die Menschen von den Eiszeiten und ihren Auswirkungen noch keine Vorstellungen besaßen, regte ein solcher Steinriese die Phantasie der Bevölkerung ungeheuer an, und es kam zu abenteuerlichen Deutungen, wie das Koloßphänomen an seinen Standort gekommen sein könnte. Die Lösung lag sonnenklar auf der Hand: Nur Teufelsmächte konnten in der Lage gewesen sein, diesen Granitriesen zu bewegen.
So entstand die Sage vom Stein von Hattlund am Scheersberg: „In alten Zeiten lebte auf der Halbinsel Sundewitt eine riesenhafte heidnische Zauberin. Als sie nun sah, daß man in Quern eine christliche Kirche erbaute, erboste sie sich sehr. Sie tat einen großen Felsblock in ihr Strumpfband hinein und schleuderte ihn über die Flensburger Förde hinweg auf die Kirche. Aber das Strumpfband zerriß, und der Stein verfehlte sein Ziel. Bei Hattlund fiel er auf

den Erdboden. Der Luftdruck war so stark, daß der Kirchturm davon ganz schief geworden ist. Alle Versuche, ihn zu richten, sind bis heute vergeblich gewesen."

Auf Plattdeutsch hört sich die Geschichte so an: „Bi Hattlundmoor weer'n Steen, de meet 34 Ell'n in Ümfang. De hett de Hex vun Broacker dorhen schmäten. As de Kirch in Quern but woor, wull se de ümschmieten. Se bunn de Steen an dat Strümpenband un schmeet. Se dreep de Kirch awers nich. De Steen full bi Hattlundmoor dal. Vun de Lufttoch awer is de Kirch wat scheef woorn. Un dat is se noch hütigendags."

Nach anderen Quellen heißt es, eine Hexe habe von Fünen aus den Stein per Strumpfband geworfen. Ihre Beweggründe übrigens waren dieselben wie oben. Aber sie berechnete die Wurfbahn falsch, und der Stein fiel bereits vor Dollerupholz ins Wasser der Ostsee, zersprang dort jedoch von der Wucht des Aufpralls, und die eine Steinhälfte federte in die Luft zurück und flog bis zur Hattlunder Koppel.

Diese Darstellung besitzt den Vorteil, nicht nur den Stein von Hattlund zu erklären, sondern zugleich auch jeden Zweifel an der Herkunft des zweiten Steinriesens, des sogenannten Fünensteins, zu beseitigen, der tatsächlich vor der Steilküste von Dollerupholz aus dem Ostseewasser herausragt.

Wie viele andere Riesenfindlinge fand der Stein von Hattlund ein unrühmliches Ende unter den Hammer- und Meißelschlägen eines Steinmetzen. Im Jahre 1842 kaufte ihn ein Flensburger Steinhauer. Zunächst wurde er an der südwestlichen Seite fast bis auf den Grund aufgegraben. Dann schlugen mehrere Leute eine tiefe Rille über den Rücken des Steines und trieben danach auf Kommando die Keile tief in das Granitgestein, das daraufhin in drei Stücke zerfiel, aus denen die Steinschläger mehrere Läufer (Mahlsteine) formten. Einer von ihnen wurde nach Kopenhagen verkauft. Den Abtransport mit einem Siebenspänner verfolgten zahlreiche Neugierige. Einer von ihnen soll dem Stein hinterhergerufen haben:

„Zieh hin, verkünde Angelns Ruhm
in unserer Königsstadt." –

In unserem Jahrhundert ist der Scheersberg zu einem Treffpunkt besonderer Art geworden. Aber bis es dazu kam, wurde der Berg weitgehend umgestaltet. Häuser, Turnhalle, Sport- und Spielplätze erforderten umfangreiche Bodenbewegungen, bei denen auch eine Kiesgrube mit ca. 10 m starken Kies- und Geröllschichten, wie sie für eine Endmoräne typisch sind, eingeebnet wurde.

Auf dem Scheersberg entstand eine beispielhafte Begegnungsstätte für die Menschen Angelns, vor allem für die Jugend. Nach dem verlorenen 1. Weltkrieg rückten die Grenzlandbewohner enger zusammen; in wirtschaftlicher und sozialer Not suchten sie, einen Halt zu finden. Gemeinschaftspflege fand starke Beachtung. Das Zugehörigkeitsgefühl der Angeliter zum deutschen

Volk drückte sich aus in der Bildung und Gründung zahlreicher Vereine, die das Heimatbewußtsein förderten. Mit dem Ziel, gemeinsame und größere Veranstaltungen durchzuführen, schlossen sich die sogenannten vaterländischen Vereine und Verbände zusammen. Kriegerverein, Gesangverein, Turnverein und Reiterverein gründeten die „Gemeinschaft Quern". Nachhaltige Unterstützung erhielten die Vereine vom Landrat Wallroth, nach dem das älteste Gebäude auf dem Scheersberg, das Jugend- und Sportheim, benannt ist. 1921 wurde dann das erste große Sport- und Spielfest aus der Taufe gehoben. Der Erfolg der Veranstaltung ermutigte die Gründer des Festes zu einer alljährlichen Wiederkehr der Veranstaltung unter der Bezeichnung „Nordmarkfest auf dem Scheersberg".
Hieraus entwickelte sich ein Heimatfest mit reichhaltiger Festfolge; es wurde ein Spiegelbild des sportlichen und kulturellen Lebens, in dem Sportwettkämpfe, Spiele, Konzerte, Gesänge, Tänze, Aufmärsche und Festreden sich abwechselten. Letztere trugen vor allem in den Jahren 1921 bis 1932 den Charakter vaterländischer Kundgebungen. In den Festansprachen wurde das Gefühl deutscher Schicksalsgemeinschaft auf vorgeschobenem Posten zum Ausdruck gebracht und das besonders hohe Verantwortungsbewußtsein der Menschen in der Nordmark für die deutschen Volksbelange. Wenn man so will, entstand auf dem Scheersberg eine Wehrburg gegen die Dani-

Der Bismarck-Turm mit den Gravuren. Unterhalb die historische Gaststätte.

Der Scheersberg von Groß-Quern aus.

sierungsbestrebungen des Nachbarn im Norden. Der Bismarck-Turm beherbergte nationale Grenzkampfillustrationen und andere Erinnerungsstücke an die vergangenen deutsch-dänischen Auseinandersetzungen.
Die jährlichen Bergfeste zogen mehrere Tausend Aktive und Zuschauer an. Aber ab 1933 gab es anderes zu feiern. Die Zeit eines Tausendjährigen Reiches begann, das seine eigenen Aktivitäten förderte. Das Scheersbergfest fiel dem zum Opfer.
Als das Tausendjährige Reich nach 12 Jahren beendet war, sah sich das Grenzland erneut den Bestrebungen Dänemarks gegenüber, den alten Traum von der Eidergrenze zu verwirklichen. Durch Zuwendungen von Lebensmitteln und anderen Vergünstigungen versuchte man, der Verwirklichung des politischen Zieles näherzukommen und das Grenzland und seine Bewohner für das Dänentum zu gewinnen.
Aber das Heimatbewußtsein für Schleswig-Holstein und Deutschland lebte weiter. Nach dem Krieg setzten sich die Traditionen und das Ideentum des Scheersbergfestes wieder durch, nämlich turnerisches Bergfest, Jugendge-

meinschaftstreffen, heimatliche Kulturveranstaltung und Volkstumskundgebung zu sein. Sicherlich unter dem Eindruck des ungebrochenen dänischen Expansionswunsches entwickelte sich das Nordmarkfest zu einem Treffpunkt vieler Tausender Besucher, wie man es kaum für möglich gehalten hatte. 1948, zum 13. Scheersbergfest, wurden 800 Aktive und sieben- bis achttausend Besucher gezählt.
Eine erste Andeutung über einen Wandel im Charakter künftiger Scheersbergfeste konnte man wohl 1951 aus der Festansprache des damaligen schleswig-holsteinischen Ministerpräsidenten Lübke heraushören: „Als Einzelner sind wir wenig; als Gemeinschaft aber sind wir die Träger der Heimat und der Zukunft. Möge der Geist der Scheersbergfeste von Jahr zu Jahr stärker werden zum Wohle unserer Heimat und unseres Volkes, denn aus der Liebe zu Heimat und Vaterland geht der Weg weiter zur europäischen Gemeinschaft und schließlich zum Menschentum schlechthin."
Dieser europäische Geist wurde 1960 betont und realisiert durch die Gründung des Jugendhofes Scheersberg, dessen Träger der Deutsche Grenzverein ist. Sein Ziel ist, die jungen Menschen Skandinaviens und der Bundesrepublik zusammenzuführen. Der Jugendhof hat sich in der Folge zu einer internationalen Bildungsstätte entwickelt, in der Veranstaltungsreihen mit regionalen, überregionalen und internationalen Teilnehmerkreisen durchgeführt werden. Themenbereiche sind z.B. Sozialpädagogik, Gesellschafts- und Bildungspolitik, schul- und berufsbezogene Arbeit, Spiel und Theater, Film-, Foto- und Videoarbeit, Bildnerisches Gestalten, Musik.
Die Symbole deutsch-dänischer Auseinandersetzungen wurden aus dem Bismarck-Turm entfernt. Statt dessen installierte man im Turm eine Bronzeplatte mit dem Bismarckwort: „Wir sind nicht auf dieser Welt, um glücklich zu sein und zu genießen, sondern um unsere Schuldigkeit zu tun." Typisch Bismarck, möchte man meinen.
Mehr und mehr verlor das Scheersbergfest das politische Element. Die Bedeutung eines Gegenpols schleswig-holsteinischen Heimatbewußtseins zu den Strömungen dänischer Gesinnung rückte in den Hintergrund. Sport und Spiel, Gesang und Tanz aber sind geblieben als Ausdruck der vielfältigen kulturellen und sportlichen Aktivitäten von Vereinen und Verbänden des Kreises Schleswig-Flensburg. 1984 feierte die größte Heimat- und einzig verbliebene Bergveranstaltung des Nordens das 50. Scheersbergfest. –
Blieb noch etwas unerwähnt über den höchsten Berg des Nordens? Natürlich, die Turmbesteigung. Den Schlüssel dazu erhält man in der historischen Gastwirtschaft gegenüber. Auf dem Weg zur Turmtür begegnet man dort, wo bis 1900 das zweite Sanssouci stand, einigen Findlingen, die gleichermaßen an eiszeitliche Vorgänge wie an vorgeschichtliche Besiedlung erinnern. Nach 89 Holzstufen ist die Aussichtsplattform erreicht. Sie eröffnet einen beeindruckenden Blick auf die abwechslungsreiche Angeliter Landschaft. Viel-

Blick auf die Flensburger Förde. Das jenseitige Ufer gehört zu Broagerland in Dänemark.

leicht entdeckt man zwischen Raps und Getreide das berühmte rote Angelitervieh und in Bauernhofnähe das Angeliter Sattelschwein als Ausdruck landwirtschaftlicher Flexibilität und Anpassungsfähigkeit. Was man sonst noch sieht, ist so vielfältig, daß man sich am besten in die Aussichts- und Entfernungsskizze vertieft, abgezeichnet von einem Glastisch im Vorraum unterhalb der Turmplattform.

Ein technisches Kulturdenkmal auf dem Gömnitzer Berg

Knapp 5 km westlich von Neustadt erhebt sich der zweitgrößte Berg Ostholsteins. Laut Informationstafel auf dem Gömnitzer Berg beträgt seine Höhe 93,8 m. Der Blick von hier reicht weit über die Ostsee hinüber ins Mecklenburgische, und auch die Türme von Lübeck kann man in der Ferne ausmachen. Läge nicht in nördlicher Richtung die größte Erhebung Ostholsteins, der Bungsberg, dazwischen, könnte man nach Norden bis zur Hohwachter Bucht und zum Ferienzentrum Weißenhaus sehen. Die Badeorte der Lübekker und Neustädter Bucht allerdings unterscheidet man deutlich. Den besten Blick hat man natürlich auf das nahe Neustadt mit dem Hafen und dem Binnenwasser, in das die beiden Bungsberg-Flüßchen, Kremper Au und Lachsbach, münden.

Vor einigen Jahrhunderten war Neustadt mit dem Binnenwasser ein bevorzugter Schlupfwinkel von Seeräubern. Es waren die Likedeeler und Vitalienbrüder, die in der ersten Hälfte des 16. Jahrhunderts in der Ostsee Kauffahr-

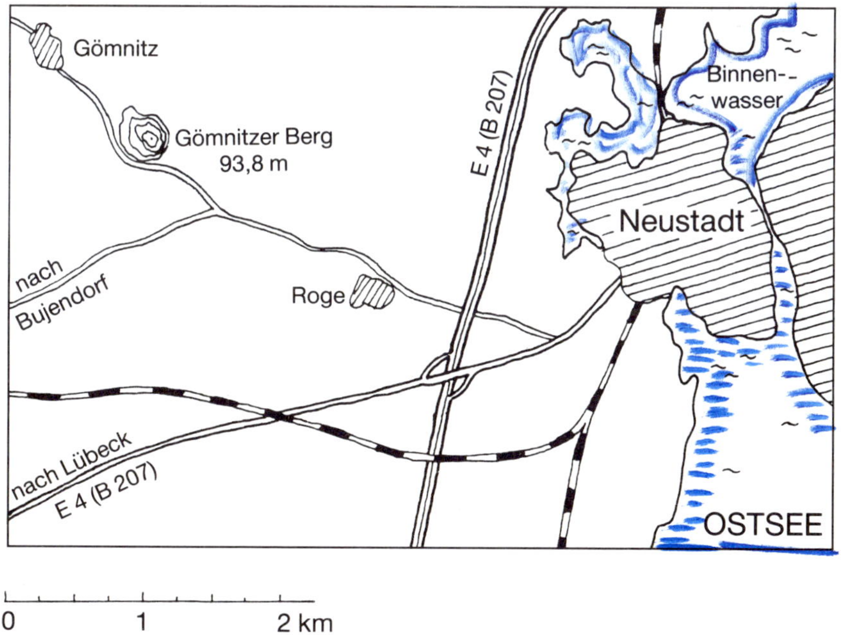

Lageskizze des Gömnitzer Berges.

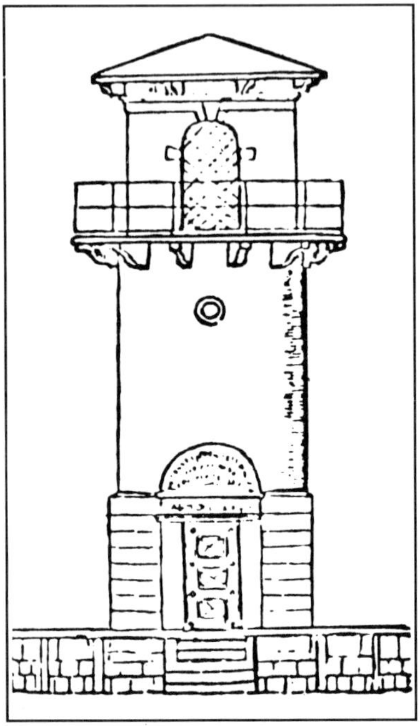

Der erste Turmentwurf des Hofbaumeisters Limpricht, gedacht als Denkmal für den Herzog und als Aussichtsturm. Mit umlaufender Galerie, gußeisernem Gitter, reichgeschmücktem Portal und einer Inschriftentafel war er der Rentkammer zu teuer und mußte „abgespeckt“ werden.

teischiffe überfielen und ihre Beute im Neustädter Hafen in Sicherheit brachten. In diesem Punkt scheint Neustadt Tradition bewahrt zu haben, denn wie aus einem Bericht des Chronisten Helmold hervorgeht, nannte er die Gegend um Neustadt schon in slawischer Zeit eine „spelunca latronum“, was wohl eine Räuberhöhle meint. Heute verkehren Butterschiffe im Neustädter Hafen.

Es gibt übrigens Leute, die bringen die drei Männer im Schiff auf dem Neustädter Wappen mit drei berühmten Seeräubern in Verbindung, nämlich Struensee, Gödeke Michel und Brandt. Aber das dürfte ebenso hergeholt sein, wie die Behauptung, daß auch Störtebeker hier seine (Un)-taten vollbracht hätte. Schließlich ist ein Schiff mit Seeleuten im Wappen einer Hafenstadt nicht ungewöhnlich und muß nicht gleich Beziehungen zu den berühmten Seeräubern der Vergangenheit beweisen.

Die Menschen, die bis 1815 über den Neustädter Hafen oder das Binnenwasser nach Westen blickten, sahen auf der Spitze des Gömnitzer Berges einen weit ausladenden Baum, der nach mündlicher Überlieferung eine Eiche, nach anderer Darstellung eine Buche gewesen sein soll. Wie dem auch sei, es muß ein gewaltiger Baum von bizarrer Form gewesen sein. Vermutlich überragte er ein jungsteinzeitliches Hünengrab; denn auf dem Berge lagen Findlinge zuhauf. Wahrscheinlich dienten sie einmal als Bau- und Begrenzungssteine für das Hünengrab, das aus irgendeinem Grunde zerstört worden war.

Dieser Riese von Solitärbaum besaß zwei Funktionen. Zuerst die weniger wichtige: Er war herbstlicher Futterplatz für die Schweine. Solche Eichel- oder Bucheckernmast war in vergangenen Jahrhunderten üblich. Die Bauern trieben sogar ihre Schweine zu diesem Zweck in die Wälder und mußten da-

für an den Waldbesitzer eine Abgabe entrichten. Die wichtigere Funktion des Baumes war die eines Wegweisers bzw. einer Landmarke, die aus der gesamten Lübecker Bucht schon von Mecklenburger Seite erkennbar war und als Peilhilfe für die Einfahrt der Schiffe in die Travemündung und damit nach Lübeck diente. So wies der Baum, der wegen seiner stattlichen Dimensionen der „Major" genannt wurde, zahllosen Schiffen über ein Jahrhundert lang den Weg, bis ihn in seiner exponierten Stellung ein starker Sturm fällte. Sicherlich war der Major bereits morsch und altersschwach. Das geschah im Jahre 1815.
Nun verfügen die Seeleute durchaus noch über andere Fähigkeiten, sich auf dem Meer zu orientieren als nur mit Hilfe eines Baumes, der auf einem Berg steht. Aber Richt- und Orientierungspunkte brauchen sie, und als Landmarke war der Major am weitesten sichtbar und unverwechselbar in seinem Kronenwuchs. Wie wichtig der Baum für die Schiffahrt war, erwies sich sehr bald, als nämlich der Travemünder Lotsenkommandeur den Senat der Freien und Hansestadt Lübeck auf die unvorhergesehenen Navigationsprobleme in der Lübecker Bucht aufmerksam machte. Zu den Aufgaben des Lotsenkommandeurs gehörte es, den Seefahrern Peilmarken und Seezeichen zu erhalten und Veränderungen der Seekarten mitzuteilen. Er schlug deshalb seiner vorgesetzten Dienstbehörde, das war der Lübecker Senat, vor, den umgestürzten Baum durch einen Signalturm von 30 Fuß Höhe (= 8 m) zu ersetzen.
Der Senat hatte keine Schwierigkeiten, der Begründung des Lotsenkommandeurs zu folgen. Die Einsicht, für optimale Peil- und Navigationsverhältnisse sorgen zu müssen, mußte in einer handelsabhängigen und meeresoffenen Stadt nicht erst wachsen. Allerdings erwies sich die Umsetzung des Turmbauplanes als weniger einfach, denn der Gömnitzer Berg lag im Ausland. Er gehörte zum Oldenburgischen Fürstentum.
Über einen Gesandten nahm der Senat mit dem Herzog Peter Friedrich Ludwig von Oldenburg (Peter I.) in Eutin Verhandlungen auf, die erfolgreich abgeschlossen wurden. Der Herzog genehmigte den Bau eines Turmes.
So weit, so gut. Jetzt aber begannen die Schwierigkeiten.
Peter I. beauftragte seinen Hofbaumeister Limpricht mit der Planung eines Turmes. Dieser ließ seine Verehrung für den Herzog in den Entwurf einfließen und gedachte, das Bauwerk zugleich als Aussichtsturm wie als fürstliches Denkmal zu gestalten. Mit umlaufender Galerie als Aussichtsplattform, mit gußeisernem Gitter, reich geschmücktem Portal und Inschriftentafel sollte diese Ausführung 1450 Taler kosten.
Dieser Vorschlag war der Rentkammer (Finanzbehörde) und dem Herzog zu teuer. Schwere Kriegskontributionen lasteten auf dem Land, und Sparsamkeit war das Gebot der Stunde. Auch zwei weitere Vorschläge, einfach und billig, wurden ebenfalls verworfen. Schließlich legte Limpricht den Entwurf eines Turmes vor, der die Zustimmung von Herzog und Rentkammer fand: In der Form wie eine schlanke Säule, 30 Fuß hoch, ohne überflüssigen Zierat,

Der Gömnitzer Berg.

aus roten Backsteinen errichtet, Fundament aus Felsgestein, 1000 Taler Kosten.
Im Frühjahr 1828 – der Travemünder Lotsenkommandeur war bereits unruhig geworden – begannen die Bauarbeiten. Allerdings war die Turmplanung mit den verschiedenen Entwürfen nur die eine Schwierigkeit. Dem zuvor lag ein viel größeres Hindernis: Der Grundstückserwerb. Hier muß die Rede sein von einem Spekulantentum, wie es im Buche steht.
Peter Adolph Hinrich Mirau war der zweite Mann von Anna Elisabeth Catharina Köpke. Letzterer gehörte der Berg und vorgesehene Bauplatz; aber die Verhandlungen führte Mirau. Er wußte ganz genau, daß nur „sein" Berg für den geplanten Turm in Frage kam und witterte ein Geschäft. 400 Reichstaler erhob er als Forderung für das Baugelände. Das muß eine geradezu orientalische Preisvorstellung gewesen sein, denn die Finanzbehörde des Herzogs legte entschiedenen Protest ein. Mirau konterte damit, daß der wahrscheinliche Zulauf von Fremden ihm die Landarbeit erschwerte; das sei zusätzlich beim Landverkauf zu berücksichtigen.
Auf Antrag der Rentkammer, die sich diesen Argumenten gegenüber nicht zugänglich zeigte, erstellte der Verwalter des Eutiner Bauhofs als Sachverständiger ein Gutachten, demzufolge 1/10 der geforderten Summe als ange-

messener Preis erschien. Zwecks Beschleunigung des Kaufvertrages wurden Mirau statt vorgesehener 40 Taler sogar 50 geboten.
Mirau blieb unerbittlich. Da verzichtete der Herzog auf die Ausführung des Turmes als Aussichtsturm, nahm damit Mirau das Argument der Störung seiner Feldarbeit durch Turmbesucher, erhöhte zugleich auf 100 Taler und drohte bei Nichtannahme des Angebots mit Gerichtsentscheid und Entschädigungsfestsetzung.
Mirau blieb sich treu. So begannen die Bauarbeiten im Jahre 1828 auf dem unveräußerten Besitz von Mirau und seiner Frau.
Aber das hinderte Mirau nicht daran, Nebengeschäfte abzuschließen. Für das Fundament und den Sockel des Turmes wurde eine Ladung Felssteine benötigt. Für 30 Taler lieferte sie Mirau dem Hofbaumeister Limpricht. Das war nun wahrlich ein stolzer Preis, denn Mirau brauchte die Findlinge nicht zu transportieren. Sie lagen ja bereits baustellengerecht auf der Spitze des Berges; den Transport hatten steinzeitliche Vorfahren Mirau bereits vor einigen Jahrtausenden abgenommen.
Die Steine, die die Nutzung der Bergkuppe ohnehin verhindert hatten, konnte sich Mirau vergolden lassen, aber das Grundstück blieb unveräußert. Während die Fundamentierungsarbeiten begannen, sann er auf weitere Schika-

Blick auf Neustadt und das Binnenwasser.

ne, um das Bauvorhaben zu torpedieren bzw. um seinen überhöhten Preis von 400 Talern zu erhalten.
Der Zufahrtsweg zur Bergkuppe war durch ein Tor gesichert. Man könnte doch ... ein Vorhängeschloß ... natürlich, da bot sich doch erneut eine Möglichkeit zu zeigen, wer der Herr auf dem Gömnitzer Berg war. Als die 20000 roten Ziegelsteine angeliefert werden sollten, stand der erste Transportwagen vor einem abgeschlossenen Tor, durch ein starkes Vorhängeschloß gesichert.
Der Dorfschmied samt Brechwerkzeug wurde geholt. Vergebens, der Schmied weigerte sich, eine unrechtmäßige Handlung zu begehen. Da nahm der Ziegelsteintransporteur das Werkzeug des Schmieds und brach eigenhändig die Schloßverankerung aus dem Pfosten.
Miraus Proteste ob dieser Rechtsbeugung blieben ungehört. Der Turm wurde gebaut und noch im selben Jahr (1828) fertiggestellt.
Schließlich hatte Mirau die Ausweglosigkeit seines Anrennens gegen die herzogliche Entscheidung erkannt und lenkte ziemlich unvermittelt ein.
Er gab sich mit den ursprünglich angebotenen 100 Talern zufrieden. Mehr haben die Winkelzüge des streitbaren und geschäftstüchtigen Grundbesitzers ihm nicht eingebracht.
Zum Schluß – und so gehört es sich für eine hübsche Geschichte – haben sich alle gefreut. Der Herzog hatte den Turm, der Mirau (noch verhalten grollend) das Geld, der Travemünder Lotsenkommandeur ein Seezeichen, die Segler und Kauffahrteischiffe einen Wegweiser und der wirtschaftlich denkende Senat der Freien und Hansestadt Lübeck die Gewähr sicherer gewordener Handelswege. Die Freude darüber drückte der Senat in einem Schreiben aus, in dem er „seine dankbare Anerkennung für dieses, die menschenfreundliche Gesinnung Sr. Herzogl. Durchlaucht aufs Neue und auf eine so ausgezeichnete Weise bestätigende Untersuchung Höchstdemselben ehrfurchtsvoll darlegte." Und damit dürfte der Turmbau wohl sogar den „Auslandsbeziehungen" gedient haben.
Gegenüber dem ersten Entwurf eines Turms mit Denkmalcharakter wirkt der errichtete Rundturm abgespeckt und sehr schlicht. Dafür ist er höher. Aus geplanten 8 m sind 12 m geworden. Er ist zwar nicht zu besteigen, aber die Sicht auf die Lübecker Bucht ist am Turmfuß so hervorragend, daß der Besucher die fehlende Aussichtsplattform auf der Turmspitze nicht vermissen wird.
Der Turm wurde alsbald nach seinem Bau in die Seekarten eingetragen und diente in den Karten des 19. Jahrhunderts sogar zur Festlegung der Fischereigrenzen. Eine Peillinie vom Gömnitzer Berg zur Pohnsdorfer Mühle (heute nicht mehr existent) bei Sierksdorf und weiter zum mecklenburgischen Harkenbek legte die Grenze der Lübecker Reede fest und regelte die Rechte der oldenburgisch-eutinischen und der Lübecker Fischer.

Das Kulturdenkmal auf dem Gömnitzer Berg.

Längst hat der Turm auf dem Gömnitzer Berg seine Funktion verloren. Zwar mag er noch immer von Seeleuten als willkommener Heimatgruß angesehen werden, aber seine Aufgabe als Seezeichen haben moderne Leuchtfeuer übernommen. Geblieben ist der Turm als ein technisches Kulturdenkmal. Im März 1969 wurde der Turm vom Landesamt für Denkmalpflege unter Denkmalschutz gestellt. Leider hatte der Funktionsverlust einen Verfall des Turmes ergeben. Glücklicherweise gelang es der Gemeinde Süsel, in deren Bereich der Turm steht, Zuschüsse einzuwerben, die es erlaubten, den Turm 1982 gründlich zu sanieren. Sogar ein Rastplatz wurde am Zugang des Turmweges eingerichtet, und eine Informationstafel gibt dem interessierten Besucher Auskunft über Entstehung und Aussicht.
Auf diese Weise wurde auf dem Gömnitzer Berg ein ruhiges, beschauliches, gepflegtes und äußerst lohnendes Ausflugsziel hergerichtet.

Der Pariner Berg mit der Bismarcksäule

Oberhalb des nach Bad Schwartau eingemeindeten Dorfes Großparin erhebt sich ein 72 m hoher, markanter Jungmoränenbuckel: der Pariner Berg. Der Gang hinaus lohnt sowohl wegen des großartigen Blickes auf das Lübecker Becken als auch wegen des als Bismarcksäule bekannten Turmes.
Die Errichtung des Turms wuchs aus einer starken Verehrung weiter Bevölkerungskreise für Otto von Bismarck, den Reichsgründer. Wie so oft allerdings erkannten viele Bürger die wahre Bedeutung Bismarcks erst nach seiner Entlassung im Jahre 1890.
Eine Gruppe von 200 Schwartauer Bürgern drückte ihre Begeisterung für den Altkanzler in jener, einer Wallfahrt ähnlichen Reise aus, die sie im Jahre 1893 zum Stammsitz Bismarcks nach Friedrichsruh im Sachsenwald führte, wo man dem geschätzten Gründer des Reiches persönlich seine Dankbarkeit und Verehrung bezeugen wollte. Tatsächlich empfing der inzwischen 78jährige die Gruppe und trat den Schwartauern mit dem bekannt großen Schlapphut, mit weißer Halsbinde und schwarzem Gehrock entgegen. Der Höhe-

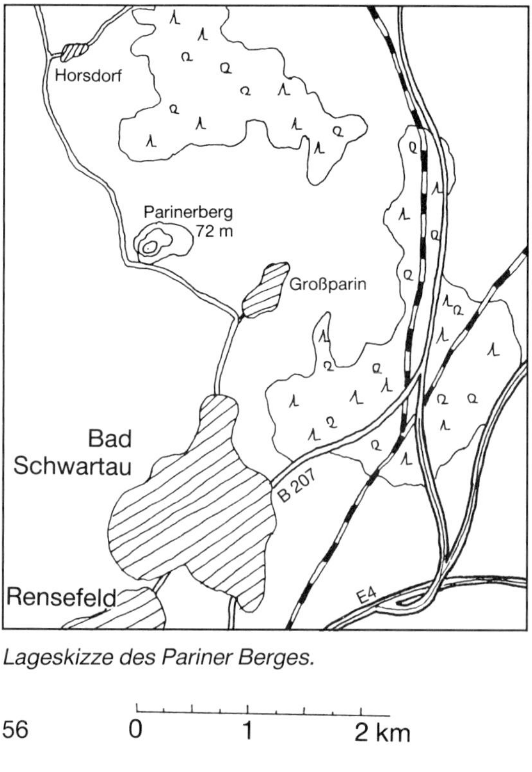

Lageskizze des Pariner Berges.

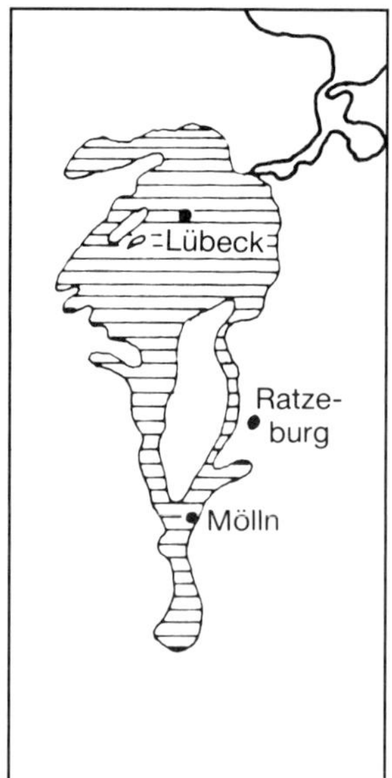

Der Lübecker Eisstausee.

punkt der Begegnung lag zweifellos in dem Händedruck, mit dem Bismarck jeden einzelnen seiner Schwartauer Besucher verabschiedete.
Gewiß war zu dem Zeitpunkt die Bismarckverehrung noch im Wachsen und erreichte ihren ersten Höhepunkt wohl zum 80. Geburtstag des alten Herrn. Dennoch bedarf es keiner großen Interpretationskünste, um annehmen zu dürfen, daß der zwei Jahre vorausgegangene Besuch der Schwartauer Delegation und der tiefe Eindruck, den die Bismarcksche Erscheinung und sein Händedruck hinterlassen haben, den erst nach dessen Tode auftretenden Gedanken an die Errichtung eines Ehrenmals für den „Eisernen Kanzler" auf dem Pariner Berg gefördert haben.
Die Begeisterung für Bismarck schien landesweit grenzenlos. Von überall erreichten den Ruheständler Briefe und Danksagungen. Als Beispiel dafür, wie hoch die Wogen der Begeisterung schwappten, sei Karl Biesterfeldts Gedicht zu Bismarcks 80. Geburtstag zitiert, das in dem „Anzeiger für das Fürstentum Lübeck" gedruckt wurde:

Zum 1. April 1895!

Gottlob, der Winter ist vergangen,
Der junge Lenz zieht siegend ein
Mit Sang und Klang und Farbenprangen,
Erfüllt von Lust und Sonnenschein.
Es singt die Lerche Jubellieder,
Neu strömt der Quell, vom Eis befreit,
Und Menschenherzen hoffen wieder:
O, wundersel'ge Frühlingszeit!

Aus Hütten und herab von Thronen
Erklingt in Friedrichsruh der Gruß,
Ein Segenswunsch von Millionen
Vom Meer bis zu der Alpen Fuß.
Aus Geist und Kraft, aus Blut und Eisen
Ließ siegend er das Reich erstehn:
Den Fürsten Bismarck laßt uns preisen,
Der achtzig Jahre heut' gesehn!

Er saß im Rate als ein Weiser,
Sein Wort durchlief die ganze Welt,
Ein treuer Diener seinem Kaiser,
Ein deutscher Mann, ein edler Held.
Wie hat er unentwegt gerungen,
Als ihn sein Volk noch nicht verstand,
Wie hat die Feinde er bezwungen
Und sich die Herzen zugewandt!

Zum Kampfe hielt er uns berufen.
Den Frieden hat er klug diktiert
Und zu des Kaiserthrones Stufen
Hat Deutschlands Stämme er geführt.
Die Mahnung, die er uns gegeben,
Soll Losung und Parole sein:
„Wir fürchten nichts in diesem Leben
Als Gott im Himmel nur allein!"

Als Bismarck 1898 gestorben war, entstanden überall in Deutschland Gedenkstätten von z. T. monumentalem Charakter. Zu diesem Zweck bildeten sich Aktionskommitees und Vereine – natürlich auch in Schwartau, wo der Händedruck noch manchem Bürger in tiefer Erinnerung geblieben war. Ein Jahr nach Bismarcks Tod gründete eine private Initiative unter der Beteiligung eines Pastors, eines Oberamtsrichters, eines Rechtsanwaltes und ei-

Die Bismarcksäule auf dem Pariner Berg.

nes Bankdirektors, die zusammen auch den Vorstand bildeten, einen „Verein zur Errichtung einer Bismarcksäule auf dem Pariner Berg". Das Gemeinschaftswerk mußte über Spenden finanziert werden. Staatliche Zuschüsse erfolgten nicht. Die Opferbereitschaft der Bevölkerung war durchaus geteilt. Vor allem landwirtschaftliche Kreise zeigten jedoch viel Gemeinsinn, und auch Lübecker Bürger beteiligten sich an dem Unternehmen, so daß der Verein im Wissen um ausreichende Geldmittel am 30. Juli 1901, am 3. Todestage Bismarcks, zur feierlichen Grundsteinlegung einer Bismarcksäule auf dem Pariner Berg einladen konnte. Der Pastor Zeidler sprach, der Oberamtsrichter von Heimburg sprach, und alle sangen die Hymne „Heil dir, oh Oldenburg!", was unterstreicht, daß Schwartau damals ebensowenig wie heute zur Freien und Hansestadt Lübeck gehörte, sondern zum Oldenburgischen Fürstentum Lübeck innerhalb des von Bismarck geschaffenen Reiches.
Dann wurde gebaut, bis das Mahnmal der deutschen Einheit den Pariner Berg um 12,82 m überragte. Am 28. September 1902 beging man die Einweihung des Bauwerkes, das als beispielhafte Gemeinschaftsleistung unter der Führung einer privaten Initiative fertiggestellt war.
Der Berg konnte die Besucher kaum fassen. Zu Tausenden kamen sie aus Schwartau, Lübeck, den Nachbargemeinden. Und wieder sprach der Pastor

Zeidler, und er sprach der lauschenden Menge aus dem Herzen: „Diese Säule ist errichtet zur Erinnerung an die Gründung des Deutschen Reiches durch Bismarck. Möge niemals die Hand eines Feindes sie antasten. Wenn die Feuer auf ihr auflodern, so möge die Glut hineinschauen in die Herzen der Bewohner und darin die Glut der Vaterlandsliebe entfachen." Mit den Feuern sind die jährlich entzündeten Feuer zum Jahrestag des Geburtstages von Bismarck am 1. April gemeint.

Mehr als acht Jahrzehnte steht der Turm auf dem Pariner Berg. Die Feuer werden schon lange nicht mehr entzündet, und die Zeit hat ihre Spuren hinterlassen. Das Mauerwerk war durch Frost und eingedrungenes Wasser angegriffen, und auch die Zweckentfremdung als Flakturm im 2. Weltkrieg ging nicht spurlos am Turm vorbei. Vorübergehend mußte er sogar für die Öffentlichkeit gesperrt werden. Aber die Schwartauer Stadtverwaltung entschied sich dankenswerter Weise für eine Sanierung der Bismarcksäule und leitete die erforderlichen Baumaßnahmen ein.

Die Bismarcksäule auf dem Pariner Berg ist nach wie vor ein beliebtes Ausflugsziel geblieben. Aber die Besucher kommen heute weniger, um sich an den „Eisernen Kanzler" zu erinnern, als vielmehr um von der Turmplattform aus eine prächtige Aussicht zu genießen.

Unmittelbar zu Füßen des Pariner Berges liegt das aus mehreren Ortsteilen zusammengewachsene Bad Schwartau, die Stadt der Konfitüre und der weltbekannten Bonbons. Die wohl erste Erwähnung über die Siedlung an der Schwartau datiert aus dem Jahre 1215 im Zusammenhang mit dem Bau einer Wassermühle. Drei Jahrhunderte später entstand ein Aussätzigen- und Siechenhaus mit einer schlichten Backsteinkapelle. 1899–1901 erbohrte man eine Jod-Natrium-Quelle in 320 m Tiefe. Die Sole soll die stärkste Konzentration in Nord- und Mitteldeutschland haben. 1912 wird Schwartau das Stadtrecht verliehen, und noch vor dem 1. Weltkrieg, 1913, zahlt sich die Bohrung aus: Schwartau wird zum Bad erhoben. Seitdem kann hier gekurt werden. Herz- und Gefäßkrankheiten, Erkrankungen der Atemwege, Rheuma und Frauenleiden werden behandelt. Die Bevölkerung steigt, und die Industrialisierung verleiht der Stadt einen bedeutenden Aufschwung. Die Schwartauer Werke tragen den Namen Bad Schwartaus in alle Welt. Heute zählt die Stadt 20000 Einwohner. Als die Bismarcksäule gebaut wurde, waren es nur 2700.

Und dennoch – so bedeutende Aspekte Bad Schwartau aufzuweisen hat – der Blick vom Pariner Berg wandert über die Stadt rasch hinweg, denn dahinter erhebt sich das faszinierende Panorama einer Großstadt. Wir sehen die Türme und prächtigen Bauten der Hansestadt Lübeck, die sich in einem geräumigen eiszeitlichen Becken erstreckt. Vielleicht nimmt man den Blick sogar lieber vom Bergrestaurant wahr als von der Aussichtsplattform der Bismarcksäule, zumal im Sommer, wenn man bei Kaffee und Kuchen aus dem

Der Blick auf die Türme von Lübeck.

Garten-Restaurant den Blick auf Lübecks Türme genießen und – wenn man so will – über die Stadt nachdenken oder in verweilender Betrachtung den Anblick einfach nur in sich aufnehmen kann.
Bei dem Lübecker Becken handelt es sich um den größten Eisstausee im Lande, in dem sich überwiegend tonige Absätze bildeten, die in Form von gebranntem Ziegelstein vielfältige Verwendung als Baumaterial fanden und finden.
Wie kam es zu den tonigen Beckenabsätzen? Beim Rückzug der Gletscher aus Schleswig-Holstein hinterließ das Eis die bekannten Endmoränenwälle. Zwischen ihnen und dem zurückweichenden Eisrand entstanden häufig Bekken, die sich mit Schmelzwasser füllten und zu Seen wurden, sogenannten Eisstauseen. Sie waren die Sammelbecken für die Gletschertrübe. An ihrem Grunde lagerten sich schichtweise tonige Sedimente ab. In Wasserbecken dieser Art kann man grobkörnigere und feinkörnige Schichten in deutlichem Wechsel unterscheiden.
Im Falle großer Eisstauseen spiegeln solche regelmäßigen Schichtfolgen die Jahreszeiten wider. Im Winter, wenn die Seeoberfläche gefror, beruhigte sich das Wasser. Es war bewegungslos, und die allerfeinsten Schwebteilchen, die Gletschertrübe, sanken auf den Seegrund. Diese Tonschichten bestehen

aus Teilchen mit dem winzigen Durchmesser von 0,002 mm (zum Vergleich: die Korngröße des Sandes beträgt zwischen 2 bis 0,05 mm). In den Sommern wurden feinsandige Schluffe (nächstgrößere Mineralkörnchen nach Ton) abgelagert. Dann entstand nämlich durch Wellenschlag an der Seeoberfläche und durch Zufluß von Schmelzwasser Bewegung im See, so daß die Gletschertrübe in der Schwebe gehalten wurde und sich das gröbere, schwerere Material niederschlug. So entstanden verschieden gefärbte Wechsellagerungen: Im Winter dunkelgrauer Ton, im Sommer heller Feinstsand. Zusammen bildeten sie eine Warw, d.h. eine Jahresschicht. Als der Schwede De Geer dies entdeckte, hatte er eine Methode zur absoluten Altersbestimmung gefunden. Er zählte einfach die Bänderung der Tonsedimente in großen Eisstauseen. Die kleineren Eisstauseen in unserem Lande weisen zwar in ihren Ablagerungen auch jahreszeitliche Bänderungen auf, allerdings sind sie weniger gut für die Bändertonmessung geeignet. Von den nahen, noch vegetationsfreien und deshalb ungeschützten Ufern brachten Regengüsse in unregelmäßigen Abständen Hangmaterialien in die Seen, so daß gleichsam die Niederschlagsperioden auf den Seegrund projiziert wurden und die exakte jahreszeitliche Bänderung dieser wetterwarwigen Tone deshalb kaum nachzuzählen ist.

Die meisten Eisstauseen liefen leer, als der Gletscherrand nach Norden und Osten schwand.

Der große Lübecker Eisstausee war von den ausschürfenden Gletschern in Form eines Zungenbeckens präpariert worden und füllte sich mit Wasser, als das Eis sich in Richtung Ostsee zurückzog und dort mit Gletschern bzw. Moränenwällen die rückwärtige Abriegelung des Zungenbeckens vornahm. Innerhalb von ca. 300 Jahren setzten sich hier jene Tone ab, in denen zahlreiche Ziegeleien den Rohstoff für ihre Produkte fanden bzw. noch immer finden. Schließlich schuf der Lübecker Eisstausee im Süden durch Überlaufen

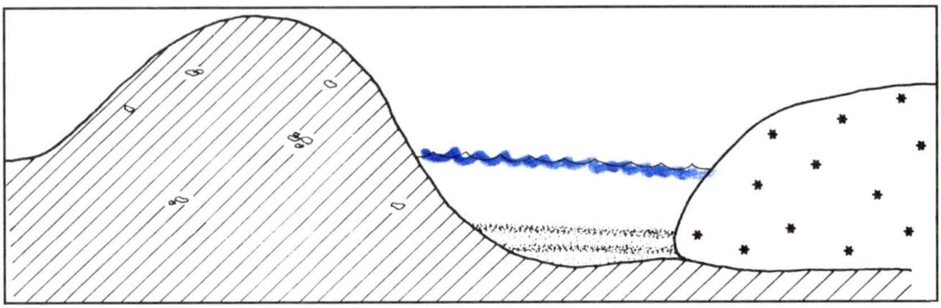

Wenn sich Wasser zwischen Endmoräne und Eisrand staut, bilden sich Eisstauseen. An ihrem Grunde entstehen Beckenabsätze in Form von Wechsellagerungen: Im Winter bei ruhigerem Wasser sank die feinste Gletschertrübe herab und im Sommer bei bewegterem Wasser das schluffige, d.h. etwas gröbere Material.

einen Abfluß und nagte sich durch den abgrenzenden Moränenwall hindurch. Das abfließende Wasser schnitt dabei tief in einen älteren Sander.
In der Nacheiszeit gliederten erodierende Flüsse das Lübecker Becken. Die flache Erhebung, auf der das Lübecker Stadtzentrum liegt, ist nichts anderes als der Beckenboden des alten Stausees, um den herum die Trave und die Wakenitz tiefe Erosionstäler geschaffen haben.
Die zentral im Becken gelegene Hansestadt selbst, ihre herrlichen Backsteinbauten, die Patrizierhäuser und Kirchen sind aus den Ziegelsteinen gebaut, die einst aus den Beckenabsätzen vor der Haustür geformt und gebrannt wurden.
Die verteidigungsgünstige topographische Lage Lübecks zwischen Wakenitz und Trave wird überstrahlt von der geographischen Lage, die die Stadt zur Königin der Hanse machte. Der Dom liegt auf der sichersten Stelle im Südwesten der Halbinsel, aber die Kaufmannsstadt kehrt ihr Gesicht der Ostsee zu. Die Trave ermöglichte den Schiffs- und Warenverkehr bis in die Stadtmitte, und der Überlandweg zur Nordsee bzw. zum Salz nach Lüneburg war kurz, zumal die Lübecker eine eiszeitliche Rinne, in der die Stecknitz zur Trave und die Delvenau zur Elbe flossen, für den Bau eines Kanals zwischen Trave und Elbe nutzten. Erst im Jahre 1900 wurde der mittelalterliche Kanal durch den leistungsfähigen Elbe-Lübeck-Kanal ersetzt.
So entwickelte sich im südwestlichen Winkel der Ostsee ein Umschlagplatz großen Stils. An diesem Verkehrsmittelpunkt trafen die Warenströme aus Flandern und England, vor allem mit Tuchen und anderen Fertigwaren, auf die Rohstofflieferungen aus Nowgorod, ein Handelsplatz, der wiederum mit Byzanz in Verbindung stand. Durch das Anlaufen des geographisch hervorragend gelegenen Umschlag- und Stapelplatzes Lübeck vermied der Fernhandel die gefährliche Fahrt um Skagen. Erst der Bau des Nord-Ostsee-Kanals veränderte den Standortvorteil Lübecks zu seinen Ungunsten, und die Stadt mußte schwere Einbußen in ihrer Bedeutung als Handelsplatz hinnehmen. Dennoch konnte in diesem Jahrhundert eine bedeutende Industriegasse entlang der Trave zwischen Lübeck und Travemünde entstehen, wie die Schornsteine in südöstlicher Blickrichtung vom Pariner Berg aus verraten.
Wo aber, so wird sich der Besucher des Pariner Berges fragen, sind die 7 Türme der Stadt – die berühmte, gewöhnlich bereits aus großer Entfernung sichtbare und unverwechselbare Silhouette Lübecks? Man zählt und schaut und schaut und zählt letztlich nur 5 Kirchturmspitzen. Zur Linken erkennen wir St. Annen und die Aegidienkirche, in der Mitte stehen Dom und Marienkirche, und auch die Petrikirche ist rechts zu erkennen. Die Kirchen sind also vollzählig, nur die Türme nicht. Das Rätsel ist rasch gelöst. Die Doppeltürme von Dom und Marienkirche stehen in einer Flucht. Man sieht nur zwei Türme, aber es sind in Wirklichkeit vier.

Ein Parnaß in Plön?

Mag sein, daß den Leser Irritationen befallen, wenn er den Bergnamen „Parnaß" der Holsteinischen Schweiz zugeordnet sieht. Aber keine Sorge, die humanistische Bildung des Lesers ist keineswegs Irrwege gegangen, eher schon jene der Namensgeber des Plöner Berges.
In reichlich 2000 km Luftlinie von Plön entfernt liegt in Mittelgriechenland die Landschaft Phokis. Die Gegend ist sehr gebirgig, besteht aus weiten Karsthochflächen und in der Nähe von Delphi aus einem mächtigen Kalkstock, Parnaß genannt, der bis 2457 m aufragt. Das kahle Gipfelmassiv weihte man in der griechischen Mythologie dem Apollon, dem Gott der Weisheit, der Musik und des Gesanges. Er galt als Führer der Musen. Für diese Damen war es Ehrensache, sich in der Nähe des Apollon aufzuhalten, weshalb der Parnaß auch als Sitz der Musen zu einem erheblichen Bekanntheitsgrad kam. Von ihrem Lieblingssitz aus erfreuten die ewig jungfräulichen Musen die Götter mit Gesang und Chorreigen. Nun galten die Musen ursprünglich wohl als Berg- und Quellnymphen, müssen sich aber irgendwann in Göttinnen des Rhythmus' und des Gesanges, der Dichtung, der Künste und der Wissenschaften verwandelt haben. So jedenfalls tauchen sie später in der Mythologie auf.
Es ist auch keineswegs der überzeugende Beweis geliefert worden, wer sie denn gezeugt hat. Mal gelten sie als Töchter des Uranos und der Gaia, jedenfalls in der älteren Sage. Allerdings war die familiäre Herkunft offensichtlich nicht in Übereinstimmung zu bringen mit dem lieblichen, unschuldigen Erscheinungsbild der Damen. Denn Uranos war sowohl Sohn wie auch Gemahl der Gaia (was selbst heute noch auffällt), zeugte mit ihr die Titanen, wurde vom eigenen Sohn Kronos mit einer Sichel entmannt, brachte dabei zwar noch auf eigenartige Weise rasch die Aphrodite, die Giganten und die Erinnyen zuwege, aber zu mehr kann es eigentlich nicht gereicht haben.
Solch eine Familie und die Musen – das paßte nicht zusammen. Deshalb bemühte man später Zeus persönlich zu dem Zeugungsakt. Jener war sehr fleißig, denn mit der Leto zeugte er Apollon und Artemis, mit der Maia den Hermes, mit der Demeter die Persephone, mit der Dione die Aphrodite (war sie nicht eben noch das letzte Werk des Uranos?), mit der Semele den Dionysos, mit der Themis die Horen und Moiren, mit der Eurynome die Chariten und endlich mit der Mnemosyne (zu deutsch: „Gedächtnis") die Musen.
Anfangs waren es nur drei Musen. Aber das reichte wohl nicht, und die Sage wollte mehr. Neun sind es schließlich geworden: Kleio (Geschichte), die Euterpe (Lyrik), Thaleia (Komödie), Melpome (Tragödie), Terpsichore (Tanz), Erato (Liebesdichtung), Polyhymnia (Gesang), Urania (Sternkunde) und die Kalliope (erzählende Dichtung). Sie jedenfalls lebten alle auf dem Parnaß – in Griechenland wohlgemerkt. So kommt es, daß der Name Parnaß im übertragenen Sinne auch für das Reich der Dichtkunst steht.

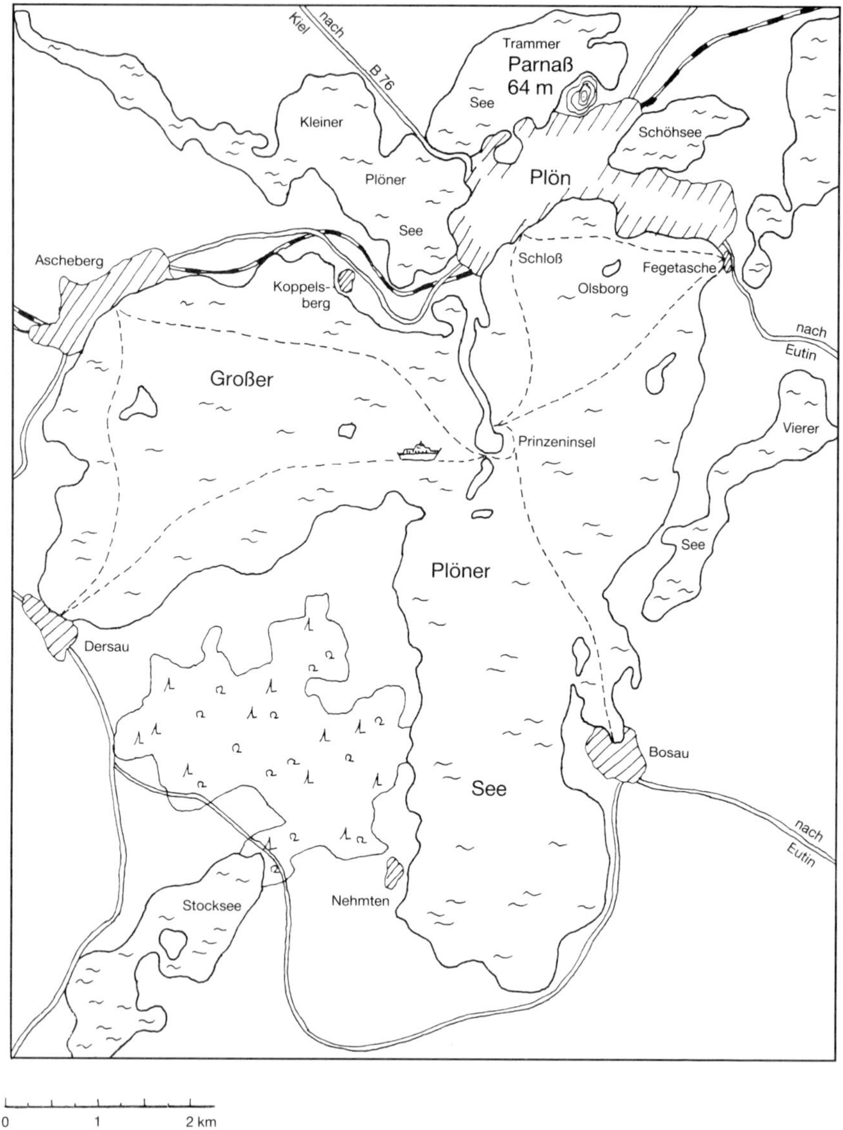

Lageskizze des Parnaß mit Plöner See-Rundfahrt.

Und was hat das mit dem Parnaß in Plön zu tun? Die Antwort lautet schlicht und einfach – nichts! Außer, daß man sich mal wieder an seine humanistische Bildung erinnert und dabei festgestellt hat – so jedenfalls der Autor – was da schon alles in der Tiefe des Gedächtnisses versunken war. Aber nun ist es wieder da, und das verdanken wir dem Parnaß in Plön.
Nach dem Ausflug in die griechische Mythologie fällt es beinahe schwer, sich profaneren Dingen um Parnaß und Plön zuzuwenden. Gelegentlich wird sogar behauptet, der Plöner Parnaß sei vom Wort „Paternoster" abgeleitet worden, wobei jedem die Entscheidung überlassen bleibt, ob hiermit ein Vaterunser oder ein Aufzug gemeint sein könnte.
Fest steht nur, daß der Berg schon seit dem Ende des 18. Jahrhunderts Parnaß genannt wird und daß der Chronist und ehemalige Bürgermeister Kinder in seiner Plöner Chronik von 1890 die Namensgebung einem feingeistigen Leserkreis zuschreibt, der in Adelshäusern und Bürgerstuben zusammenkam, wo man sich gegenseitig vorlas.
Wahrscheinlich jedoch besteht kein direkter literarischer Bezug zum Namen des Plöner Berges, und so bleibt die Namensgebung ein Rätsel.
Andererseits ist die herrliche Landschaft der Holsteinischen Schweiz und des Plöner Sees, die man vom Parnaß aus überblicken kann, von großem Reiz; und die Höhen, Täler und Seen sind von romantischen Leuten viel besungen worden. Vielleicht liegt hier doch der Ursprung des Namens. Gedichte wie das folgende aus der Zeit der Jahrhundertwende, von dem Plöner Lehrer Hermann Green geschrieben, wirken jedenfalls „parnassisch". Es dokumentiert mit dem uns Heutigen überladen vorkommenden Stil und Ausdruck ein bestimmtes Zeitgefühl:

Klein sind deine Berge, du mein Heimatland,
Keine tiefen Schluchten, keine Felsenwand,
Gletscher nicht noch Ströme, noch Lawinenschall,
Nirgends schaut das Auge tiefen Wasserfall.

Dennoch preis ich jubelnd deine stille Pracht,
Deine grünen Saaten, deiner Wälder Nacht.
Wechselvolle Bilder beutst du ringsumher,
Und an deinen Ufern rauscht das blaue Meer.

Mit der Schönheit Fülle hat dich Gott beglückt,
Hat mit holder Anmut lieblich dich geschmückt,
Lieblich wie den Garten ziert des Gärtners Hand.
Grüß dich Gott, mein trautes, schönes Heimatland.

Ein letzter Zweifel bleibt. Weiß der Plöner wirklich etwas mit dem Bergnamen zu verbinden, so wie wir es eben versuchten? Die Plöner sprechen Parnaß nämlich nicht mit Betonung der zweiten Silbe, sondern akzentuieren die erste Silbe mit kräftiger plattdeutscher Dehnung, also etwa „Paaarnaß". –
Der Parnaß ist eine 64 m hohe Endmoräne, die ihre Entstehung der Plön-Preetzer-Eiszunge aus der letzten Eiszeit verdankt. Nach Gripp drang das Eis bis an den Großen Plöner See vor und hinterließ die Endmoränenkette Ascheberg – Koppelsberg – Plön – Parnaß – Behl. Zusammen bilden die Endmoränen zwischen einer Vielzahl von Seen eine Landbrücke, auf deren zentralem Teil der Parnaß und die Stadt Plön liegen. Die im Kartenbild deutlich ablesbare enge Lage gab der alten Herzogstadt zwar eine gewisse Sicherheit gegen feindliche Angriffe, aber das war den Slawen, die vor der mittelalterlichen Landnahme im Plöner Raum siedelten, noch nicht sicher genug. Sie gründeten nämlich vor über 1000 Jahren die für Plön namengebende Wasserburg Plune auf der Insel Olsborg im Großen Plöner See, die knapp 200 m vom Ufer entfernt liegt und einst über eine Holzbrücke mit dem Land verbunden war. Die Plöner Landbrückensituation erweist sich heute hingegen als ein schweres Handicap bei stadtplanerischen Überlegungen. Die Ausdehnung der Stadt ist nur entlang der Verkehrsachsen möglich, und die Anlage eines leistungsfähigen Straßennetzes stellt sich als schwierig dar. Nicht zuletzt der Bau der den Stadtkern entlastenden Umgehungsstraße Kiel – Eutin (B 76) bereitete großes Kopfzerbrechen.
Gerade die neue Umgehung erleichtert uns jedoch das Auffinden der beherrschenden Anhöhe in Plön. Von der B 76 zweigt nördlich die Rodomstorstraße ab (Straßenhinweisschild Plön-Schiffsthal) und führt uns geradewegs auf den Parnaß hinauf, ein Aufstieg, der wegen des schönen Ausblicks wirklich lohnt. Andererseits war dieser noch „verschönerungsfähig", denn der Plöner Verschönerungsverein, stets bemüht, die besten Aussichtspunkte durch Wegweiser und Bänke hervorzuheben, befand den Parnaß für würdig zum Bau eines eisernen Aussichtsturmes, von dem ein unvergleichlicher Rundblick auf die Stadt und deren Umgebung ermöglicht wird. 1888 war der Turmbau vollendet.
Der geschichtsinteressierte Leser wird sich allerdings bereits gefragt haben, ob zu dem genannten Zeitpunkt die bloße Aussichtsfunktion für die Errichtung der Stahlkonstruktion genügt hätte. In der Tat dient das backsteinerne Traggeschoß des Turmes als Krieger-Ehrenmal und erinnert an die Kämpfe von 1849/51 und 1870/71. Auf einer Tafel steht der schleswig-holsteinische Schicksalsspruch „Up ewig ungedeelt", und an anderer Stelle wird die Forderung erhoben „Das ganze Deutschland soll es sein". Natürlich wird mit einem Reliefbild auch die Erinnerung an Bismarck wachgerufen.
Im Laufe eines knappen Jahrhunderts verfiel der Turm. Aber auf Initiative und unter Mithilfe des Fördervereins Parnaßturm e. V. und mit Zuschüssen von

Land und Kreis konnte die Stadt Plön den Parnaßturm als Aussichtsturm wieder herrichten und seit 1985 der Öffentlichkeit erneut zugänglich machen. Für DM 1,– kann man ihn von 9–19 Uhr besteigen.
Ein Rundblick ist allerdings nicht mehr möglich, denn nach Norden zu ist der Staatsforst so hoch gewachsen, daß die Bäume den Blick verwehren. Aber die Sicht auf die abwechslungsreiche Seenlandschaft und das malerische Stadtbild von Plön ist geblieben, und das gehört zu den schönsten Eindrükken, die die Holsteinische Schweiz bieten kann. Diese Landschaft kann wohl zu Recht die beliebteste Ferienregion des Binnenlandes in Schleswig-Holstein genannt werden.
Wenn man den Plöner See aus der Luft oder auf der Karte betrachtet, drängt sich der Vergleich seiner Form mit dem Erdteil Afrika auf. Er ist mit 30 qkm der größte See Schleswig-Holsteins, gefolgt vom Selenter See (22 qkm) und dem Ratzeburger See (14 qkm). 60 m beträgt seine größte Tiefe. 30 Inseln bzw. Inselchen gliedern seine Oberfläche. Ein Paradies für Segler, Angler, Schwimmer, Wanderer. Das Befahren des Plöner Sees ist mit Segel-, Ruder- und Paddelbooten erlaubnisfrei gestattet. Wer allerdings mit dem Motorboot fahren möchte, ist auf die Schiffe der Plöner Motorschiffahrt angewiesen, die auf ihren Rundfahrten die Fegetasche, die Prinzeninsel, Dersau und Ascheberg anlaufen und auf einer anderen Streckenführung den ländlichen Erholungsort Bosau mit seiner ehrwürdigen Vicelin-Kirche ansteuern.
Die Station Fegetasche ist geradezu ein Motorboot-Knotenpunkt. Denn hier treffen die Schiffe der Plöner Motorschiffahrt mit den Schiffen der 5-Seen-Fahrt aus Malente zusammen. Letztere legen am Edebergsee beim Gasthaus Fegetasche an. Wer will, kann von Malente aus über den Dieksee, den Behler See, den Langensee, den Höftsee und den Edebergsee nach Plön zur Fegetasche fahren, dort in einem Tunnel die Straße passieren und auf der anderen Seite mit der Großen Plöner See-Rundfahrt die Seereise fortsetzen. Die Fegetasche ist übrigens nicht nur ein Knotenpunkt der Binnensee-Schiffahrt, sondern war in vergangener Zeit eine Zollstation, wo den Leuten die Taschen „gefegt" wurden.
Die Entstehung des Plöner Sees und der ostholsteinischen Seen schlechthin führt uns abermals zurück in die Eiszeit. Späteiszeitliche Gletscher pflügten kräftig im tiefgründigen, weichen Moränenmaterial. Der Tiefenschurf schuf Wannen, Becken, Senken; zwischen Hügelformen entstanden Hohlformen; Eisströme präparierten Rinnen und Tunnel. Alle Formen verdanken ihre Entstehung dem fließenden Eis. Es besaß formschaffende, modellierende Wirkung. Die Formerhaltung besorgten „sterbende" Eismassen, gelegentlich auch dauerhaft fließende Schmelzwasserflüsse.
Wo immer das Eis auf dem Rückmarsch war, begannen die nivellierenden Kräfte anzusetzen. Schmelzwasserströme trugen Schuttmassen in Wannen sowie in Senken und füllten sie aus, ebneten sie ein.

Aber oft, sehr oft geschah es, daß das schwindende Eis von Sand- und Kiesschichten überlagert wurde, welche Eisströme über es schwemmten, bevor es gänzlich heruntergetaut war. Dann isolierten und schützten die Aufschüttungen den Eisklotz, und das Eis konservierte die Hohlform. Als endlich durch Tieftauen auch die letzten Eisreste schwanden, waren die Gletscher und natürlich auch die Schmelzwasserströme längst aus unserem Land verschwunden. Die nun freigelegten Täler konnten nicht mehr verschüttet werden. Es sei denn, daß hier und da das Grundwasser eindrang, Bäche oder Flüsse die Wannen und Senken anschnitten. Dann füllten sie sich mit Wasser, wurden Seen, mal langgestreckt, mal kreisrund, hier wannenförmig, dort zerlappt. Die Seen des Östlichen Hügellandes – der Plombierung durch totes Eis verdanken sie ihre Entstehung bzw. Erhaltung.
Die Geschichte des Plöner Sees hat Gripp genau beschrieben. Vor ca. 15000 Jahren beginnen die Gletscher niederzutauen. Deckschichten isolieren das Toteis. Darüber bilden sich erste flache Seen. Die Ufer des Plöner Sees liegen 16 m höher als heute.
In der Älteren Subarktischen Zeit (bis 9800) wandert Tundra-Vegetation ein. Oberflächlich taut der Boden und beginnt zu fließen. Wo keine Eisplombe eine Hohlform verschließt, erfolgt Auffüllung und Nivellierung. Das Toteis wird allmählich aufgezehrt. Aber die Seen darüber bleiben noch flach.
Dann setzt in der sog. Alleröd-Warmzeit (bis 8800) ein erstes Tieftauen ein. Das Toteis schmilzt und gibt die Hohlformen frei. Vorhandene Seen werden tiefergelegt. Die Bungsberg-Schwentine kann tiefer einschneiden und zapft den Plöner See an. Sein Niveau sinkt von 43 m auf 27 m.
Als in den rund 300 Jahren der Jüngeren Subarktischen Zeit (bis 8500) ein Kälterückfall einsetzt, wird das Tieftauen gestoppt, und die Brandungswellen schlagen Terrassen in die noch nicht durch Schilf oder anderen Bewuchs geschützten Seeufer.
Endlich setzt sich im Präboreal (bis 7000) die Klimaerwärmung durch. In dieser Zeit des zweiten Tieftauens wird das Relief erneut verstärkt. Die Eintiefung des Schwentinetals geht weiter, und der Plöner See sinkt auf 21 m über dem Meeresspiegel. Die in der vorangegangenen Periode angelegten Seeterrassen liegen um ca. 3–4 m über dem Niveau des heutigen Sees. Teilweise erstreckt sich die Terrasse über 200 m Breite. Wahrscheinlich liegt der Plöner Bahnhof auf einer älteren Seeterrasse.
Damit war die nacheiszeitliche Entwicklung des Plöner Sees weitgehend abgeschlossen. Der See belebte sich mit Pflanzen und Fischen. Erst im Jahre 1881 wurde der Wasserspiegel des Sees noch einmal um 1 m gesenkt, dieses Mal künstlich durch den Menschen, den die Überschwemmungen der Uferbereiche störten. Er hatte sie allerdings selbst hervorgerufen, denn zum Betrieb von Wassermühlen war der See seit dem 16. Jh. entsprechend aufgestaut worden.

Zwischen Schöhsee und Plöner See.

ussichtsturm auf dem Parnaß.

Das Plöner Schloß vom Parnaß aus.

Wer die Genese des Plöner Sees romantischer haben möchte, der möge in den heimatkundlichen Sagen nachschlagen. Danach erklärt sich der Umfang des Sees aus einem gewaltigen Erdbeben, in dessen Folge beiläufig die Hälfte des Berges, auf dem das Schloß steht, samt einstiger Grafenburg und einem Teil der Stadt im See versanken. Das ist schon eine wahre Tragödie, denn der Schloßberg ist ja bekannterweise mit Schiebkarren zusammengefahren worden. Wenn man wollte, könnte man erneut den Bogen zu einer griechischen Sagengestalt, dem Sisyphos, spannen. Aber wir wollen besser nicht!

Glücklicherweise steht wieder ein Schloß auf dem seeufernahen Berg. Die Plöner glauben offensichtlich nicht an die Wiederholung jenes tragischen Ereignisses, von dem die Sage zu berichten weiß. Jedenfalls bietet das Plöner Schloß – gebaut im Spätrenaissancestil – einen prächtigen Anblick, wenn man vom Parnaß in die Landschaft blickt. Nicht gerade wie ein bayerisches Königsschloß auf einem hohen Fels gelegen, aber – na ja – ein bißchen schon. Erstens krönt es einen die Seen und die Landschaft beherrschenden Berg. Zweitens kann Plön immerhin einen Herzog vorbringen, der das jetzige Schloß vor 350 Jahren (1636) erbauen ließ. Drittens war das Schloß zeitweilig die Sommerresidenz des dänischen Königs Christian VIII. (1839–1848). Und viertens – na also – wurden hier immerhin von 1896–1910 sechs Kaisersöhne erzogen, nämlich die von Kaiser Wilhelm II. Für sie wurde sogar eigens das Prinzenpalais eingerichtet. Das Schloß diente seit 1868 als Preußische Kadettenanstalt. Seine Räume werden auch heute noch von einem Internats-Gymnasium genutzt.

Kein Zweifel, wer vom Parnaß in die Landschaft um das alte Residenzstädtchen herabblickt, kann sich dem romantischen Reiz nicht entziehen, der aus dem historischen Schloß in beherrschender Lage, aus blinkenden Seen, malerischen Wäldern und Hügeln erwächst – ein landschaftliches und historisches Kapital, das Plön zu einem der beliebtesten binnenländischen Fremdenverkehrs- und Luftkurorte gemacht hat.

Wen wundert es daher, wenn im Überschwang der Gefühle ein Emanuel Gurlitt anläßlich eines Besuches in Plön der Stadt folgenden 4-Zeiler widmete:

> Mein Heimatland, wie bist du schön!
> Wer zählt die Perlen, die dich krönen?
> Doch obenan strahlst du, mein Plön,
> Der schönsten eine von den Schönen.

Na bitte! Ob hier Erato oder Euterpe die Hand geführt haben? Wenn nun bei Terpsichores Tanz zu Polyhymnias Gesang die anderen Musen andächtig lauschten – ach, ich vergaß für einen kurzen Augenblick! Dies war zwar der Parnaß, den ich beschrieb, aber – der in Plön!

Der Tüteberg im Naturpark Westensee

Das durch die Städte Kiel – Rendsburg – Neumünster begrenzte Dreieck beherbergt eine Landschaft von besonderer Schönheit. Sie wurde im Herbst 1970 zum „Naturpark Westensee" erklärt. Die Begründung dafür liefert das Landschaftsbild selbst. Seen und Hügel, Wiesen und Weiden, Äcker und Wälder, Moore und Wasserläufe bieten eine Fülle reizvoller Eindrücke und zusammen mit Gütern, Kirchen u. a. historischen Stätten alle Voraussetzungen für die Schaffung eines Naturparks von insgesamt 250 qkm Fläche.
Im Gegensatz zum Naturschutzgebiet, das den Lebensraum von Tieren und Pflanzen vor allen Beeinträchtigungen und Störungen durch den Menschen schützt, liegt der Einrichtung eines Naturparks die Idee zugrunde, die Landschaft dem erholungsuchenden Menschen zu erschließen und zugleich die Natur zu erhalten, d. h. geschützte, aber zugängliche Natur zu schaffen. In einem solchen Gebiet spielen daher Fremdenverkehr und Naherholung eine große Rolle. Die Landschaft ist infolgedessen durch gut markierte Wanderwege für den Besucher und Spaziergänger erschlossen worden. Ruhe und

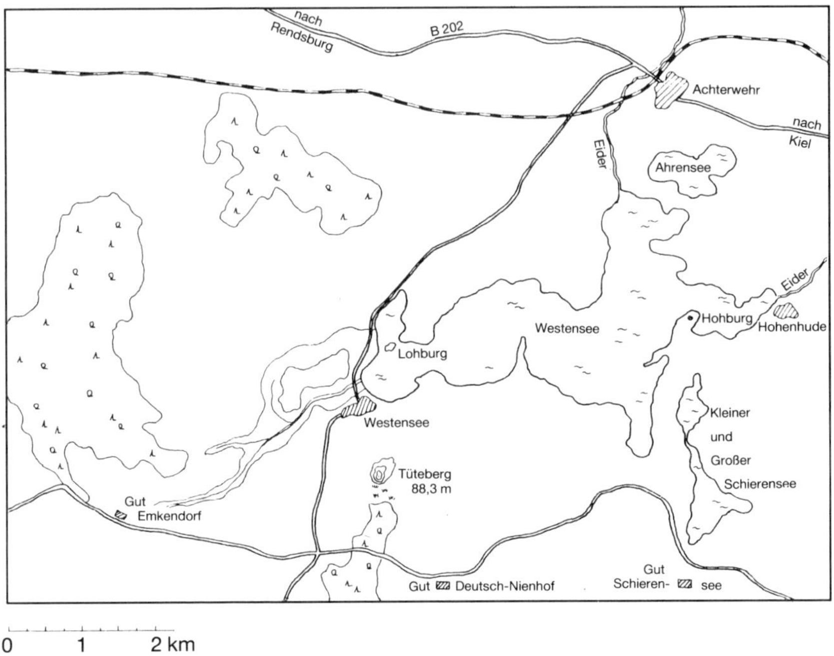

Lageskizze des Tüteberges.

Entspannung in diesem verkehrsarmen und industriefreien Raum werden garantiert.
Im Herzen des Naturparks erstreckt sich der Westensee, der zusammen mit dem Ort gleichen Namens in seiner Südwestecke bei der Namensgebung für den Naturpark Pate stand. Etwa 100 m östlich der frühgotischen Feldsteinkirche St. Catharinen von Westensee (um 1250) zweigt rechts ein Fußpfad ab und führt bergan durch landwirtschaftlich genutzte Flächen auf die beherrschende Höhe des Tüteberges. Schon der Weg durch die Getreidefelder und auf der letzten Strecke an Viehweiden entlang ist ein – schweißtreibendes – Vergnügen, aber der Blick von der Höhe des 88,3 m hohen Tüteberges ist unvergleichlich.
Im Osten erscheint Kiel mit seinen Vororten und dem Fernsehturm, im Süden Neumünster und im Westen Rendsburg mit der Autobahn-Hochbrücke. Dazwischen Wälder, Felder, Rapsblüte im Mai und Juni, grüne Wiesen. Natürlich sucht das Auge den Horizont ab, aber zweifellos wird der Blick am stärksten gefangen genommen von der prächtigen Lage des buchtenreichen, vielzipfeligen Westensees zu Füßen des Berges. Einst war er noch größer als heute. Als man 1892 die Eider, die den See durchfließt, regulierte, sank sein Niveau um ca. 1½ m. Man kann an verschiedenen Stellen die Terrassen gut erkennen.
Heute erstreckt sich der See über 7 qkm. Zusammen mit dem Tüteberg ist der See das Produkt der Ausräumkraft mächtiger Gletscher aus der jüngsten Eiszeit. In der Spätphase der Weichseleiszeit befand sich der Rand des zu-

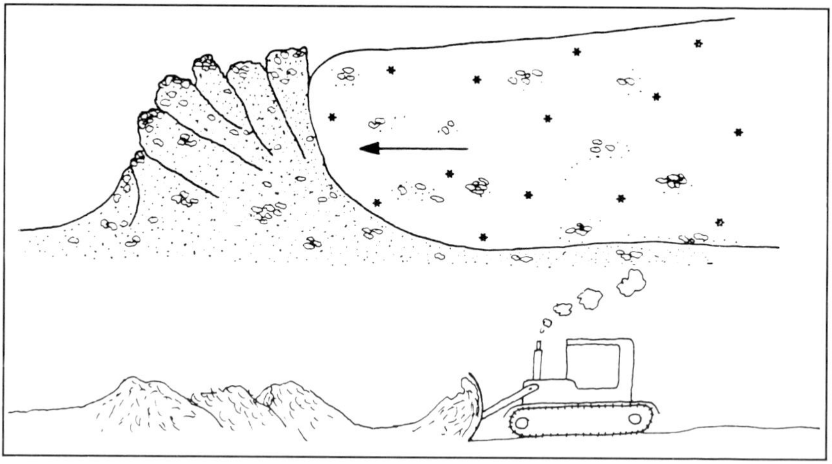

Die Wirkung der vorgerückten Gletscherfront entspricht der Schubwirkung einer Planierraupe.

rückweichenden bzw. schmelzenden Eises in Auflösung. Er zerlappte. Sobald jedoch der Druck des Eises aus dem skandinavischen Nährgebiet infolge einer vorübergehenden Temperaturabnahme wieder wuchs, rückten einzelne Eisströme gleichsam als Stoßtrupps bzw. Angriffsspitzen vor. Solche Gletscherzungen besaßen eine kräftige Stirn, deren Steilheit sich nicht zuletzt aus der Bremswirkung der Geländeunebenheiten erklärt, die den Vormarsch des block- und geschiebereichen Eisgrundes im Verhältnis zu oberen Eisschichten leicht verzögerte und so die Zungenform versteilte.
Mit ihrer mächtigen Stirn pflügten die vorstoßenden Gletscherzungen in die glaziale Aufschüttungslandschaft früherer Eisbedeckung hinein. Tiefgründige Ausschürfungen waren die Folge. Als Schubmoräne transportierte das Eis den ausgeräumten Schutt, soweit seine Kraft reichte. Als die Schuttmassen schließlich abgesetzt wurden, bildete sich ein Endmoränenwall.
Wo einst Moränenschutt lag, den das Eis forthobelte, breitete sich nun der Gletscher aus. Er lag auch noch da in einigen Dutzend Metern Stärke, als der Eisrand sich endgültig aus Schleswig-Holstein zurückgezogen hatte; denn er wurde überdeckt mit einer isolierenden Schicht aus Moränenschutt und Sand; ersterer taute aus dem Gletscher und sammelte sich an der Oberfläche des Eises, während der Sand durch das Schmelzwasser des sich zurückziehenden Eises aufgespült wurde. Das vom allgemeinen Gletscherrand losgelöste Eis – Toteis genannt – blieb zurück und füllte die Hohlform aus, die der Gletscher zuvor geschaffen hatte. Dadurch verhinderte es die Auffüllung der Ausräumlandschaft mit Schmelzwassersand. Nach dem endgültigen Schwinden des Toteises entstand ein tiefes Becken, das Grundwasser und Flüsse speisten. Auf diese Weise erfolgte die Bildung der Zungenbeckenseen.
Genauso ist der Westensee entstanden. Vorrückende Gletscherstirn – Ausräumung – Ausfüllung und dadurch Konservierung der Hohlform mit Toteis – Niederschmelzen des Toteises in der Nacheiszeit – Freigabe des Beckens – Auffüllung mit Grund- bzw. Flußwasser.
Als aber dem Eis, das wie eine Planierraupe das ausgeräumte Moränenmaterial vor sich hergeschoben hatte, die Kraft ausging, weil schließlich die Temperaturen stiegen, blieb der an der Stirn aufgetürmte Schutt als Moränenberg in der Landschaft liegen. Ein solcher Schuttberg ist unser Tüteberg.
Hieraus wird erkennbar, daß Westensee und Tüteberg genetisch eine Einheit bilden und daß der Tüteberg und die anderen südlichen und südwestlichen Höhen am Westensee damals dessen Becken ausgefüllt haben und nun in ihrer Höhenlage dem Naturfreund Weitsicht, dem Wanderer Erholung, dem Skiläufer Entspannung und dem Landwirt Acker- bzw. Weidefläche bieten. Nicht zuletzt erklärt sich aus der Genese die Steilheit des Reliefs, die wir spüren, wenn wir den Fußsteig vom Westensee zum Tüteberg hinaufwandern.

Allerdings werden See und Berg, die die Eiszeit schuf, nur kurzlebige Gebilde sein. Man braucht zwar nicht gleich die Koffer zu packen, um noch rechtzeitig die Reize der Landschaft zu erforschen, bevor sie Vergangenheit sein werden, obwohl der Besucherstrom den Fremdenverkehrsverband des Naturparks sicherlich erfreuen würde. Nein, mit Vergänglichkeit und Kurzlebigkeit sind geologische Zeiträume gemeint. In geologischen Größenordnungen ausgedrückt, werden Moräne und See in vielen tausend Jahren vergangen sein. Dann wird dank stetig wirkender Erosion der Berg den Grund des Sees ausfüllen, absterbende Pflanzenteile werden herabsinken und die Schlammschicht anwachsen lassen; Flüsse werden dem See Sinkstoffe zuführen.
Entscheidenden Anteil an der Verlandung des Westensees hat die Eider, die am Ostufer bei Hohenhude in den See eintritt und ihn am Nordufer in Richtung Achterwehr und Nord-Ostsee-Kanal wieder verläßt. Zwar werden die meisten von der Eider mitgeführten Sinkstoffe bereits im vorgelagerten Schulensee abgesetzt, aber ein bedeutender Teil organischer und anorganischer Stoffe erreicht auch den Westensee, weshalb eine Seefläche von ca. 50 ha im Bereich der Eidereinmündung bereits verlandet ist. In klassischer zeitlicher und von der Gewässermitte betrachteter Folge bildet sich beim Verlandungsprozeß zunächst die Schwimmblatt-Pflanzenzone, dann folgt der Schilfgürtel mit der Gesellschaft von Schilf, Rohrkolben und Schwertlilien, und am Ende steht der sumpfige Erlenbruchwald. Sollte die Filterwirkung des Schulensees eines Tages nicht mehr gegeben sein, weil der See landfest geworden ist, dann wird die Zufuhr fester Stoffe in den Westensee steigen und den Verlandungsvorgang beschleunigen. Das wird, wie gesagt, in geologisch kurzer Zeit sein. Da wir jedoch daran gewöhnt sind, in Zeitdimensionen zu denken, in denen eher menschliche Generationen als Zeitmaß dienen, liegen die Verlandung des schönen Westensees wie auch die Abtragung des Tüteberges noch in weiter Ferne.
Verlandung in fortgeschrittenem Stadium ist allerdings im Bereich der Endmoränen im Naturpark Westensee weit verbreitet. Gemeint sind die Niederungsmoore, die sich in den Tälern zwischen den Kuppen gebildet haben. Ein herrlich ausgebildetes Flachmoor liegt unmittelbar südlich hinter dem Tüteberggipfel. Man kann es sogar auf einer Art Damm queren. Die Südecke des Moores enthält noch einen Rest offener Wasserfläche und deutet somit die Entwicklung des Moores an. Hier in der Senke bildete sich einst durch Grundwasserzufluß ein See. Durch Einschwemmung von Feststoffen, die von den randlichen Höhen stammen, und durch Faulschlamm verwesender Pflanzenteile setzt die Verlandung ein. Sie schreitet von außen nach innen voran. Anspruchsvolle, nährstoffliebende Pflanzen wachsen, sterben ab, bilden Torf. Auf dem sog. Seggentorf entsteht ein sumpfiger Bruchwald. Durch allmähliche Versäuerung des Moores sterben Bäume und kippen ins Wasser. Nicht zuletzt daraus erwächst der unheimliche, faszinierende, bizarre Ein-

Im Tüteberg-Moor. Auf der Kuppe ein Hünengrab.

druck, den ein solches Moor beim Betrachter hinterläßt. Ist das Flachmoor hoch genug gewachsen, daß die Pflanzen den Kontakt zum Grundwasser verlieren, siedeln sich bereits vereinzelt Torfmoospolster an. Diese Moose sind so anspruchslos, daß sie sich mit Regenwasser begnügen und kaum weitere Nährstoffe brauchen. Man sollte einmal eine Handvoll Torfmoos nehmen und ausdrücken, vielleicht noch vorher kurzzeitig ins Wasser legen. Während 1 g Waldmoos ca. 6 g Wasser binden kann, vermag das Torfmoos bis zum zwanzigfachen seines eigenen Gewichtes in Form von Wasser aufzusaugen. Am schönsten ist das Tütebergmoor im Frühjahr (Mai/Juni). Dann zieren es die weißen Knäuel des Wollgrases. Es lohnt sich dann besonders – natürlich sehr vorsichtig –, über den schmalen Dammweg durch das Moor zu gehen.
Die Schönheit des Raumes um den Tüteberg und den Westensee bereichern auch die umliegenden Güter und der Ort Westensee, der zwischen dem Tüteberg und einem eiszeitlichen Tunneltal liegt, welches im Bereich der Bade-

stelle ein breites Wiesental geschaffen hat, das bis nach Emkendorf führt. Hier floß einst ein untereisischer Schmelzwasserstrom. In seinem Bett hinterließ er hier und dort kleinere Kiesrücken. Die Feldsteinkirche von Westensee stammt aus der Zeit der mittelalterlichen Landnahme, also der Kolonisation des Ostens. Unter der Führung von Rittern wurden der Ort Westensee und seine Kirche um 1250 gebaut. Die Ritter selbst ließen für sich zwei Burgen entstehen. Sicherlich waren sie zunächst als Festungsanlagen gegen die Slawen gedacht, die aus dem „Eisernen Wald", dem „Isarnho", der sich vom Westenseegebiet bis in den Dänischen Wohld erstreckte, immer wieder Gefahren für die eingedrungenen Kolonisatoren brachten. Im Laufe der Zeit machten sich die Ritter von ihren Burgen aus zu Besitzern des Westenseegebietes, und die Bauern mußten Frondienste leisten. Als „Lohburg" vor der Halbinsel Resenis und als „Hohburg" auf einer östlichen Landzunge in der Nähe der Eidereinmündung sind die Burgen noch heute auf den Karten verzeichnet, aber in der Landschaft kaum noch wahrnehmbar.
Sehr bald entdeckten die „Herren von Westensee" eine Einnahmequelle, die ihnen geradezu in den Schoß fiel und die sie zusammen mit ihren Söldnern zu gefürchteten Binnenseepiraten werden ließ. Der Westensee diente nämlich seit dem 13. Jahrhundert flämischen Kaufleuten als Teilstück ihres Handelsweges zwischen Nord- und Ostsee. Eider und Westensee boten einen zunächst bequemen Wasserweg für den Warentransport nach Kiel an. Die Kaufleute errichteten in Flemhude und Hohenhude Stapelplätze. Alle Orte mit der Bezeichnung „hude" liegen auf dem großen mittelalterlichen Verkehrsweg von Flandern nach Schleswig-Holstein und Dänemark. Dieser Weg diente dem Warenaustausch von Land zu Land. In den „Huden" wurden die Waren gestapelt und vom Wasserweg auf den Landweg umgeladen oder umgekehrt. Die meisten „Huden" haben deshalb eine Beziehung zum Wasser. In Flemhude oder Hohenhude wurden beispielsweise die Waren für den Landweg nach Kiel umgeladen.
Soweit, so bequem, jedenfalls für mittelalterliche Verhältnisse. Unbequem wurde es für die Kaufleute erst, als das Geschlecht derer von Westensee sich zu Raubrittern entwickelte und die Burgen als Raubburgen nutzte. In gekonnter Piratenmanier kaperten sie die reichbeladenen Schiffe und hielten sich an der Beute schadlos. Zweifellos ein einträgliches Geschäft. So einträglich offensichtlich, daß die Hanse den Verlust nicht länger bereit war hinzunehmen. Im Bündnis mit den Schauenburger Grafen schickte die Lübekker Hanse eine Strafexpedition aus, die dem Westensee-Piratentum ein Ende setzte. Die Burgen wurden völlig zerstört. Damit war der bequeme Zustand (sprich: Handelsweg) erneut hergestellt, und die Geschäfte der Hanse verliefen wieder in geordneten Bahnen, jedenfalls im Westenseegebiet.
In der Folge, aber natürlich nicht in der Nachfolge der Raubritter und Piraten des Westensees, entstand im Bereich der Westenseer Endmoränenland-

Der Blick von Norden auf den Tüteberg.

schaft ein Zentrum der Gutswirtschaft mit dem Sitz bedeutender Adelsgeschlechter, wie wir es vom Bungsberg- oder Hessensteingebiet schon kennen. Die Güter, die hier im Laufe der vergangenen Jahrhunderte entstanden sind, zählen zu den schönsten und prächtigsten im Lande, angeführt vom westlich des Tüteberges gelegenen Herrensitz Emkendorf, von dem vor allem im 18. Jahrhundert die entscheidenden kulturellen Impulse für Schleswig-Holstein ausgingen, als das Gut in Besitz von Fritz und Julia Reventlow kam und Emkendorf der Treffpunkt zahlreicher Künstler, Dichter, Philosophen und Professoren wurde. Südöstlich vom Tüteberg liegt der beachtenswerte klassizistische Dreiflügelbau des Herrensitzes Deutsch-Nienhof, und in dem östlich gelegenen prachtvollen Herrensitz Schierensee lebte einst der Minister von Katharina der Großen, von Saldern. In unserer Zeit ging das Gut in den Privatbesitz eines bekannten Verlegers, der 1985 verstorben ist.
Die historische Dimension des Raumes wird auch deutlich bei einem Blick in die Vor- und Frühgeschichte. Eine so beherrschende Anhöhe wie der Tüteberg ist natürlich ein idealer Platz für Hünengräber (vgl. Grimmelsberg) und Kulthandlungen gewesen. Vermutlich war der Tüteberg Kultstätte, Versammlungsplatz und Gerichtsstätte der Westenseegegend. Darauf deuten z. B. Sagen hin, wie jene, nach der ein wilder Jäger einst einen Holzdieb auf

Die neue Jugendherberge am Fuße des Tüteberges.

dem Tüteberg strafte. Nach einer anderen Überlieferung soll ein Tagelöhner mit gestohlenem Holz über den Tüteberg gegangen sein, als plötzlich die wilde Jagd kam, daß er sich vor Schreck nicht von der Stelle rühren konnte. In seiner Angst soll er geschrien haben: „Ick woll, ick wär en Baum, denn kunn he mi nix daun." Na ja, und so soll es dann gekommen sein. Ernst zu nehmen ist hingegen jenes Ergebnis frühgeschichtlicher Forschung, nach welchem der Name des Tütebergs mit einer germanischen Thingstätte in Verbindung gebracht wird, abgeleitet von dem Ruf „Thiodute", was übersetzt etwa die Bedeutung hat wie „Volk zuhauf".

Nicht gerade zuhauf, aber doch in beachtlicher Zahl wandern die Besucher des Westenseegebietes in die Wirtschaften der näheren Umgebung, um dort die Fischspezialitäten des Westensees zu genießen. Vielleicht ein willkommener Hinweis nach unserer Wanderung über den Tüteberg im Naturpark Westensee.

Der Aschberg in der Knicklandschaft des Naturparks Hüttener Berge

Der Kreis Rendsburg-Eckernförde ist ein gesegneter Kreis, jedenfalls was die Naturparks betrifft. Von den fünf Naturparks in Schleswig-Holstein beherbergt dieser Kreis alleine drei: Naturpark Aukrug (s. Boxberg), Naturpark Westensee (s. Tüteberg) und den Naturpark Hüttener Berge. Zusammen sind das 40 % der Kreisfläche.

Der letztgenannte Park liegt im Städtedreieck Rendsburg–Schleswig–Eckernförde, besteht seit 1970, ist 260 qkm groß, hat 15 000 Einwohner und ist – natürlich – einer der fünf schönsten Naturparks im Lande, mit abwechslungsreicher Landschaft, mit Erholungswäldern, Seen, Mooren, Wanderwegen, gepflegten Gasthäusern usw. Aber das kennen wir ja schon von den drei anderen festländischen Naturparks, die ja ebenfalls zu den fünf schönsten im Lande gehören.

Fremdenverkehrsverbände müssen sein. Sie dienen den Gästen, den Vermietern, den Gastwirten, aber auch der Landschaft. Eine ihrer wichtigsten Aufgaben besteht in der Werbung. Darum läßt man sich etwas einfallen; und wenn die Ferien- oder Erholungslandschaft so bergig ist wie im Fall der Hüttener Berge, fällt die Werbung nicht schwer. Wer will es denn dem Fremdenverkehrsverein des Naturparks z. B. verdenken, wenn er dem Naturfreund Dam- und Rehwildbeobachtungen im „Kleinen Harz“ empfiehlt. Für den Ver-

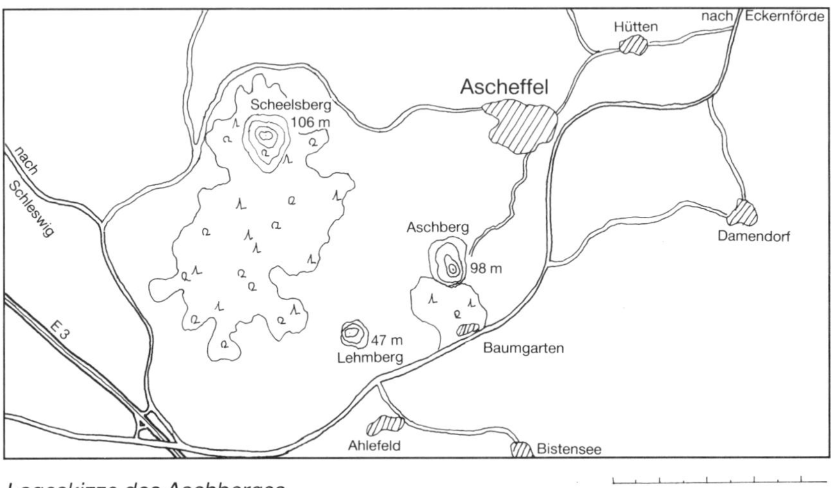

Lageskizze des Aschberges.

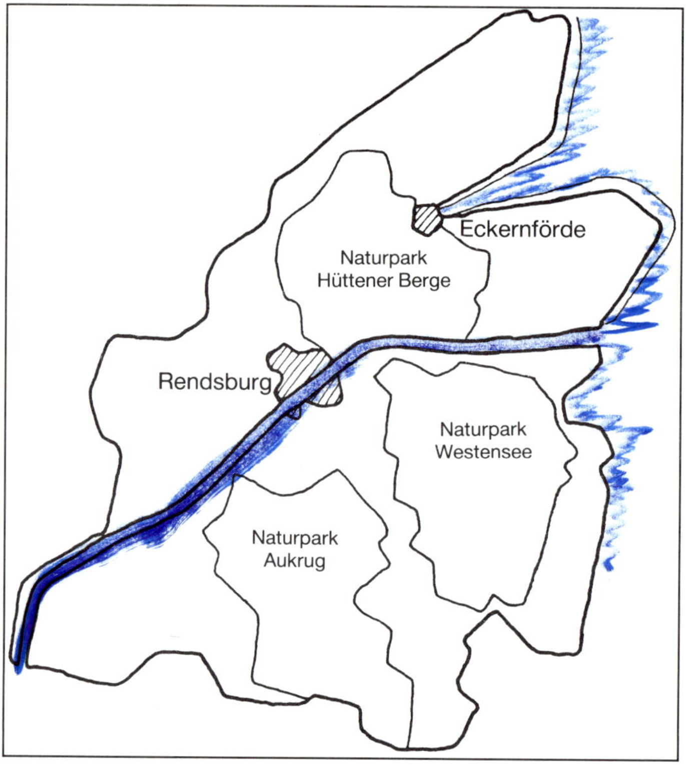

Die Naturparks im Kreis Rendsburg-Eckernförde.

fasser dieses Buches jedenfalls kann es gar keine bessere Werbung geben, bestätigt sie doch seine Titelwahl „Berge in Schleswig-Holstein" aufs eindrucksvollste.

Immerhin, wer etwa aus der Sanderlandschaft um Brekendorf auf den Heidberg oder von Ascheffel zum Aschberg fährt und – noch markanter – von der Gaststätte „Baumgarten" (an der Straße Eckernförde–Owschlag) zum Aschberg hinaufwandert, dem entlockt die Bezeichnung „Kleiner Harz" ein verständnisvolles Kopfnicken. Das lebhafte Auf und Ab der Landschaft vermittelt tatsächlich vielerorts das Gefühl, in einem Mittelgebirge zu sein.

Der Aschberg (98 m) ist nicht der höchste Berg der Hüttener Berge. Der Scheelsberg reicht höher (106 m). Dort allerdings verhindert eine Radarstation der Bundeswehr die Besteigung, während auf dem Aschberg das Aschberg-Restaurant mit Speisen, Getränken und einem Kioskangebot dem „Bergwanderer" die notwendige Stärkung bietet und – sozusagen als Spezialservice – eine Aussichtsterrasse vom Dach des Hauses.

Vom Aschberg aus darf man einen prächtigen Blick erwarten, wenn die Luft trocken ist: Kiel, die Eckernförder Bucht, Schleswig, der Wittensee und der Bistensee, die Autobahnhochbrücke bei Rendsburg, die Radarkuppeln auf dem Scheelsberg, das stark bewegte Relief einer der eindrucksvollsten Endmoränenlandschaften Schleswig-Holsteins.
Diese Landschaft ist das Ergebnis gewaltiger eiszeitlicher Stauchungsvorgänge. Wo das Eis kräftig vorstieß – meist in Form von Eiszungen – wirkte es wie eine Planierraupe. Das vom Eis überrannte Gebiet wurde druckvoll ausgeschürft, gefrorener Moränenschutt an der Gletscherstirn aufgestaucht, keilförmig in Schuppen abgeschert, dabei in die Höhe gepreßt und bei erlahmender Transportkraft als sogenannte Stauchendmoräne hinterlassen. Die Hüttener Berge mit dem nach außen gebogenen, in der Mitte am höchsten aufragenden Wall sind ein klassisches Beispiel für diesen markanten Endmoränentyp.
Übrigens bietet sich für die Stauchendmoräne neben dem Planierraupen-Prinzip auch der Vergleich mit einem Bügeleisen an. Wenn die Gletscherzunge das Plätteisen ist, dann sind die Stauchendmoränen die Tischtuchfalten, die an der „bügelnden", vorwärtsdrängenden Stirn des Gletschers aufgeworfen werden.
In diesem chaotisch aufgestauchten Bergland ist die Bodenqualität sehr unterschiedlich, auf engem Raum rasch wechselnd und im allgemeinen eher unbefriedigend. Geschiebemergel, Sande und Blockpackungen wechseln einander ab. In der Regel sind die Ablagerungen durch Schmelzwasser stark ausgespült worden. Namen wie Lehmberg und Aschberg deuten auf die unterschiedliche Bodenbeschaffenheit hin. Erschwerend für den Landwirt kommt die Steilheit des Reliefs hinzu, die verhindert, daß die Kuppen mit Akkergerät bearbeitet werden können.
Auch die Bezeichnung Hüttener Berge läßt sich im weiteren Sinne von dem Mangel des Bodens an tonigen Bestandteilen ableiten. Der ziemlich reine Quarzsand, den der Glaser benötigt, lag als Ergebnis eiszeitlicher Ausspülungsvorgänge bereit. So entwickelte sich bei dem Dorfe Hütten eine Glashütte. Ihr berühmtester Betreiber war der Glasmacher Johann Kunckel, der als Erfinder des Rubinglases gilt.
Für die Glashütte wurden enorme Mengen an Wald verbraucht. Daran herrschte kein Mangel, denn das Gebiet der Hüttener Berge gehörte zum alten Urwald des Isarnho, in dem übrigens noch bis um das Jahr 1800 herum Wölfe streiften. Im Jahre 1680 hat der Amtsschreiber des Amtes Hütten eine Aufstellung über die Wolfsplage gemacht. Darin erfaßte er die Schäden, die den Bauern durch die Wolfsplage in den zum Amt Hütten gehörenden Dörfern Hummelfeldt, Osterby, Haby, Groß Wittensee, Klein Wittensee, Bünstorf, Holzbunge, Bistensee, Ahlefeld, Damendorf, Ascheffel und Wuhrtseten entstanden sind. Akribisch notierte Nicolaus Strömpferd, so hieß der Amts-

schreiber, nach Befragung jedes einzelnen Bauern dessen Verluste an Vieh. Demzufolge muß seinerzeit eine wahre Wolfsplage in den Wäldern der Hüttener Berge geherrscht haben, die einzelne Bauern regelrecht ruinierte.
In den genannten Dörfern gaben die vom Amtsschreiber befragten Bauern – alle wurden namentlich aufgeführt – Verluste in Höhe von 1300 Pferden und 250 Stück Rindvieh an, und Strömpferd fügte hinzu: „Die Kälber und Schweine, so von dem Wolf todtgebissen, haben die Leute nicht alle berechnen können und ist hierinnen auch ein großer Schade geschehen." Ihre Ursache besaß diese Wolfsplage vermutlich in den schrecklichen Auswirkungen des 30-jährigen Krieges, als die Leute keine Zeit hatten, sich um die Niederhaltung des Wolfes zu kümmern. Auch sollen damals sehr viele Wölfe aus Mecklenburg eingewandert sein.
Nicht nur, daß schließlich die Bauern verstärkt Jagd auf den Räuber machten und ihn auszurotten begannen – der letzte Wolf im benachbarten Schwansen soll 1805 erlegt worden sein – nein, sie begannen auch, seinen Lebensraum einzuengen. Die Glashütte trug in erheblichem Umfang zur Entwaldung bei. Aber mindestens so gravierend wirkte sich die Forderung der herzoglichen Küche im Schloß Gottorf in Schleswig aus. Die Untertanen hatten ihrem Herzog die sogenannte Pflichtkohle zu liefern, das bedeutet, daß die Bauern Köhlerei für den Herzog betreiben mußten.
Aus dem Bereich des Amtes Hütten standen die Dörfer Ascheffel, Brekendorf und Ahlefeld im herzoglichen Pflicht-Kohlen-Register und mußten – wie aus einer Urkunde des Jahres 1680 hervorgeht – jährlich 22 Last Kohle liefern. Mit „einer Last" wurde ein Hohlmaß ausgedrückt und zwar 12 Tonnen zu je 7½ Kubikfuß hamburgisch. In vertrautere Maßangaben übersetzt, heißt dies, daß die Bauern insgesamt knapp 45 cbm Holzkohle abzuliefern hatten, jeder einzelne Bauer im Durchschnitt also 2 cbm pro Jahr.
Mit der Holzkohle aus den Hüttener Bergen war der herzogliche Hof in Schleswig allerdings bei weitem nicht ausreichend versorgt. Aufgeschlüsselt nach den verschiedenen Verwendungszwecken, benötigte der Hof, wie es in einer Schrift von 1654 heißt:

In die fürstliche Küche	1407 Tonnen
uf das laboratorium	1372 ½ Tonnen
uf der Zuckerbeckerey	198 Tonnen
im fürstlichen Zeughauße	20 Tonnen
dem Hofmahlern Johannes Müllern	8 Tonnen
in die fürstliche Schmiede	119 Tonnen
uf die Uhrmacherey	38 Tonnen
nach Arvede (Erfde) sein in Ihro Fürstl. Durchl. Anwesenheit hingeliefert	10 Tonnen
Summa aller im verwichenen Jahre gelieferten Kohle thut	3172 ½ Tonnen

Blick vom Aschberg auf den Scheersberg mit den Radarkuppeln.

Rechnet man diese Menge um, so ermittelt man den beträchtlichen Jahresverbrauch von 536 cbm Holzkohle im herzoglichen Schloß. Da – grob geschätzt – zur Herstellung von Holzkohle die 6-fache Menge an Holz benötigt wird (vgl. auch Boxberg), entspricht der jährliche Waldbedarf einer Fläche von 10 bis 15 Hektar, die allein für die Bedürfnisse des Hofes geschlagen wurde. Wen wundert es da noch, daß sich die Wolfsplage allmählich in Luft auflöste. Heute gibt es nennenswerte Waldbestände nur noch im Forst Brekendorf, das ist der Westabfall der Hüttener Berge zur Sandergeest hin, und südlich des Aschberges bis zur Straße Eckernförde–Owschlag. Einige kleinere Waldstücke liegen noch verstreut in der Landschaft.

Kehren wir zurück auf die Dachterrasse des Aschberg-Restaurants. Wie oft mögen hier oben Gespräche stattgefunden haben mit etwa folgendem Inhalt: „Herrlich diese Aussicht, nicht wahr?" „Das finde ich auch. Mir gefallen besonders die vielen Heckenreihen." „Ja, die gliedern die Landschaft wie ein Mosaik." „Knicks heißen die, glaube ich." „Gibt's die eigentlich anderswo auch?" „Ist mir noch nie so aufgefallen." „Kein Wunder, es gibt ja auch nirgendwo so viel Wind wie hier in Schleswig-Holstein." „Du meinst, die haben die Knicks angelegt, damit ihre Äcker und Weiden nicht wegfliegen?" „Klar doch, warum wohl sonst?"

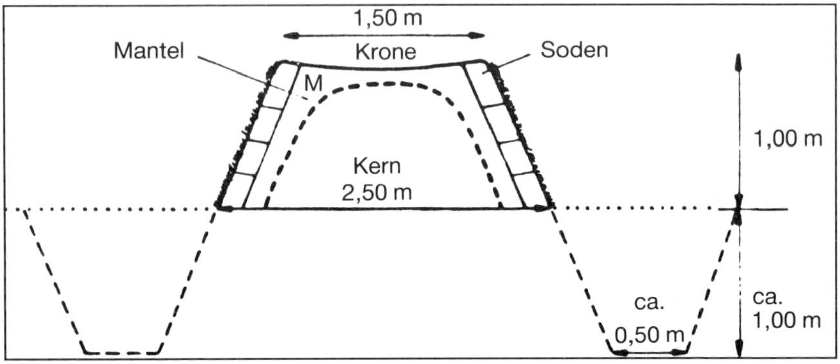

Aufbau und Anlage eines Knicks.

Richtig ist die Beobachtung. Die Hüttener Berge sind auffallend durch Knicks gegliedert. Das sieht man vom Aschberg aus besonders schön. Aber da wäre noch die Frage nach der Ursache und der Wirkung zu stellen. Eine Wirkung ist zweifellos die des Windschutzes. Insofern ist die Feststellung unserer Gesprächspartner richtig. Die getroffene Gleichsetzung von Wirkung und Ursache, die ist allerdings falsch. Die schleswig-holsteinischen Knicks sind in unserem winddurchwehten Land überwiegend nicht aus Gründen des Windschutzes angelegt worden, was – wie viele meinen – sich doch geradezu als Erklärung für die Anlage von Knicks anbietet.

Zurückzuführen sind die Knicks auf einen agrarpolitischen Gesetzesakt. Vor knapp 200 Jahren wurde die bäuerliche Flurgemeinschaft, die Allmende, aufgehoben. Statt der jahrhundertealten Gemeinbewirtschaftung der dörflichen Flur setzte die Einzelbewirtschaftung ein. Das Land der Allmende wurde an die Bauern verteilt. Durch die Verkoppelung, wie man die Aufteilung der Feldflur unter die Bauern nannte, konnte jeder Bauer auf seinem Land anbauen, was er wollte. Während Bauer X Getreide säte, pflanzte Bauer Y auf dem benachbarten Flurstück zur Linken vielleicht Rüben, während der Bauer Z zur Rechten eine Viehweide eingerichtet hatte. Da im Rahmen der in der Regel siebenjährigen Fruchtwechselwirtschaft der Anbau auf den in Streulage befindlichen Flurstücken der Bauern mehrfach wechselte, gab die Agrarlandschaft zwar ein buntes, vielfältiges Bild, hätte aber gewiß auch zu heftigen Streitereien unter den Bauern geführt, wenn z. B. die Rinder des Viehbauern in das Getreide des Kornbauern eingedrungen wären. Ob nun die damalige Regierung solchen Viehschaden und andere Grenzstreitigkeiten vorausgesehen hatte oder nicht und vielleicht einer möglichen Überlastung der Gerichte vorbeugen wollte, sie verfügte jedenfalls im Rahmen des Verkoppelungsgesetzes die Abgrenzung der Felder. „Wer Veeh hett, mutt Veeh höden“,

Auf dem Sportplatz finden seit 1972 keine Bergfeste mehr statt. Er wird höchstens von Jugendgruppen aus der Jugendherberge genutzt.

Die Knicks – Ergebnisse eines agrarpolitischen Gesetzaktes.

In den sandigen Endmoränen der Hüttener Berge dringt das Niederschlagswasser bis zu einer Sperrschicht und tritt in Form von Hangquellen zutage.

so würden wir diese Anordnung im schönsten Plattdeutsch heute kommentieren. Der Elektrozaun war noch nicht erfunden, und der Wald, aus dem man Zäune hätte machen können, hatte bereits beängstigend abgenommen und kam für Einfriedigungsmaßnahmen nicht in Frage. So wurde die Errichtung von Wallhecken befohlen.

Überall im Lande wurden zwischen den Feldern der Bauern Grenzwälle ausgehoben und darauf allerlei Sträucher gepflanzt, die durch entsprechendes Pflegen und Schneiden rasch undurchdringlich wurden. Die Entnahme von Holz aus den Knicks erwies sich als ein Mittel zur Verjüngung der Sträucher wie auch zur Beseitigung oder mindestens zur Linderung der verbreiteten Holznot im Lande.

Mit wachsender maschineller Bearbeitung der Felder in diesem Jahrhundert sind viele Knicks als störend empfunden worden. Über manchen Knick ging die rodende und nivellierende Planierraupe, weil er den Maschineneinsatz mit Großgerät behinderte, weil er Schatten warf und Land beanspruchte.

Andererseits bieten Knicks eine Fülle von Vorteilen. Wind- und Erosionsschutz sind von Relevanz für die Landwirtschaft. Entscheidend aber ist die biologische Vielfalt, die durch Knicks vergrößert wird. In Knicklandschaften werden bis zu 37 Vogel- und 20 Säugetierarten beobachtet; dagegen nimmt sich eine offene Landschaft ohne Knicks mit im Durchschnitt 6 Vogel- und 5 Säugetierarten geradezu arm aus. Der Tierreichtum in den Wallhecken ist eine Folge des vielfältigen Nahrungsangebots durch Samen, Früchte, Blätter, Insekten. Mit bis zu 30 Straucharten, 12 Baumarten, 100 Kräutern, 1600 Tierarten (Säuger, Vögel, Käfer, Insekten) ist der Lebensraum Knick ökologisch besonders wichtig. Schlehdorn, Weißdorn, Eberesche, Haselnuß, Hainbuche, Weidenrosen, Himbeeren, Brombeeren, Holunder und viele andere Pflanzen finden hier ihren geeigneten Standort und sind zugleich Wirtspflanzen für zahlreiche tierische Knickbewohner. Eine stabile Lebensgemeinschaft ist das Ergebnis dieser biologischen Vielfalt.

Naturschützerische Überlegungen geben den Ausschlag dazu, daß heute kein Landwirt mehr etwa zur Strukturverbesserung oder Flächenzusammenlegung die Knicks auf seinen Feldern beseitigen darf. Ausnahmegenehmigungen, wie z. B. ein Flurbereinigungsverfahren, kann die untere Landschaftspflegebehörde erteilen. Dabei bleiben allerdings die ökologisch besonders wertvollen Knicks, das sind die bunten Wallhecken, Zwangspunkte, nach denen sich die übrigen Maßnahmen auszurichten haben. Trotzdem sind von 75 000 km Knicklänge im Jahre 1950 nur noch 46 000 km erhalten.

Damit die Knicks „bunt" bleiben, werden sie ungefähr alle 10 Jahre „auf den Stock gesetzt", „geknickt" und bis auf kurze Stümpfe abgesägt. Ein abgesägter Knick bedeutet also keine Zerstörung, sondern notwendige Pflege zur Erhaltung eines vielfältigen Lebensraumes. Wegen des Brutvogelschutzes darf die Knickpflege allerdings nicht in der Zeit vom 15. 3.–15. 9. betrieben werden.

Das gewaltige Bismarck-Denkmal gelangte nach einer wahren Odyssee auf den Aschberg. Die Statue ist 7 m hoch.

Zweifellos ist der Schutz der Wallhecken eine richtige Maßnahme, die auch von den meisten Landwirten anerkannt wird. Nicht zuletzt gehören die Knicks zum Landschaftsbild des Östlichen Hügellandes in Schleswig-Holstein. Sie sind Zeugnisse eines wichtigen agrarwirtschaftlichen Einschnitts, nämlich der Verkoppelung unter Aufhebung der jahrhundertealten Flurgemeinschaft an der Wende vom 18. zum 19. Jahrhundert. Aber woher sollten die Besucher auf dem Dach des Aschberg-Restaurants das auch wissen? Die Wirkung der Knicks haben sie aus der Landschaft abgelesen. Die Ursache, ihre Genese also, erschließt sich erst aus der Historie. –

Eine historische Dimension haben auch das Denkmal, das Aschberghaus, die Sportanlagen und die Aschberg-Gaststätte. Letztere existiert bereits seit 1898, wurde 1923 erweitert und mußte 1975 einem Neubau weichen.

Vorgänger der Aussichtsterrasse auf der Gaststätte war ein Aussichtsturm, der ursprünglich in Missunde an der Schlei dem Kaiser Wilhelm als Manöver-Beobachtungsturm dienen sollte. Aber die Übung seiner Soldaten im Jahre 1898, nämlich die Überquerung der Schlei, fiel schlechtem Wetter zum Opfer. Der Turm war überflüssig. Ein Landwirt aus Ascheffel transportierte ihn daraufhin mit einem Vierspänner auf den Aschberg, wo der hölzerne Turm bis zu seiner Baufälligkeit im Jahre 1930 der Öffentlichkeit zur Verfügung stand.

Das Aschberghaus, die heutige Jugendherberge, baute man 1926 als Umkleideraum für die Sportler bei den Aschbergfesten. Hier fanden, wie auf dem Scheersberg, sportliche Bergfeste statt. Aber seit 1972 herrscht Ruhe. Schwindendes Interesse von Vereinen und Sportlern hat das Sportfest einschlafen lassen. Der Sportplatz liegt brach und wird allenfalls noch als Bolzplatz von Besuchergruppen der Jugendherberge benutzt.

Das eindrucksvollste Bismarckdenkmal im Lande steht etwas versteckt hinter der Gaststätte mit Blick auf den Scheelsberg. Die Statue ist 7 m hoch. Allein das mächtige Schwert mißt fast 4 m. Seit 1901 stand das Bronzedenkmal auf dem Knivsberg bei Apenrade. Als nach dem 1. Weltkrieg über das Schicksal Nordschleswigs abgestimmt werden sollte, brachte man die Statue nach Rendsburg. Von dort gelangte sie nach Ascheffel, wo Schulkinder den Bismarck in einer Kornscheune besichtigen konnten. Aufstellungsstreitigkeiten führten die Statue auf dem Umweg über Kiel zum Scheersberg nach Angeln. Weil der dortige Landrat ihre Aufstellung verbot, endete die Odyssee des Bismarckdenkmals doch am jetzigen Standort, wo sie zum Aschberg-Fest 1930 endlich aufgerichtet werden konnte.

Heute dient die Statue als beliebtes Fotoobjekt und als Anlaufstelle für Autorallyes. So erzählte der Wirt der Gaststätte dem Verfasser von einer Rallye, die eine Kieler Discothek veranstaltet hatte. 700 Leute in etwa 300 Autos setzten sich gleichzeitig in Bewegung, um die gestellte Aufgabe – finden und ausmessen der Bismarckstatue – zu lösen. Nun ja, Berg und Wirt haben den Ansturm überlebt.

Fels und Berghöhle in Schleswig-Holstein – der Kalkberg von Bad Segeberg

An der Grenze zwischen stauchender, drückender und akkumulierender Tätigkeit der großen Eiszeitgletscher einerseits und den sandigen Schmelzwasserablagerungen andererseits, also zwischen weichseleiszeitlichem Jungmoränenland und Sandergeest, liegt das vielleicht eigenartigste erdgeschichtliche Gebilde Schleswig-Holsteins, der 91 m hohe Segeberger Kalkberg – ein felsiger Fremdkörper im Eiszeitland.

Im – geologisch betrachtet – Altertum der Erde, dem sogenannten Perm, war Schleswig-Holstein vom Meer bedeckt. Da jedoch heißes und trockenes Klima herrschte, verdunstete das Wasser und die darin gelösten Salze setzten sich auf dem Meeresboden ab. Solange die Verbindung zum Weltmeer bestehen blieb, floß frisches Salzwasser nach, das ebenfalls eindampfte und die Salzpakete am Meeresgrunde erhöhte. In Abhängigkeit von wechselnden Wasserhöhen, zeitweiliger Austrocknung und größeren Einbrüchen des Ozeans bildeten sich Salzablagerungen unterschiedlicher Zusammensetzungen (Steinsalze, Kalisalze, Anhydrit u. a.). Schließlich hörte der Zufluß auf, das Meer trocknete vollständig aus, und ein warmer, trockener Wind wehte aus den benachbarten Wüstengebieten Staub über die Salzschichten, deckte sie zu und verhinderte damit eine Wiederauflösung des Salzes in späteren Zeiten bei erneuten Meeresüberflutungen.

Die Salzablagerungen geschahen vor etwa 250 Millionen Jahren in der sogenannten Zechsteinformation der Permzeit, dauerten 20 Millionen Jahre und erreichten eine Mächtigkeit von über tausend Metern.

Im Erdmittelalter bis in die Erdneuzeit hinein bildeten sich über dem Salz mächtige Absatzgesteine. Dadurch geriet das Salz unter Druck. Sofern die Deckschichten 1000, 2000 oder mehr Meter erreichen (was in Schleswig-Holstein der Fall ist), führen sie nicht nur zur Druck-, sondern auch zur Temperaturerhöhung in der Tiefe. Dadurch wird das Salz plastisch, und es bedarf nur noch einer Schwachstelle in der Erdkruste, um das Salz zum Aufsteigen zu veranlassen. Unter dem Druck wiederum des nach oben strebenden Salzhorstes werden die Deckpakete mitgeschleppt, an der Flanke des Salzberges steilgestellt und an der Spitze abgetragen.

Auf diese Weise kam es zu einem kuppelförmigen Durchbruch bei Bad Segeberg, wobei durch den Salzdruck der Anhydrit und das jüngere Steinsalz gleichsam durch die Erdoberfläche wuchsen. Der Kontakt des jüngeren Steinsalzes mit dem Grundwasser führte zur Salzauflösung. So gelangte der schwefelsaure Anhydrit ($CaSO_4$) an die Oberfläche. Allerdings veränderte auch er sich bei der Berührung mit dem Grundwasser. Der Anhydrit nimmt Wasser auf, quillt und wird zu Gips ($CaSO_4 + 2H_2O$). Das Segeberger Felsge-

birge ist also gar kein Kalkgebirge (Kalk wäre kohlensauer, $CaCO_3$), sondern ein Gipsberg, der im Kern aus Anhydrit besteht. Aber wie dem auch sei, bleiben wir bei der eingeführten Bezeichnung. Sie klingt ja auch schöner als „Gipsberg". Oder was halten Sie von Indianer- und Wildwestspielen vor der Kulisse eines „Gipsberges", selbst wenn er natürlich ist? Na also!
Wasser, das den Gips erst entstehen läßt, kann Gips auch wieder lösen. Das sieht man draußen am Berg (z. B. der Weg vom ehemaligen Burgbrunnen

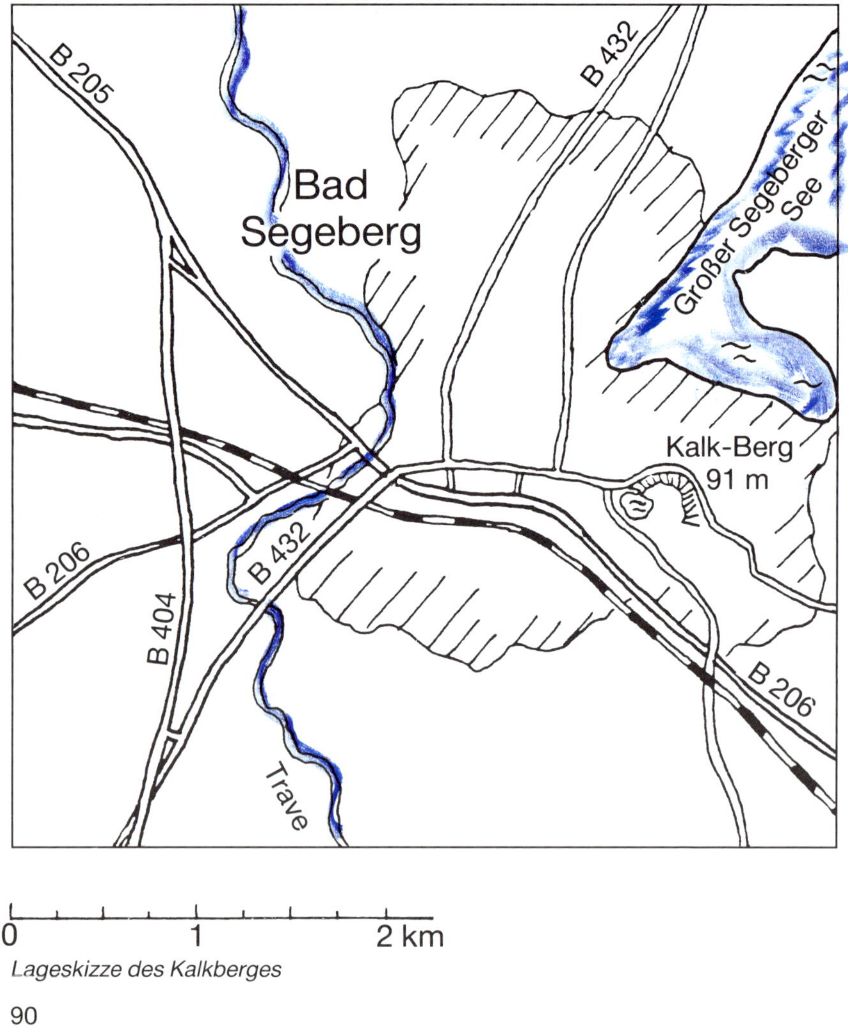

Lageskizze des Kalkberges

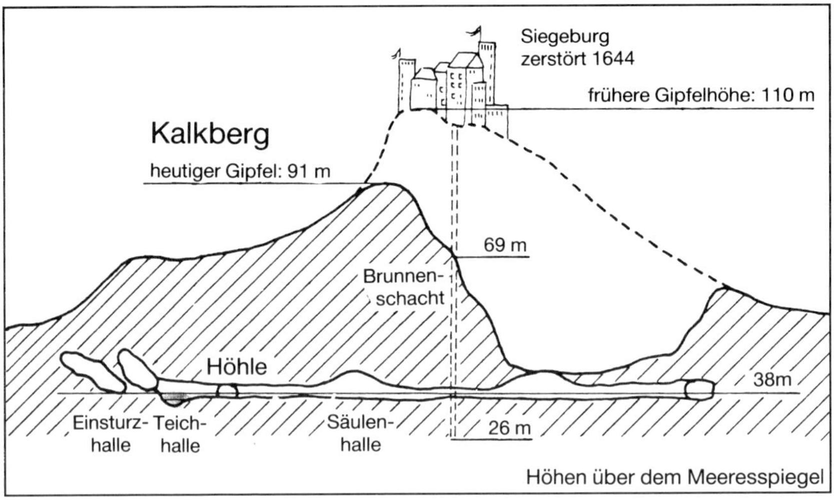

Querschnitt durch den Kalkberg mit früherer Gipfelhöhe und Siegeburg.

zum Gipfel) in Gestalt der Kleinkarren, das sind Rinnen, die das ablaufende Regenwasser geschaffen hat. Hier wurde der Gips aufgelöst.

Deutlicher noch sieht man die Lösungsfähigkeit fließenden Wassers im Gips, wenn man an einer Höhlenführung teilnimmt. Das ist nach dem Kalkberg selbst die zweite Attraktion am Ort. Es gibt nördlich der deutschen Mittelgebirge keine Höhle im Felsgestein außer der Segeberger. Sie ist durch Auslaugung im fließenden Wasser entstanden. Das Wasser lieferte der benachbarte Kleine Segeberger See, der übrigens eine dolinenartige Vertiefung durch Lösung des Gesteins darstellt, wahrscheinlich also die Folge des Einbruchs eines unterirdischen Hohlraumes ist. Neben der Höhle und den Karren bildet die Doline eine dritte Erscheinungsform, wie wir sie sonst von den Karstgebirgen des Mittelmeergebietes oder der Schwäbischen Alb kennen. Zweifellos ein geologischer Leckerbissen in Schleswig-Holstein! Mit einer Einschränkung – das sei gesagt, bevor sich (wegen einer falschen Erwartungshaltung) in der äußerst eindrucksvollen Höhle etwas Enttäuschung breitmacht: Tropfsteine, also Stalaktiten und Stalagmiten, wird man vergeblich suchen. Sie bilden sich nur im kohlensauren Kalk, nicht im schwefelsauren Anhydrit bzw. Gips.

Die Höhle war einst mit langsam fließendem Wasser angefüllt, das – wie gesagt – überwiegend vom nahen Kleinen Segeberger See durch zahlreiche Klüfte und Gesteinsspalten durchsickerte. Die Höhle und die Gänge laufen spitzwinklig von der Decke zum Boden hin, anders ausgedrückt: Sie verbrei-

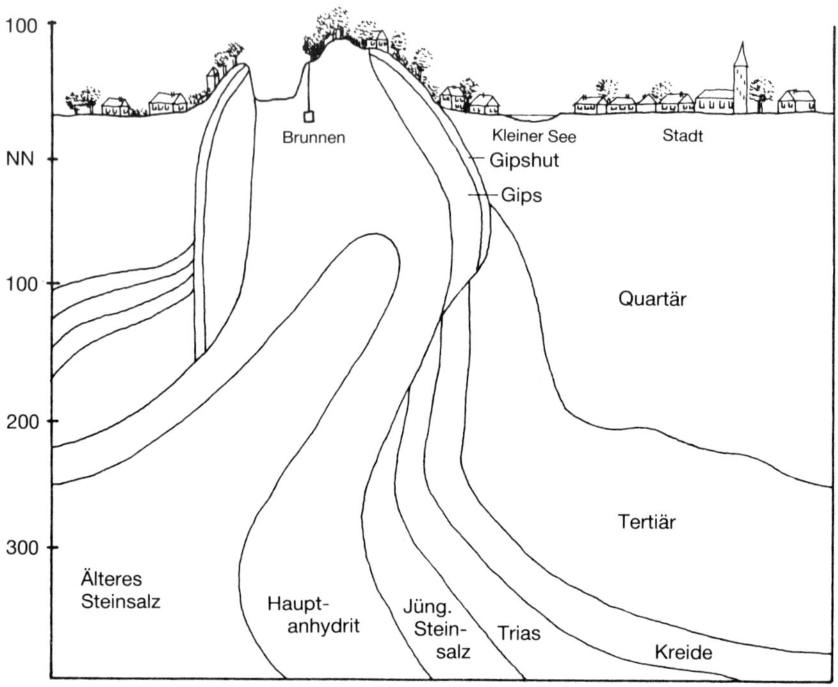

Salzdruck, Aufwölbung und Schrägstellung der Deckschichten am Kalkberg.

tern sich keilförmig zur Decke hin. Die Lösungsfähigkeit des Wassers nimmt mit zunehmender Sättigung ab. Während sich in Bodennähe die abgesunkene konzentrierte Gipslösung befand, konnte in Deckenhöhe das frische, noch ungesättigte Wasser seine Lösungskraft voll entfalten.
Heute sickert kein Wasser mehr vom Kleinen Segeberger See in die Höhle. Die Spalten sind verstopft, die Höhle ist gegen den See abgedichtet. Möglicherweise ist das Trockenfallen auch auf ein Absinken des Wasserspiegels im Großen Segeberger See zurückzuführen. Bevor der See einen neuen Abfluß bekam, stand sein Wasser 10 m höher als heute. Da hiervon der Grundwasserstand nicht unbeeinflußt geblieben ist, kann man ein Leerlaufen der Höhle durchaus mit der Absenkung des Großen Segeberger Sees in Verbindung bringen.
Ein Besuch in der Höhle im Rahmen einer Führung ist wirklich lohnend. Sie zählt zu den meistbesuchten Höhlen Deutschlands. Entdeckt von spielenden Kindern und erstmals untersucht wurde sie 1913. Für die Besucher wurde ein 800 m langer Höhlenweg durch eindrucksvolle Hallen und Gänge und vorbei

an phantasieanregenden Felsfiguren angelegt, der am Ende über eine 36-stufige Wendeltreppe wieder ins Freie führt.
Im Dunkel der Höhle leben 134 Tierarten, die dem Besucher allerdings überwiegend verborgen bleiben. Die meisten Höhlentiere, höhlenabhängige Troglobionten und höhlenliebende Troglophilen, sind Kleintiere. Der berühmteste Vertreter ist der Segeberger Höhlenkäfer (Choleva holsatica), der bisher nur in Bad Segeberg nachgewiesen wurde. Wie in den meisten Höhlen gibt es natürlich auch mehrere Fledermausarten, die in den abgelegenen Gängen und Hohlräumen Winterschlaf halten.
Mit fast 100% Luftfeuchtigkeit, einem hohen Kohlendioxydgehalt und konstanten Temperaturen um 8,5 bis 9° C hat sich das Klima in der Höhle als besonders heilwirksam bei Erkrankungen der Atemwege erwiesen. Asthma und Keuchhusten werden deutlich gelindert. Teile der Höhle sind deshalb für Pa-

Deutschlands nördlichste Felshöhle.

tienten mit entsprechenden Beschwerden vorbehalten. Übrigens entspricht die gleichbleibende Höhlentemperatur der Jahresdurchschnittstemperatur des Bad Segeberger Raumes, so wie auch andere Höhlen die Temperaturwerte ihrer Umgebung aufweisen. –
Kein Zweifel, daß ein solcher Berg auch eine kulturgeschichtliche Dimension haben muß. Man faßt seine Bedeutung schlagwortartig und einprägsam am besten so zusammen: Von der Gipfelburg über den Steinbruch zum Freilichttheater.
Ursprünglich betrug die Berghöhe 110 m und lag damit um 20 m höher als heute. Dieser Gipfel schien dem Missionar Vicelin ein geeigneter uneinnehmbarer Ort zu sein, von dem aus die Kolonisation des Ostens geschützt werden konnte. So bewog er Kaiser Lothar von Supplinburg, auf dem Kalkberg die Siegeburg zu bauen (1134). Vicelin selbst übernahm die Leitung des Augustiner-Klosters unterhalb des Felsens. So erhielt der Kalkberg als Schutzburg und missionarischer Ausgangspunkt für die Besiedlung Wagriens eine zentrale Stellung.
In den folgenden Jahrhunderten erlebte die Burg eine wechselvolle Geschichte. Unter den schweren Kämpfen gegen Slawen, Wenden und Dänen litt die Burg sehr. Mehrfach wurde sie trotz ihrer Trutzlage eingenommen, sei es, daß ihre Verteidiger aus Wassermangel kapitulierten (1180) oder wegen Fleisch- oder Getreidemangels (1201). Dennoch krönte die Burg insgesamt 500 Jahre lang die Bergspitze und wurde sogar 1460 unter König Christian I., Dänenherrscher und zugleich Herrscher von Schleswig-Holstein, zur Residenz. Heinrich Rantzau gestaltete die verfallene Burg im 16. Jahrhundert zu einem Renaissance-Schloß um. Dies war die Blütezeit der Burg. Dann ging es im wahrsten Sinne des Wortes bergab. Im 30jährigen Krieg schleiften schwedische Truppen die Siegeburg. Bis auf die Mauern wurde sie niedergebrannt, und schließlich riß man auch diese ein. Nicht einmal Trümmer blieben zurück, denn dort, wo der Fels mit der Siegeburg stand, wurden im Laufe der Zeit 20 m des Berges abgetragen. Als einziges Erinnerungsstück an die stolze Felsenfestung ist noch ein Teil des ehemaligen Burgbrunnens (vermutlich um 1200 gebaut) erhalten, in dessen 43 m tiefem Schacht die Besucher des Kalkberges von einem Auslagepodest, das im Fels verankert ist, einblicken können. Die Burg stand 41 m darüber, das bedeutet, der enge Schacht ist 84 m tief in den Fels gemeißelt. Der Sage nach sollen Gefangene sich durch die Arbeit im Brunnen freigekauft haben, und in der schönsten Form der Sage sollen sogar zwei Prinzen jahrzehntelang bis zur Freilassung Hammer und Meißel geschwungen haben.
Nachdem es mit der Burg bergab gegangen war, ging es dem Kalkberg ebenso. Er wurde abgetragen, Meter für Meter. Gewiß, bereits beim Bau der Segeberger Kirche und mehrerer mittelalterlicher Kirchen verbrauchte man den Segeberger Gips als Mörtel. Aber das waren im Verhältnis winzige Krat-

Der Gipfel des Kalkbergs.

zer, die der Berg ertragen mußte. Erst seit der Mitte des 15. Jahrhunderts begann der Abbau zuzunehmen, und nach der Zerstörung der Siegeburg war aus dem Fels ein regelrechter Steinbruch geworden, der 60 bis 70 Menschen Arbeit brachte. Von weither kamen die Einkäufer, die meisten aus Hamburg. Aber selbst bis Skandinavien reichten die Handelsbeziehungen Segebergs mit dem begehrten Baumaterial.
Den Abbau in der ersten Hälfte des 19. Jahrhunderts schilderte der Segeberger Amtmann Carl Wilhelm Ludwig von Rosen so: „Zum Brechen der Masse bedient man sich der Eisen und des Schießpulvers. Wenn man den Namen „Kalk“ hört oder die präparierte feine weiße Masse in einer Segeberger Kalktonne betrachtet, so macht man sich kaum einen Begriff von der Schwierigkeit, die rohe Masse zu brechen. Die eisernen Keile machen nur mit großem Kraftaufwande geringe Wirkung auf die flachen Massen, und die scharfen eisernen Hammer, womit der Arbeiter, Kalk-Bicker in der Segeberger Bergwerkssprache genannt, die schroffen, hervorstehenden Ecken abzuschla-

Auslaugungsformen im Gestein durch ablaufendes Regenwasser – sog. Karren.

Der Brunnen der Siegeburg.

Ein grandioses Naturtheater für die Karl-May-Spiele.

gen versucht, sind nach kurzem Gebrauch abgestumpft. Zum Sprengen größerer Schichten werden in denselben Bohrlöcher gemacht und mit Schießpulver angefüllt. Hat aber der Gyps Spalten, worin sich Luft befindet, so verfliegt das Pulver ohne Erfolg; ist der Gyps sehr fest, so ist die Wirkung des Sprengens nicht groß."

Zu der Zeit war der Tagelohn bereits abgeschafft worden. Die Leute erhielten Akkordbesoldung. Übrigens konnte der Segeberger Gips erst verwendet werden, wenn er zuvor gebrannt wurde. Durch Erhitzung auf 180° Celsius, das sogenannte Brennen, verliert der Gips den größten Teil seines Kristallwassers, und es entsteht pulverförmiger, das ist gebrannter Gips. Zur Verarbeitung wird Wasser zugefügt, und der gebrannte Gips nimmt das verlorengegangene Wasser wieder auf. Man nennt das: Der Gips bindet ab, und die Kristalle verfilzen zu einer festen Masse.

1930 stellte die Stadt den Gipsverkauf ein, und im selben Jahr wurde der Kalkbergrest unter Naturschutz gestellt. Der Gipfel lag nunmehr 20 m niedriger, und eine riesige Schlucht zwischen Hauptmassiv und gegenüberliegender Steilwand war entstanden. Da die Schlucht einen amphitheatralischen Charakter besaß, wurde die Naturkulisse zur Freilichtbühne ausgebaut. Zunächst entstand hier im Dritten Reich ein sogenannter Thingplatz für Großkundgebungen. 1937, anläßlich der 800-Jahr-Feier der Stadt, wurde die „Nordmark-Feierstätte" eingeweiht.

Nach dem Krieg begann ein neuer Abschnitt für den Kalkberg, von dem Bad Segeberg einen größeren wirtschaftlichen Nutzen hat, als es die Stadt wohl vom weiteren Gipsabbau gehabt hätte. An den Wochenenden im Sommer hört man Gewehrschüsse krachen und Indianergeheul. Seit 1952 wird der Kalkberg allsommerlich in eine imponierende Wildwest-Kulisse umgewandelt. Winnetou und Old Shatterhand reiten zwischen den Felsen, Rothäute gehen auf Kriegspfad, Schurken werden auf einem Ölturm in die Luft gejagt, ein echter Adler fliegt im Sturzflug vom Kalkberggipfel herab und bäumt auf einem Indianerarm auf. Kurz – die Karl-May-Festspiele in Bad Segeberg sind das beherrschende Ereignis in der Stadt und darüber hinaus ein echtes Erlebnis für Kinder und Eltern. Man sollte seiner Familie einen Besuch gönnen.

Seit 1952 haben über 4 Millionen Besucher die Karl-May-Festspiele gesehen. 8000 Zuschauer faßt das Theater in einer Vorstellung, d. h. während der Nachmittags- und Abendvorstellung eines Tages kommen oft mehr Zuschauer, als Bad Segeberg Einwohner hat (ca. 13 000).

Eine Nachbemerkung noch: Was wohl kaum ein Leser vermutet haben dürfte – auch in Schleswig-Holstein kann man Kletterübungen im anstehenden Fels durchführen. Winnetou und seine Mitspieler beweisen es in den Aufführungen. Und wenn der Indianer nicht gerade klettert (wie im Juli/August), dann klettern (gelegentlich) die Mitglieder der Alpenvereine aus Hamburg, Kiel und Lübeck.

Der Boxberg – beliebtes Ausflugsziel im Naturpark Aukrug

Im Städtedreieck Rendsburg–Itzehoe–Neumünster, das ist die mittelholsteinische Geest, liegt der Naturpark Aukrug. Er wurde Anfang der 70er Jahre mit dem Ziel gegründet, die Pflanzen- und Tierwelt der Naturlandschaft für kommende Generationen zu bewahren und zugleich der jetzigen Generation eine erholungsfördernde Landschaft zu erhalten. Der Park wird geprägt von den im Kern saaleeiszeitlichen und im Warthestadium überformten Altmoränen und weiten Sanderflächen, durch die zahlreiche kleine Wasserläufe rinnen, die oft von Moorboden begleitet sind und an denen hier und da perlschnurartig aneinandergereihte Fischteiche für Karpfen oder Forellen liegen.
In der Mitte dieser Landschaft ragt der Boxberg unmittelbar nördlich der Straße Neumünster–Hohenwestedt mit 77 m deutlich heraus. Wenn man vom Parkplatz am Fuß des Berges zur Bergspitze wandert, spürt man die Höhenmeter durchaus, denn es geht steil bergan. Oben angekommen laden Ruhebänke zum Verweilen ein, und ein mächtiger „Hinkelstein", ein grobkristalliner eiszeitlicher Findling, markiert den Gipfel. Man hat ihn senkrecht aufgestellt und zwecks besserer Standfestigkeit in einen Betonfuß gesetzt.
Von der Höhe aus sieht man den Fernsehturm von Hennstedt und die Häuser von Hohenwestedt. Vor allem aber schweift der Blick in südlicher und südöstlicher Richtung über ausgedehnte Waldbestände. Sofern es sich um Laubwaldflächen handelt, sind es Reste alten Bauernwaldes. Aber die großen Nadel- und Mischwaldbestände sind jüngeren Datums. In historischer Zeit hatte man Raubbau betrieben, vor allem aber durch Vieheintrieb eine natürliche Verjüngung des Waldes unterbunden. Die Tiere fraßen selbstverständlich mit Vorliebe die jungen frischen Triebe. Werden Waldweide und damit verbundener Viehverbiß zu intensiv betrieben, verabschieden sich einzelne Baum- und Straucharten aus der Pflanzengesellschaft, andere bilden zunächst Kümmerformen aus wie z. B. gestrüppartige Eichenbestände (Kratts).
Die Verquickung von Land- und Waldwirtschaft kann geradezu als wichtiges Merkmal der gesamten schleswig-holsteinischen Waldwirtschaft im Mittelalter angesehen werden. Dazu gehörte neben der Waldweide auch der Waldfeldbau. Man schlug das Holz für bestimmte Zwecke, brannte Buschholz, Weichholz und Reisig ab und säte Korn in die Asche. Man benutzte quasi den abgebrannten Wald als Dünger, bis der Boden erschöpft war und ein neues Waldstück gerodet werden mußte.
Aber die Dezimierung der Wälder hatte weitere historische Ursachen. Man brauchte Holz für den Hausbrand und für die Glasbläserei, für den Schiffsbau und an der Westküste für den Deichbau, und geradezu Unmengen gingen für die Eisenverhüttung verloren. In den sumpfigen Auniederungen rund um den

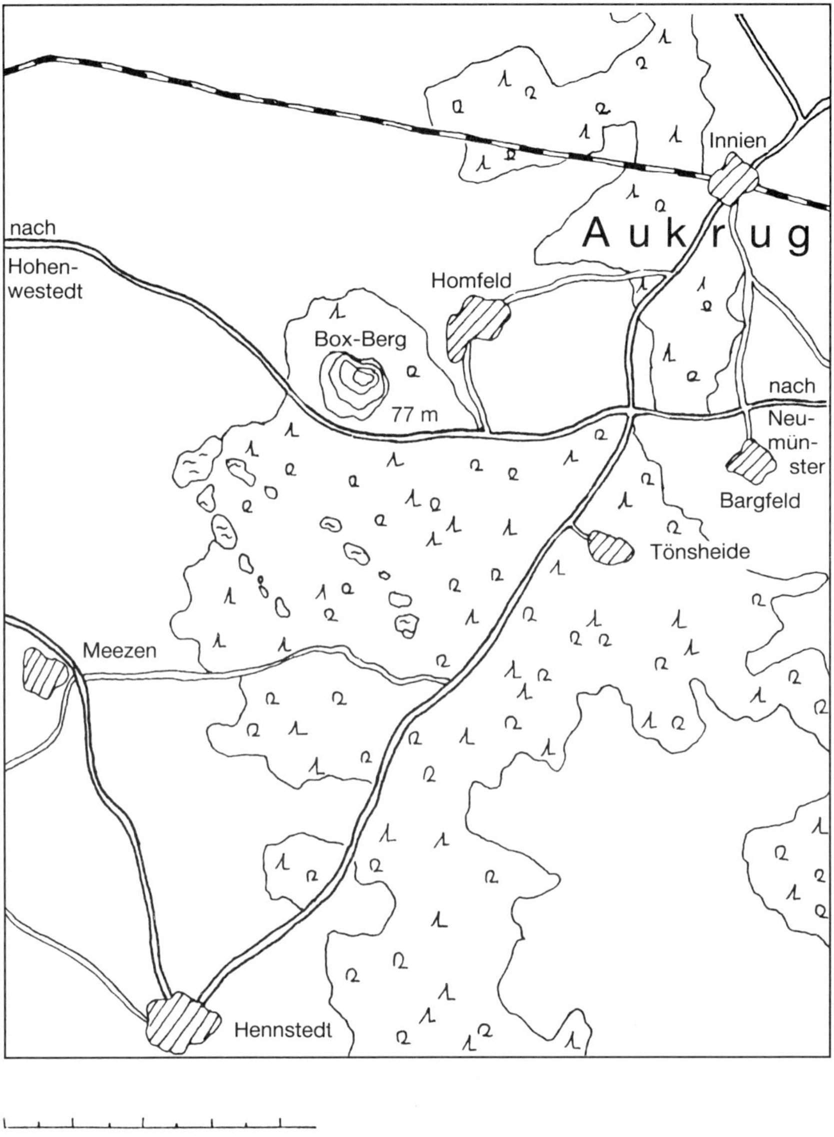

Lageskizze des Boxberges.

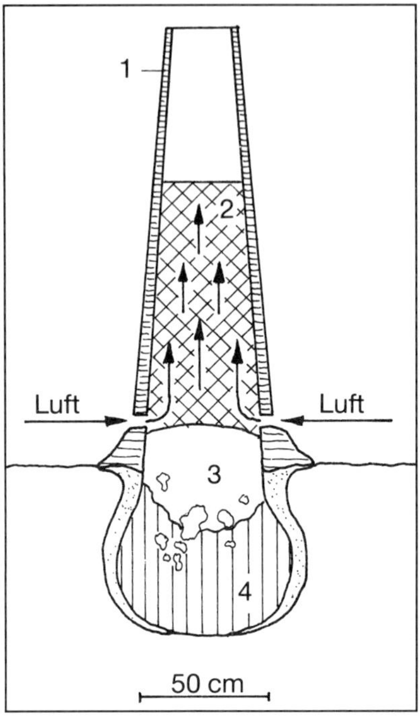

Rennfeuerofen: 1 Ofenschacht, 2 Gemenge aus Holzkohle und Raseneisenerz, 3 Ofensau mit Eisenstücken, 4 Ofengrube

Boxberg gab es Raseneisenerz, das bereits in den ersten nachchristlichen Jahrhunderten gewonnen wurde.
Entstanden ist dieses Erz durch Ausscheidung von Eisenhydroxyd aus eisenhaltigem Grundwasser an jenen Stellen unter der Rasendecke, wo Oxydationsvorgänge ablaufen konnten. Das Erz ist stark mit Ton vermengt. Es befindet sich in 10 bis 20 cm mächtigen Bänken etwa 30 cm tief unter der Oberfläche sumpfiger Niederungen und kann nach Abheben der Rasendecke leicht aufgebrochen werden. Verhüttet wurde das Erz in sogenannten Rennfeueröfen.
Die kleinen Schachtöfen bestanden aus einer kesselförmigen Grube mit ca. 80 cm Durchmesser, darüber lag ein schornsteinartiger Schacht aus Lehm. Stundenlang wurde der Ofen mit Holzkohle vorgeheizt und schließlich von oben mit Erz und weiterer Holzkohle nachgefüllt, bis sich im unteren Ofenteil ein Schlackenklotz abgelagert hatte. In dieser Schlacke, Ofensau genannt, hatten sich während des Verhüttungsprozesses unterschiedlich große, aber immerhin die Dimension einer Kinderfaust erreichende Eisenstücke gesammelt. Nach Zerschlagung der natürlich verunreinigten Ofensau entnahmen unsere Vorfahren die Eisenstücke und erhitzten sie im Schmiedefeuer erneut auf Schweißglut, um sie dann weiterzuverarbeiten, um Waffen, Geräte und Schmuck herzustellen. Als Amboß diente ihnen damals ein Findling. Schlackenreste findet man noch heute auf den Feldern.
Der Abbau von Raseneisenerz geschah während der Eisenzeit in großem Umfang. Aber das war nicht das Problem. Problematisch und für ganze Wälder nahezu tödlich erwies sich der immense Holzbedarf für den Verhüttungsprozeß. Was das bedeutet, sei am besten mit Zahlen belegt:

1 kg reines Eisen	130 kg Holzkohle
gewinnt man aus	braucht, die aus
13 kg Raseneisenerz	760 kg Eichenholz
wofür man	gewonnen werden.

Man sieht, der Wald hatte es schon in früheren Zeiten nicht gerade leicht. Die Vegetation degenerierte unter diesen Umständen, und das Land verheidete. Es ist der Initiative des Aukruger Försters Christiansen zu verdanken, daß seit 1870 im Aukrug großflächig aufgeforstet wurde. Innerhalb von 30 Jahren verdoppelte sich das Waldareal. So sind die Nadel- und Mischwaldbestände, die wir vom Boxberg aus in der Weite des Naturparks entdecken, überwiegend junge Anpflanzungen.
Der Boxberg selbst kann die waldgeschichtliche Entwicklung in diesem Raume verdeutlichen: Der Name weist nicht etwa auf wilde Schlägereien oder auf entsprechende sportliche Wettkämpfe hin, sondert stellt eine Verballhornung dar, die sich aus dem Wort Booksberg, d. h. Buchenberg, entwickelt hat. Ursprünglich muß also der Boxberg mit Buchenwäldern bedeckt gewesen sein, die man heute nicht mehr findet. Infolge der jahrhundertelangen Nutzung als Waldweide und durch Holzeinschlag für die verschiedenen Zwecke veränderte sich stufenweise der Pflanzenbestand am Boxberg. Die Rückbildung der Vegetation ging einher mit fortschreitender Verarmung der Böden durch Auswaschung. Die mineralreichen, alteiszeitlichen Moränenböden wurden vom Regenwasser entmineralisiert, und mächtige Bleichhorizonte entstanden. Die Besiedlung mit jenen Pflanzen setzte ein, die nährstoffarme Böden lieben. Dazu zählen Nadelhölzer, Zwergsträucher (Heidekraut), Moose und Flechten. Auf besonders verarmten Flächen, vor allem in der Nähe des Gipfelfindlings auf dem Boxberg, führte die Bleichung und Entmineralisierung des durchgespülten Oberbodens zu einer Ausscheidung der Mineralsalze und Eisenhumate in ungefähr 50 cm Tiefe, wo sie den Sand mit rostfarbenen Eisenverbindungen verkitteten.
Auf diese Weise entstand ein festes, von Pflanzenwurzeln kaum zu durchdringendes Ortsteinband über podsolierten, d. h. ausgewaschenen, aschenfarbigen Böden (Podsol kommt aus dem Russischen und meint „Asche"). Hier wächst nur noch Heidevegetation. Die Heiden der Geest sind allesamt auf diese Weise gewachsen. Sie bilden keine natürliche Vegetationsgesellschaft, die sich aufgrund klimatischer Bedingungen auf bestimmten Böden gebildet hat; denn Auslöser der Degradation des Pflanzenbestandes sind die Aktivitäten des Menschen, der den ursprünglichen Waldbestand zu intensiv nutzte. Auf diese Weise in Gang gekommen, verselbständigte sich die weitere Entwicklung. Übrigens verlief die Entstehung der Lüneburger Heide ganz ähnlich. Auch sie ist – was manchen überraschen mag – keine Urheide.
Von den ursprünglichen Heideflächen sind die meisten infolge von Aufforstungsmaßnahmen verschwunden. Aber man findet sie – wie gesagt – noch auf der Kuppe oder in der Nähe des Boxberg-Restaurants. Der Weg vom weitläufigen Spielplatz zum Gipfelfindling macht deutlich, welche Folge der geschilderte menschliche Eingriff in die Naturvegetation hat. Tiefe Erosions-

Der Gipfelfindling auf dem Boxberg.

Quelle über Ortsteinhorizont.

Das Boxberg-Restaurant.

Der großzügige Abenteuerspielplatz.

risse schneiden sich in den weitgehend von schützender Vegetationsdecke freigelegten Hang. Deutlich erkennt man in den schluchtartigen Ausspülungen das Bleichsandprofil.
Eine solche Heide- und Waldlandschaft inmitten des Aukruges lädt natürlich zu Spaziergängen ein. Nicht nur an Wochenenden finden sich hier zahlreiche Erholungsuchende ein, die z. T. weite Autowege zurücklegen, um sich in dieser natürlich scheinenden und doch von menschlicher Einwirkung zeugenden Landschaft zu entspannen. Die Voraussetzungen dafür sind ideal. Herrliche Wanderwege verlaufen auf weichen Waldböden, z. T. werden sie von einem abwechslungsreichen und weitläufigen Trimm-dich-Parcours begleitet. Die Waldpolizei in Gestalt der roten Waldameise mit ihren ansehnlichen Bauten taucht immer wieder links oder rechts des Weges auf. Eine Schutzhütte und Bänke erlauben Ruhepausen. Anfang August kann man auf dem Boxberg Blaubeeren suchen, und Pilze schießen bei warmem, feuchten Wetter aus dem Waldboden. Erhöht am Boxberg-Hang liegt einladend das Boxberg-Restaurant mit sonniger Terrasse.
Für Eltern mit Kindern ist die interessanteste Einrichtung am Boxberg zweifellos der hervorragend gestaltete, auf großer Fläche stehende und doch sehr übersichtliche Kinderspielplatz. Da gibt es eine Wippe und eine Rutsche, Schaukeln und Schwingtaue, Balancestangen, eine (ZDF-)Torwand, einen Bolzplatz und mancherlei andere Turn- und Klettermöglichkeiten. Die Eltern können mitmachen oder auf Bänken die Aktivitäten ihrer Kleinen beobachten. Falls ein sommerlicher Gewitterschauer das Spielen unterbricht, steht eine Schutzhütte zur Verfügung, in der man das Ende des Regens abwarten kann. Kurz – ein Berg im Herzen des Aukruges und Schleswig-Holsteins, in der vom Menschen gestaltete Natur den Bedürfnissen vieler Erholungsuchender gerecht werden kann.

Der Lüneburger Berg an der Grenze zur DDR

Der Lüneburger Berg liegt in der Nordostecke des „Naturparks Lauenburgische Seen", direkt an der Grenze zur DDR. Typisch für den ganzen Naturpark ist die große Zahl von Seen, die mit 40 qkm Wasserfläche ziemlich genau 10 % des Gesamtgebietes einnehmen. Darüber hinaus verfügt der Naturpark über 80 qkm mit schönen, abwechslungsreichen Wäldern. Zwar hat die Umgebung des Lüneburger Berges an den Seen durchaus Anteil, aber ihre Nutzungsmöglichkeit für Erholungszwecke ist teilweise nur eingeschränkt möglich (Grenze in Seemitte) oder gar nicht gegeben (Grenze am Westufer). Das zweite bemerkenswerte Element des Naturparks, der umfangreiche Waldbestand, ist im Bereich des Lüneburger Berges nicht besonders üppig vertreten. Wir werden den Grund dafür kennenlernen.
Der Name des Berges mag zunächst erstaunen. In der Tat muß es verwundern, wenn für einen schleswig-holsteinischen Berg im Kreis Herzogtum Lauenburg auf den Namen einer niedersächsischen Kleinstadt zurückgegriffen wird, die zwar vor allem in historischer Zeit eine große Bedeutung besaß, aber eben auch weit entfernt hinter dem südlichen Ufer des Elbstromes lag und liegt.
Um die Hintergründe der Namensgebung zu erfahren, führt uns deshalb der Weg zunächst ins niedersächsische Lüneburg, bevor wir von dort zu unserem Berg zurückkehren.
Es gibt viele Dinge, die für das Leben des Menschen seit jeher von zentraler Bedeutung sind. Hier eine Rangfolge aufzustellen, erscheint schlicht unmöglich. Aber mit eben solcher Bestimmtheit läßt sich sagen, daß im vordersten Glied lebensnotwendiger Dinge das Salz seinen Standort finden würde.
In der Tat gibt es verblüffende Verwendungsmöglichkeiten des Salzes: Naturvölker salz(t)en und mumifizier(t)en Leichen; ohne Salz kein Soda, ohne Soda keine Seife; Salz als mittelalterliches Foltermittel, welches Ziegen mit rauher Zunge von den Fußsohlen wehrloser Gefangener leckten – bis auf das rohe Fleisch; Salz läßt Fischeiweiß gerinnen, Fisch wird ohne Kochen gar; Brot und Salz als Gastgeschenk; Salztabletten für Reisende in heiße Klimate; Salzlecksteine für das Vieh usf.
Die Aufzählung beansprucht gewiß nicht, die wichtigsten Verwendungsmöglichkeiten genannt zu haben. Aber interessant sind sie zweifellos. Wo immer wir hinschauen – in den Fleischerladen oder in die Bäckerei, in Arzneimittelfabriken oder in der Metallindustrie, in Baustoffhandel oder in Düngemittelfabriken, in Elektro- oder Glasindustrie, in Kunstharz- bzw. Farbenfabriken oder in Papierfabriken – der Atem reicht nicht aus, um alle Produkte aufzuzählen, die des Salzes oder einzelner seiner Bestandteile bedürfen.
Die umfangreiche Bedeutung des Salzes für den Menschen liegt in der historischen, physiologischen und technischen Dimension. Ersteres meint, daß

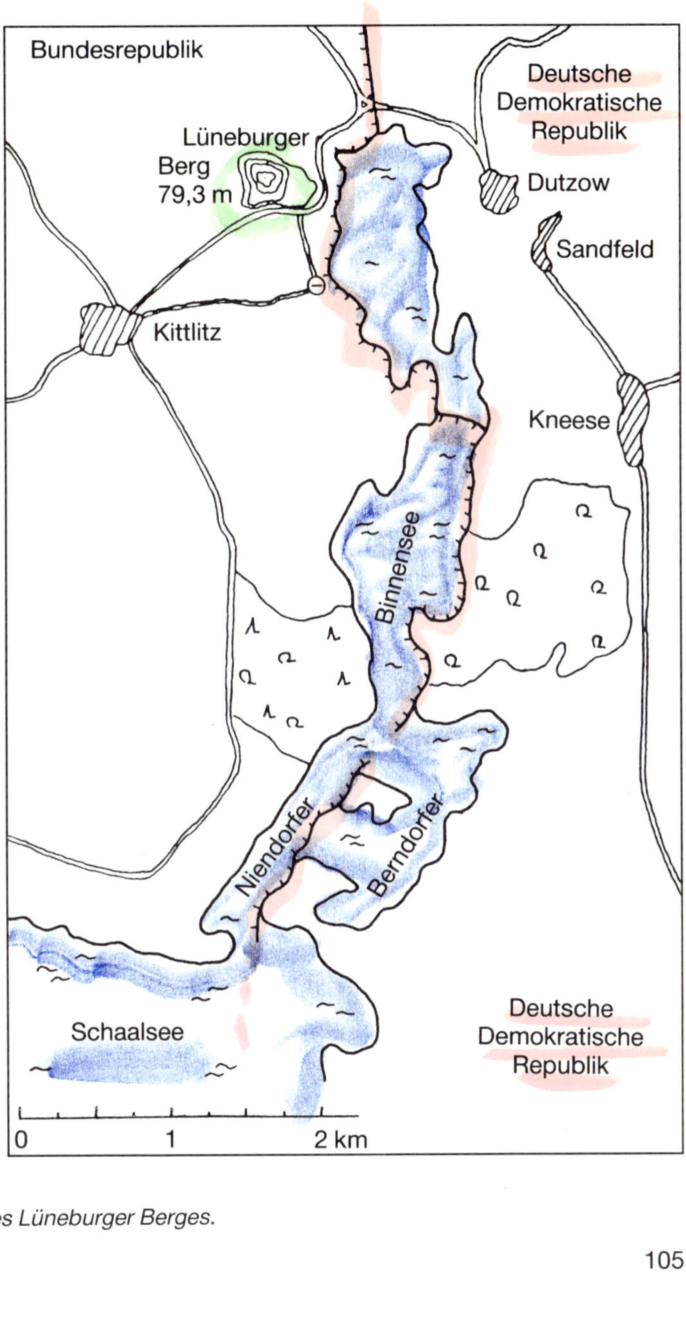

Lageskizze des Lüneburger Berges.

die Vorratswirtschaft mit Hilfe konservierenden Salzes die Einschränkung des Nomadismus und den Übergang zur Seßhaftigkeit ermöglichte. Als man die Wichtigkeit des Salzes erkannte, war dies ein Schritt zu einer höheren Kultur. Der zweite Aspekt meint, daß Salz (vor allem reines NaCl) für die physiologischen Vorgänge im Körper von Menschen und anderer Organismen unerläßlich, ja lebensnotwendig ist. Die dritte Dimension meint, daß die moderne Technik in Industrie, Handwerk und Gewerbe fast aller Wirtschafts- und Produktionsbereiche auf Salz nicht verzichten kann.

Wen wundert es, daß das Salz daher ein besonders wichtiges Handelsgut darstellt. Das war bereits im Mittelalter so. Wo Salz war, gab es Gold, Geld und Macht.

Salz gibt es seit über 1000 Förderjahren in Lüneburg. Die erste urkundliche Erwähnung datiert aus dem Jahre 956. Erst 1980 wurde die Förderung eingestellt. Das Salz eröffnete den Lüneburgern weite Handelsbeziehungen. Insbesondere die Belieferung der Fischereistädte Skandinaviens und die Versorgung von Lübeck über die Alte Salzstraße und später über Kanäle trugen wesentlich zum Lüneburger Reichtum bei. Allerdings hatten die Salzproduzenten auch Unkosten. Das Salz war nämlich nicht einfach aus der Erde zu schaufeln, sondern mußte erst aus stark konzentrierter Sole gewonnen werden. Zum weiteren Eindampfen der Sole bis zur Salzkristallisation brauchte man Siedepfannen und – Feuerholz, Unmengen von Holz sogar.

Holz gab es reichlich, zunächst jedenfalls. Die Gegend um Lüneburg war stark bewaldet. Man begann also, vor der Haustür Holz zu schlagen. Schließlich mußte der Einschlagbereich erweitert werden. Immer mehr und immer entferntere Wälder fielen dem „Waldfresser“, der Saline, zum Opfer. Zweifellos ist der hauptsächliche Grund für die Entstehung der Lüneburger Heide in dem immensen Holzbedarf für die Salzerzeugung zu suchen. Einmal entwaldet, bildete sich durch Auslaugung die Ortsteinschicht im Boden und verhinderte den Neubewuchs mit Waldbäumen. Statt dessen entstanden als Sekundär- und Kümmerformen die riesigen Heideflächen.

In einer Zeit (15. Jahrhundert), in der es immer schwieriger wurde, Holz zu beschaffen, fügte es sich sehr gut, daß die Lauenburger Herzöge den Lüneburgern Teile ihrer Wälder verkauften, insbesondere jenen Teil um die Höhe 79,3 m herum, die seit diesem Zeitpunkt als Lüneburger Berg bezeichnet wird. Zwar liegt der Berg in der Luftlinie 60 km von Lüneburg entfernt, aber mit seiner Lage in der Nordwestecke der nördlichsten Bucht des Schaalseesystems bot sich die Möglichkeit an, über die Seenketten zu flößen und bei Zarrentin (Mecklenburg) den Schaalfluß für den Weitertransport des Holzes zu nutzen. Der Weg war den Lüneburgern übrigens vertraut, denn seit etwa 1412 lieferte man auf ihm Salz in die mecklenburgische Ostseestadt Wismar.

Mit der Übertragung der Holznutzungsrechte an die Saline gestaltete sich das Schicksal des Lüneburger Berges und seiner weiteren Umgebung fast

Blick von der Zollschutzhütte über den Dutzower See nach Mecklenburg.

zwangsläufig. 54 Siedehäuser mit je vier Siedepfannen von je einem Quadratmeter wollten unter Feuer gehalten werden. In der Blütezeit der Saline im 15./16. Jahrhundert wurden jährlich bis zu 72 000 cbm Holz verbraucht, mit denen man maximal 24 700 Tonnen Salz (1569) erzeugen konnte. 72 000 cbm Holz – das bedeutet, daß Jahr für Jahr ein Wald in der Größenordnung von ungefähr 320 ha verfeuert wurde. Die Saline verbrauchte also in 100 Jahren bis zu 32 000 ha oder 320 qkm Wald, das ist die fünffache Fläche des größten zusammenhängenden Waldgebietes Schleswig-Holsteins, des Sachsenwaldes (65 qkm).
Nachdem die Lüneburger Heide nichts mehr hergab, war also der Lüneburger Berg dran. Waldstück für Waldstück wurde abgeholzt. Die seenahen Bestände mußten zuerst daran glauben. Unersättlich war die Saline, und die Entwaldung schritt hangwärts voran. Rund um den Lüneburger Berg wurde radikal geholzt und in der Folge nicht etwa wieder aufgeforstet, sondern von Bauern landwirtschaftlich in Kultur genommen. Wo sich einst endlose Wäl-

Der Lüneburger Berg. Nur die Bergkuppe ist noch bewachsen.

der erstreckten, wachsen heute Raps, Getreide und andere Feldfrüchte. Nur auf der Spitze des Lüneburger Berges selbst hat sich ein Buchenbestand erhalten können. Das ist alles, was von dem Wald übrigblieb. Dem Kundigen verrät der Name des Berges und seine Beziehung zur Lüneburger Saline auch heute noch eine waldreiche Vergangenheit.
Das Salzwerk stellte 1799 auf Torffeuerung um. Bis dahin waren acht Jahrhunderte freilich schwankender Salzproduktionsmengen unter Verwendung von Holzfeuern vergangen. –
Die Liaison mit Lüneburg war für die Landschaftsentwicklung des Lüneburger Berges zweifellos ein gravierender Einschnitt. 1945 folgte der zweite.
Der Berg gehört zum Kreis Herzogtum Lauenburg und damit zu Schleswig-Holstein. Aber die nördlichste Schaalseebucht, der Dutzower See, bis zu dem der Bergfuß herabreicht, liegt in der ganzen Ausdehnung auf dem Gebiet Mecklenburgs, also der DDR, wenngleich sich die Grenzsperranlagen der DDR auf der östlichen Uferseite befinden. Die diesseitige Uferlinie ist noch bundesrepublikanisch. Aber wollte man seine Angel auswerfen, fischte man im DDR-Gewässer, und das ist verboten. Bundesgrenzschutz, Zoll und Polizei müssen Verstöße als Fischwilderei verfolgen.
Südlich vom Berggipfel, dessen Bewaldung Ausblicke verhindert, und ober-

Hier verlief die Straße Rosenhagen–Dutzow. Im Hintergrund ein Wachturm.

halb des Sees steht eine Schutzhütte des Zolls, von der aus man einen um so besseren Landschaftseindruck gewinnt. Ein blauer See, kleine Waldbestände am jenseitigen Ufer, Äcker und Wiesen, rote Dächer in der Ferne und – Wachtürme. Das ist Mecklenburg.
Der Kreis Herzogtum Lauenburg liegt als einziger Landkreis Schleswig-Holsteins an der Grenze zur DDR. Diese Situation teilt er mit den Kreisen der drei anderen Bundesländer, die mit der DDR eine gemeinsame Grenze haben, und er teilt deren Probleme. Einer der wichtigsten Standortnachteile ist die abseitige Lage ohne Hinterland. Die Verkehrsverbindungen sind unterbrochen; Wirtschaftsräume wurden zerstört. Am Ostfuß des Lüneburger Berges befindet sich das Dorf Rosenhagen. Von dort führte vor dem Kriege eine Straße nach Dutzow auf mecklenburgischer Seite. Heute endet die Straße sackgassenartig vor einem Schlagbaum.
Die extreme Randlage der Grenzgebiete drückt sich in infrastrukturellen Mängeln, in Industriearmut, ländlicher Prägung und Bevölkerungsmangel aus. Die strukturpolitischen Hilfen durch das Zonenrandförderungsgesetz sollen die Leistungskraft des Grenzgebietes stärken, damit möglichst gleiche Lebens- und Arbeitsverhältnisse wie im gesamten Land erreicht werden. Trotzdem ist das Arbeitsplatzangebot bescheiden. Die Folge ist eine rückläu-

DDR - Grenzsperranlagen

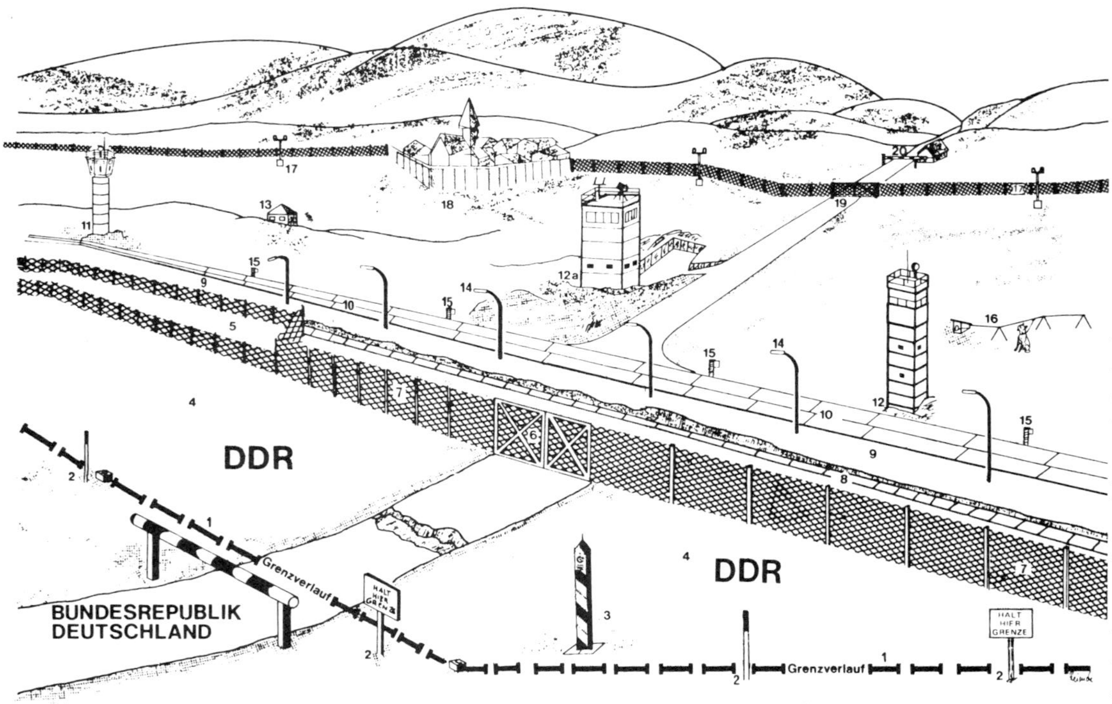

Erläuterungen

1 Grenzverlauf mit Grenzsteinen
2 Grenzhinweisschild bzw. -pfahl unmittelbar vor dem Grenzverlauf
3 DDR-Grenzsäule (ca. 1,8m hoch, schwarz-rot-gold mit DDR-Emblem)
4 Abgeholzter und geräumter Geländestreifen
5 Zweireihiger Metallgitterzaun (ca. 2,4m hoch,
6 Durchlaß im Metallgitterzaun
7 Einreihiger Metallgitterzaun (ca. 3,2m hoch)
8 Kfz.-Sperrgraben (mit Betonplatten befestigt)
9 ca. 6m breiter Kontrollstreifen (Spurensicherungsstreifen)
10 Kolonnenweg mit Fahrspurplatten (Lochbeton)
11 Beton-Beobachtungsturm (BT 11)
12 Beton-Beobachtungsturm (2 x 2m)
12a Beton-Beobachtungsturm (4 x 4m mit Führungsstelle)
13 Beobachtungsbunker
14 Lichtsperre
15 Anschlußsäule für das erdverkabelte Grenzmeldenetz
16 Hundelaufanlage
17 Schutzstreifenzaun (Höhe ca. 3,2 m) mit opt. und akust. Signalanlagen, z.T. als Doppelzaun mit Hunden
18 Betonsperrmauer/Sichtblende
19 Durchlaß im Schutzstreifenzaun
20 Kontrollpassierpunkt

läufige Bevölkerungszahl. Die Probleme der Landwirtschaft sind beachtlich, sofern durch die Erzeugung von Veredelungsprodukten und Gemüse eine Direktvermarktung angestrebt wird. Dann sind die Wettbewerbsnachteile wegen der Entfernung zu den großen Nachfragezentren unübersehbar. Bei Herstellung von flächenabhängigen Erzeugnissen wie Getreide, Raps oder Rüben wirkt sich der Standortnachteil weniger gravierend aus. Geblieben sind freies Bauerntum und Marktwirtschaft, allenfalls unterstützt durch strukturpolitische Leistungen des Staates, der die unnatürlichen Wettbewerbsverzerrungen auszugleichen hilft. Jenseits der lauenburgisch-mecklenburgischen Grenze wurden die Lebens- und Wirtschaftsformen völlig umgestaltet. Die Landwirtschaft wurde kollektiviert, die Bodenfläche enteignet und die Bewirtschaftung der Wirtschaftsstruktur nach sowjetischem Muster angepaßt. Sogenanntes Volks- bzw. Staatseigentum statt Privateigentum, kontrollierte, straff zentralistisch organisierte Staatswirtschaft statt freiem Spiel der Marktkräfte.

Die Länge der schleswig-holsteinisch-mecklenburgischen Grenze vom Priwall bei Lübeck bis Lauenburg an der Elbe beträgt 136 km. Entlang dieser Grenze gibt der Bundesgrenzschutz 17 sog. Grenzübersichtspunkte an, von denen aus die „Staatsgrenze West" der DDR mit ihren Grenzsicherungsanlagen einigermaßen gut eingesehen werden kann.

Ein solcher Grenzübersichtspunkt ist die unterbrochene Straßenverbindung Rosenhagen–Dutzow hart östlich am Lüneburger Berg. Eine Informationstafel am Parkplatz erläutert den Grenzverlauf und die Sperranlagen mit Metallgitterzaun, 12 m hohem Beobachtungsturm und Betonbunker. Außerdem hat die DDR hier eine Betonsperrmauer (Bauweise wie in Berlin) errichtet, die eine Sichtverbindung von Ost nach West unterbinden soll. Der Schlagbaum darf von Besuchern noch passiert werden. Die eigentliche Grenze beginnt einige Dutzend Meter dahinter, nämlich jenseits einer kleinen Au, aber noch viele Meter vor den DDR-Grenzsperranlagen. Diese stehen in unterschiedlicher Entfernung jenseits der Grenze auf dem Gebiet der DDR. Zwischen der Au und den Sperranlagen patroullieren sog. Grenzaufklärer (GAK), oft im Gebüsch versteckt, ausgerüstet mit Fernglas, Fotoapparat und Richtmikrofon. Es kann passieren, daß Grenzbesucher fotografiert und deren Gespräche mit hochempfindlichen Mikrofonen aufgezeichnet werden.

Die Mauern und Zäune wurden verstärkt, aber die Selbstschußgeräte (SM 70) sind 1983/84 vollständig abgebaut worden. Auch die Minen wurden von Pionieren der Grenztruppe der DDR gesucht und gesprengt. Dennoch – mit Metallgitterzaun, Lichtsperren, Hundelaufanlagen, Signal- und Alarmzäunen, Bunkern und Betontürmen ist die Grenze nicht durchlässiger geworden – im Gegenteil. Ein Besuch des Lüneburger Berges mit seiner Blickmöglichkeit nach Mecklenburg und dem Grenzübersichtspunkt Rosenhagen vermittelt diesen Eindruck nur zu deutlich.

Der Schloßberg am Elbufer von Lauenburg

Ein Bergfried und der Rest eines Schlosses zieren den Berg, zu dessen Füßen sich altstädtische Fachwerkidylle und die Schönheit der norddeutschen Stromlandschaft in einmaliger Weise miteinander verbinden. Der Schloßberg in Lauenburg, in der südlichsten Ecke des Landes, überragt mit seinen 44,6 m Höhe die Elbe und das Flußufer so beherrschend, daß es unseren Vorfahren geboten erschien, hier eine Burg zu bauen. Im Prinzip nutzten sie eine Lagegunst wie auch die Burgenbauer an Donau und Rhein. Der Berggipfel gewährt Schutz und hervorragende Verteidigungsmöglichkeit. Zwar steigt das Hinterland des Schloßbergs noch bis zum Hasenberg auf 70 m an, aber auch der landwärtige Schutz der Burg war durch steile Hänge gesichert. Fließendes Wasser, das von dem höheren Hinterland herabströmte, hatte einst tiefe, gewundene Erosionsrinnen geschaffen, die den Schloßberg nahezu als freistehenden Berg aus einem größeren Geestrücken heraustrennten und steilwandig herausmodellierten.
Über diesen natürlichen Burggraben waren Berg und Burg zunächst auf einer hölzernen Brücke zu erreichen, die allerdings längst durch ein stabileres Bauwerk, die Friedrichsbrücke, ersetzt worden ist.
So dominant der Schloßberg auch erscheinen mag, die Entstehung der Burgfeste ist eher das Ergebnis einer Rivalität als das Ausnutzen einer besonders vorteilhaften Lage. Denn vor der Burg auf dem Schloßberg existierte

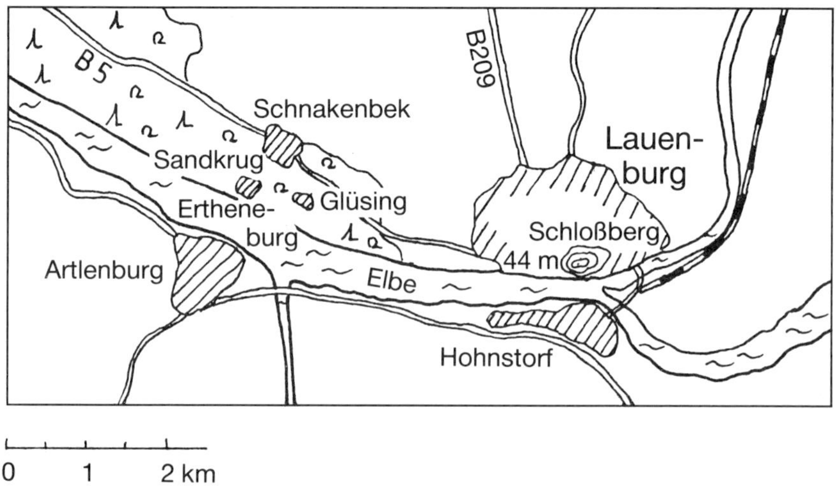

Lageskizze des Schloßberges.

bereits 4 km stromabwärts an einer Elbfurt die Ertheneburg, gebaut zum Schutz des alten Elbübergangs und als Operationsbasis für keinen geringeren als für Heinrich den Löwen. Der willensstarke und allgewaltige Sachsenherzog aus dem Geschlecht der Welfen veranlaßte den Bau der Dome von Lübeck und Ratzeburg und trieb kraftvoll die Ostkolonisation und Christianisierung voran. Aber er überwarf sich mit Kaiser Friedrich I., Barbarossa, der ihn seiner Herzogswürde entband und ihn stürzte. Vor den Truppen Barbarossas floh der Löwe, nicht ohne zuvor die Ertheneburg abgebrannt zu haben. Als Rechtsnachfolger des Welfen wurde Herzog Bernhard aus dem Hause Askanien eingesetzt. Er war der Sohn Albrechts des Bären, der als der große Rivale des Löwen galt. Trotz der erhalten gebliebenen Wälle der Ertheneburg dachte Herzog Bernhard nicht daran, die Burg des Gegners wieder aufzubauen, obwohl die Lage am Elbübergang von Vorteil war. Der Wunsch nach einer Burg an einem anderen Platz entsprang vermutlich aus Stolz und nicht aus rationalen Überlegungen. Die Suche nach dem Platz für die neue Burg erfolgte dann jedoch unter verteidigungstechnischen Überlegungen sehr rational, denn sie endete auf dem ideal gelegenen Schloßberg, wo Bernhard seine „Lauenburg" bauen ließ. Das war im Jahre 1182.

Die Lauenburg war zunächst eine einfache Erdburg. Aber ihre strategisch günstige Lage auf einem Berg zwischen Erosionsrinnen und Elbufer machte sie tatsächlich so gut wie uneinnehmbar. Zweimal wurde sie zwei Jahre lang belagert, 1201–1203 durch den Dänenkönig Knud und dessen Nachfolger Waldemar und 1225–1227 durch die Holsteiner, die ihre Burg von den Dänen zurückerobern wollten. In beiden Fällen kam es letztlich zur Aufgabe der Burg, aber nur durch Erpressung, nämlich im Austausch gegen gefangene Fürsten.

Die askanischen Herzöge, deren Stammvater Bernhard war, regierten bis 1689. Sie hatten also reichlich Zeit, die anfangs primitive Erdburg in ein repräsentatives Schloß umzugestalten. Leider sind aus dem hohen Mittelalter keinerlei Anlagen mehr erhalten. Der Bergfried oder Schloßturm stammt aus dem Jahre 1477. Vermutlich datieren aus dieser Zeit (vielleicht noch früher) auch die Grundmauern des Schloßflügels, in dem heute das Rathaus untergebracht ist. Bei einem Brand im Jahre 1616 wurde das Schloß so stark beschädigt, daß die meisten Bauteile abgebrochen werden mußten. Der Seitenflügel und der Bergfried sind die einzigen Reste des alten Schlosses. Sie wurden nach dem verheerenden Brand in stark veränderter Form wieder auf- bzw. umgebaut. Den Ausbruch der Feuerkatastrophe verursachte übrigens der Organist der Schloßkirche. Er, der stets in dem kalten Kirchengemäuer spielte, versuchte sich und seine Finger über einem Kohlenfeuerbecken warm zu halten. Offensichtlich hatte er das eine Mal das Feuer so unordentlich gelöscht, daß von ihm ein Kirchenbrand ausging, der sich rasch auf die gesamte Schloßanlage verbreitete. Vollständig vernichtet wurden neben der

Der Bergfried

Kirche vor allem die zur Elbe ausgerichteten Gebäude, die Gemächer des Herzogs, die Kanzlei und das Archiv. Sein jetziges Aussehen erhielt das Schloß im wesentlichen nach dem Aussterben der Askanier unter den neuen Lauenburger Landesherrn, den Kurfürsten von Hannover (1689–1815).
Der Bergfried von 1477 war wahrscheinlich einst doppelt so hoch wie heute. Ein oder zwei seiner Geschosse sind wohl 1725 abgetragen worden. Über den Turm informiert eine Tafel, die an seinem Mauerwerk angeschlagen ist: „Der Lauenburger Schloßturm ist früher wie heute das Wahrzeichen unserer Stadt. Er ist das bemerkenswerteste Bauwerk der von Bernhard von Askanien 1182 errichteten Feste. Erst im 15. Jahrhundert, bei einem großen Um- und Ausbau der Burg durch Johannes IV., wurde der Turm nach 20jähriger Bauzeit im Jahre 1477 fertiggestellt. Er war ein für die damalige Zeit hochmoderner Geschützturm, denn seit dem Aufkommen der Feuerwaffen genügte die alte Verteidigung mit Wall und Graben alleine nicht mehr. Sein Untergeschoß war Verlies für Staatsgefangene und zugleich Pulverkammer. Im Stockwerk darüber waren 4 schwere Geschütze aufgestellt. Durch seine heute vermauerten Schießscharten konnte man die strategisch wichtigsten Punkte der Stadt unter Feuer nehmen. Hinter den über 2 m dicken Mauern konnte sich die Besatzung ziemlich sicher fühlen. Ähnlich starke Geschütztürme baute man damals häufig, so etwa zu gleicher Zeit das Lübecker Holstentor. Ein in früheren Jahren vorhandenes höheres Stockwerk diente zur Unterbringung leichterer Geschütze und für Gewehrschützen. Wahrscheinlich wurde das obere Geschoß und das, was noch darüber war, beim Brande des Schlosses im Jahre 1616 so schwer beschädigt, daß es abgetragen werden mußte. Seit dem Umbau des Turmes im Jahre 1725 hat er seine heutige Gestalt. Er diente nun ausschließlich als „Stockhaus" zur Unterbringung von Gefangenen. Mehrere Gefängniszellen sind teilweise noch mit der alten Inneneinrichtung versehen, aber seit dem Beginn der Dänenherrschaft im Jahre 1817 nicht mehr benutzt. Das früher als Pulverkammer dienende untere Turmgewölbe beherbergt heute als Lapidarium einige Reste des von dem Herzog Franz II. errichteten kirchlichen Ehrenmales."
Man kann und man sollte den Bergfried besteigen. Eine hölzerne Treppe führt in das 1. Stockwerk des Turmes, wo die Verlieszellen untergebracht sind. Dann geht es in der Enge des Turmes bis zu der Aussichtsplattform hinauf, von der aus sich ein großartiger Blick auf das Schloß mit dem Fürstengarten, die Stadt, den Elbstrom und auf das niedersächsische Ufer bis zu den Türmen von Lüneburg eröffnet. Nicht minder eindrucksvoll ist die Aussicht von der Schloßterrasse unmittelbar über dem Steilhang des Elbufers. Zwar ist der Blick nach Norden versperrt, aber Elbe und Altstadt liegen umso näher.
Der trutzige Schloßturm auf beherrschender Anhöhe inspirierte den Heimatdichter O. König zu folgendem Gedicht:

Der Schloßturm!
Aus grauen Tagen ragt ein alter Turm
hoch über unsers Städtchens rote Ziegeldächer.
Ein letzter Zeuge stolzer Herrlichkeit,
hat kühn er überdauert Raum und Zeit.
Auf steil gewund'ner Treppe steigen wir hinan
und schauen weit hinaus ins blühend schöne Land.
Zu unseren Füßen rauscht der alte Strom und
trägt auf breitem Rücken mancher Schiffe Last.
Fernab verirren sich die ziehenden Gedanken
und hinter dir versinkt des lauten Lebens Hast.
Es steigen andere Zeiten vor dir auf, als
Menschen diese trutz'ge Wehr erbauten.
Zum Schutz für Weib und Kind in rauher Kriegeszeit.
Dann ward zum Kerker dieses enge Burgverlies,
es klirrten rost'ge Ketten an den Füßen.
Dir ist, als hörtest du den ruhlos kurzen Schritt
der Schuldbeladenen, die hier ihr Unrecht büßen.
Dann gleitest du die steilen Stufen schnell hinab
und atmest froh die herrlich freie Luft
nach dieses Kerkers feuchtem Moderduft.
Auf alter Turmuhr blitzt ein Sonnenstrahl.
So geht mit fühllos gleichem Schritt die Zeit
durch Menschen Not und Tod, durch Lust und Leid.
Ringsum den trotzig finsteren Gesellen
wächst hoffnungsgrün ein dichtes Efeukleid.
Von tausend Kehlen schallt der Vögel heller Chor
ein schmetternd Lob- und Danklied draus hervor.
Und Kinder spielen froh mit unbeschwertem Sinn
und jauchzen mit den Vögeln um die Wette.
So ziehet der Geschlechter langer Kette
im Zeitenwandel an dem Turm vorüber.
Und lächelnd schaut er zu. In mancher bösen Nacht
hat treu er allezeit die kleine Stadt bewacht.

Am Schloßberg hat der nacheiszeitliche Elbstrom ein Kliff geschaffen. Der Steilabfall zieht sich als sogenanntes Hohes Ufer von Lauenburg bis nach Geesthacht. Hier flossen einst gewaltigere Wassermengen als heute. Als am Ende der Weichseleiszeit die Gletscher im Osten des Landes tauten, ergoß sich das Schmelzwasser in breiter Front nach Süden, pendelte über die tischebenen Sander, schnitt sich in die Altmoränenlandschaft der Hohen Geest ein und konzentrierte sich schließlich in mächtigen Sammeladern, die

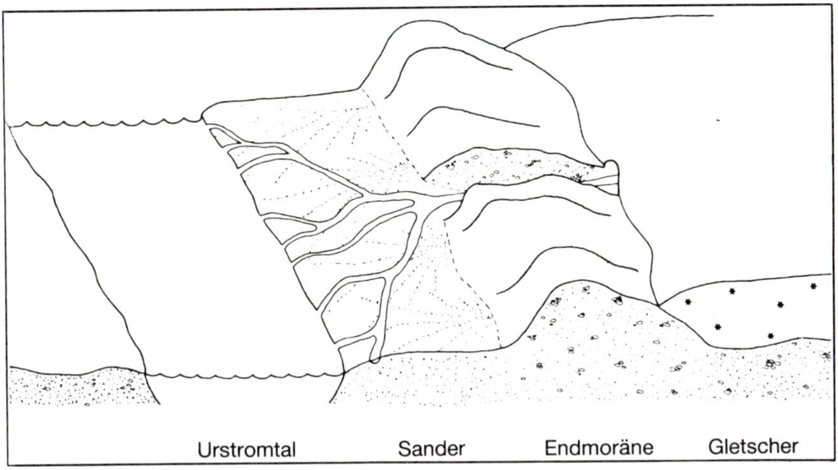

Urstromtal zur Eiszeit.

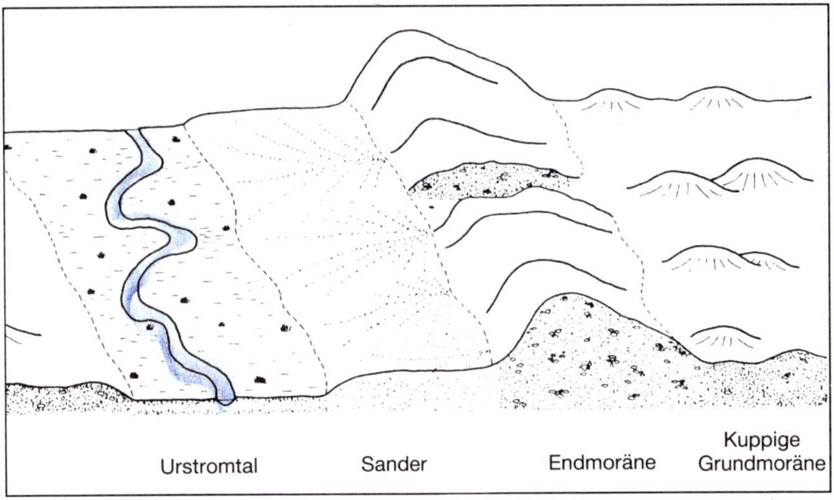

Urstromtal heute: Der Strom fließt in einem breit ausgeräumten Tal.

mehr oder minder parallel zum Eisrand für den Abfluß der ungeheuren Wassermengen sorgten. Solche Schmelzwasserströme schwemmten weiträumige Urstromtäler aus, für die das Elbe-Urstromtal ein großartiges Beispiel ist. Am Nordufer schnitt der Urstrom die Lauenburger Altmoränen an. Die Breite des Tales macht deutlich, was für Wassermassen hier flossen. Der heutige Elbstrom ist klein im Vergleich mit dem früheren Urstrom. Tatsächlich breitet sich der alte Talboden tief nach Niedersachsen aus. Auf Karten kann man an den Uferniederungen die beträchtliche Dimension des ehemaligen Urstromtales ermessen. Die Elbe strömte damals über eine Gesamtbreite von 10 bis 20 km.
Die Elbe hat unterhalb des Schloßberges einen schmalen Uferstreifen ausgebildet, auf dessen Grund sich die reizvolle alte Schifferstadt mit den malerischen Fachwerkhäusern aus dem 16.–19. Jh. ausgebreitet hat. Hier siedelten die Lauenburger Schiffer. Die gediegenen Bürgerhäuser an der Elbstraße und am Markt bei der Kirche tragen reiche Holzverzierungen und eiserne Beschläge. Der historische Stadtkern Lauenburgs verdient die Beachtung aller Besucher.
Neben der Stadtkirche, die äußerlich nicht viel hergibt, deren Baubeginn aber bis zur Schlacht von Bornhöved (1227) zurückreicht (vgl. Grimmelsberg), ist vor allem das Elbschiffahrtsmusem im alten Rathaus sehenswert. In dem Fachwerkbau geben wertvolle und anschauliche Modelle einen Überblick über die Entwicklung der Elbe- und Stecknitzfahrt von den Anfängen bis zur Gegenwart. Die Hauptthemen des Museums sind die Alte Salzstraße, Kanal- und Segelschiffahrt, Schlepp- und Motorschiffahrt, Personenschiffahrt sowie zeitgeschichtliche Dokumente über das mittelalterliche Leben und die Rolle der askanischen Herzöge sowie die Darstellung der Stadtgeschichte.
Lauenburgs Entwicklung hängt eng mit den Handelsbeziehungen zwischen Lüneburg und Lübeck zusammen. Als der Transport des Lüneburger Salzes auf der Alten Salzstraße zu mühsam und wegen häufiger Überfälle durch mittelalterliches Raubrittertum zu gefährlich wurde, durchtrennten die Lübecker entschlossen einen 10 km breiten Moränenrücken bei Mölln, verbanden auf diese Weise die zur Trave fließende Stecknitz mit der nach Lauenburg an der Elbe fließenden Delvenau, bauten zur Überwindung der Wasserscheide 17 Schleusen, schufen damit den ersten modernen Scheitelkanal Europas und gewannen so einen bequemeren Weg für den Transport des begehrten Salzes. 1398 war der Kanal fertiggestellt. Ein sogenannter Stecknitzkahn konnte 10 bis 15 Wagenladungen fassen. Dadurch wurde der Transport nicht nur einfacher, sondern auch wirtschaftlicher.
Zwar behielten sich die hansischen Kaufleute das Transportrecht auf dem Stecknitz-Delvenau-Kanal vor, aber die Lauenburger nahmen für sich in Anspruch, die rückfließenden Schiffsladungen mindestens auf der Elbe mit ei-

Der Schloßberg vom niedersächsischen Ufer aus.

genen Schiffen zu transportieren. So mußte zu Füßen des Schloßberges und unmittelbar hinter den Häusern der romantischen Elbuferstraße umgeladen werden.
Als im Jahre 1900 der leistungsfähigere Elbe-Trave-Kanal (heute: Elbe-Lübeck-Kanal) freigegeben wurde, verödete der alte Kanallauf. Seine Schleusen, z. B. die berühmte Palmschleuse von Lauenburg, sind nur noch sehenswerte Kulturdenkmäler ohne Funktion.
Vom Schloßberg aus blickt man über die roten Dächer der Altstadt hinweg auf die Kanaleinfahrt, die hier hafenähnlich verbreitert ist. Salztransporte finden nicht mehr statt, wohl aber Kiestransporte, die lauenburgischen Kies vor allem aus der Gegend um Güster nach Hamburg transportieren.
Unübersehbar spannt sich die Elbbrücke vom schleswig-holsteinischen Ufer zum niedersächsischen hinüber. Ursprünglich gab es nur eine Eisenbahnbrücke aus dem Jahre 1878. Die wurde im April 1945 von deutschen Pionieren gesprengt, um den englischen Truppen den Elbübergang zu erschweren,

Der hohle Weg ist eine tief eingeschnittene Erosionsrinne unterhalb des Schloßberges.

Der Elbstrom und die Einmündung des Elbe-Lübeck-Kanals. Die in den letzten Kriegstagen gesprengte Eisenbahnbrücke wurde nach dem Krieg als Eisenbahn- und Straßenbrücke wieder aufgebaut.

ein sinnloses Unterfangen. Die Aufforderung zur Kapitulation wurde ignoriert und forderte das gewaltsame Übersetzen der Engländer heraus. Ungefähr 1000 Menschen kamen dabei um oder wurden verletzt; die Stadt, u. a. auch die Kirche, mußte schwere Schäden hinnehmen. Als man die Brücke 1951 wieder aufbaute, wurde sie für Bahn- und Straßenverkehr eingerichtet. Zum niedersächsischen Ufer, also nach Hohnstorf, steigt die Brücke um 2 m an, um den Schiffen auch bei Hochwasser eine freie Durchfahrt zu gewähren.
Die neue Brücke kann auch von Fußgängern betreten werden. Sie erlaubt einen prächtigen Blick auf die Fachwerkidylle der Lauenburger Altstadt, auf die Elbhäuser mit ihren hohen Granitsockeln, die gegen das Hochwasser schützen, auf die Ausflugsschiffe der „Weißen Elbeflotte", den schaufelradbetriebenen Museumsdampfer „Kaiser Wilhelm" und auf den alles überragenden Schloßberg mit Schloß und Bergfried. Blickt man allerdings stromaufwärts nach Osten, findet man kaum noch Verkehr auf der Elbe, eine Folge der Teilung Deutschlands, die nicht nur den großen Hafen Hamburg getroffen hat. Viele Lauenburger Schiffer fahren heute nicht mehr auf der Elbe, sondern verkehren auf Weser oder Rhein.

Energiegewinnung am Weinberg in Geesthacht

In den Bayerischen Alpen liegt in 800 m Höhe der Walchensee. Kein anderer See in Bayern erreicht eine größere Tiefe (192 m). Aber diese Tatsache hätte nicht genügt, um den See zu einem Gegenstand erdkundlichen Unterrichts zu machen. Vielmehr erinnern wir uns, in unserem mehr oder minder lange zurückliegenden Erdkundeunterricht vom Walchensee im Zusammenhang mit einem Wasserkraftwerk gehört zu haben. In der Tat nutzt man dort den fast 200 m großen Höhenunterschied zwischen dem oberen Walchensee und dem unteren Kochelsee zur Energiegewinnung. Durch einen Felsdurchbruch und eine Falleitung, die aus 6 mächtigen Rohren besteht, wird das Walchenseewasser in das Turbinenhaus geleitet. Hier wird das druckvoll strömende Wasser in Strom umgewandelt, insgesamt 370 Millionen Kilowattstunden im Jahr. Damit das Speicherbecken, der Walchensee, nicht leerläuft, sind gemäß dem Wasserverbrauch Überleitungen aus der Isar und dem Rißbach vorgenommen worden, die den Wasservorrat des Speicherbeckens regulieren und die Funktion des Systems sichern. Eine tolle Anlage, die bereits 1924 fertiggestellt war, seinerzeit als ein kühnes Projekt galt und auch heute noch eine bemerkenswerte technische Leistung darstellt.

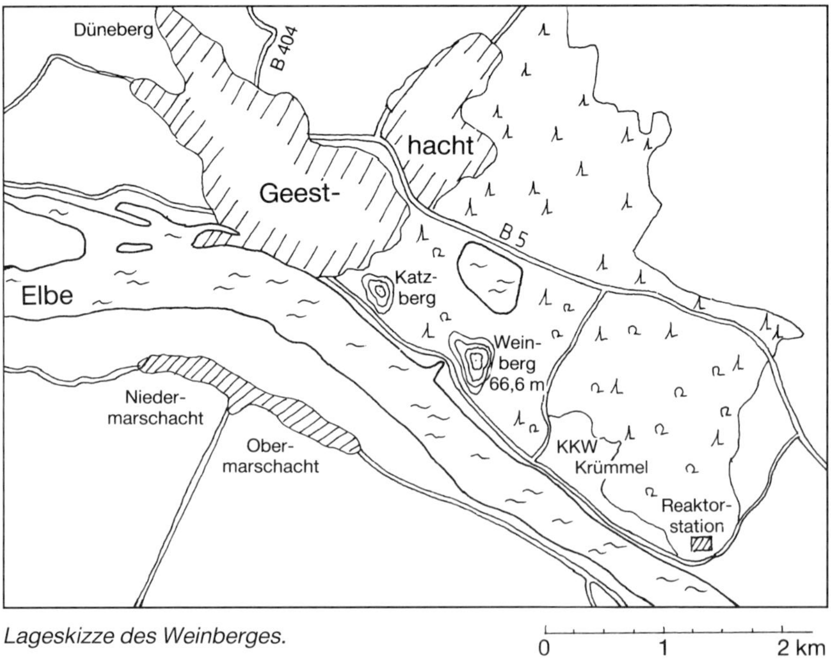

Lageskizze des Weinberges.

Nun sind Wasserkraftwerke im Gebirge etwas völlig Normales, weil die vorhandenen Höhenunterschiede die Energiegewinnung geradezu herausfordern. Aber wer vermutet schon Wasserkraftwerke in Schleswig-Holstein, wo doch die entscheidende Voraussetzung, das Gefälle, zu fehlen scheint?
Aber was in Bayern möglich ist, wird auch in Schleswig-Holstein möglich gemacht. In der Tat gibt es in Schleswig-Holstein mehrere Wasserkraftwerke zur Stromerzeugung. Da ist das Schwentine-Kraftwerk am Rosenfelder See bei Raisdorf, dessen Energie in das Netz der Kieler Stadtwerke eingespeist wird. Da ist ferner das Mini-Kraftwerk am Eider-Ringkanal bei Quarnbek, das Schaalsee-Kraftwerk bei Ratzeburg oder das Staustufenkraftwerk in der Elbe bei Geesthacht.
Aber die Krone gebührt ohne Zweifel dem am letztgenannten Ort befindlichen Pumpspeicherwerk der Hamburger Elektrizitätswerke (HEW), das zwar insgesamt kleiner ist als das Walchenseekraftwerk, aber als Typ des Hochdruckspeicherkraftwerks sich mit ihm – was die technische Kühnheit betrifft – durchaus messen kann. Selbstverständlich wird neidlos anerkannt, daß das bayerische Kraftwerk beispielgebenden Charakter für viele Wasserkraftwerke Europas besitzt, aber was die Geesthachter unter ganz anderen landschaftsbedingten Voraussetzungen geschaffen haben, ist wirklich eine hervorragende Leistung.
Da brauchte man zunächst einen Berg. Man fand ihn im stadtrandnahen 66,6 m hohen Weinberg, einem der zahlreichen alteiszeitlichen Elbuferberge zwischen Geesthacht und Lauenburg. Dort gab es allerdings nie ein dem Walchensee entsprechendes Gegenstück. Also keine gleichen Voraussetzungen wie in den Bergen.
Die Grundsatzentscheidung war jedoch längst gefallen: Wie das Walchenseekraftwerk sollte auch das Geesthachter Kraftwerk sogenannten Spitzenstrom erzeugen. Da Elektrizität nicht beliebig speicherbar ist und andererseits der tageszeitliche Bedarf an elektrischer Energie stark schwanken kann, braucht die Energiewirtschaft Stromreserven, die es binnen Minutenfrist in das Versorgungsnetz einspeisen kann. Ein Wasserkraftwerk mit einem Speicherbecken kann in der geforderten kurzen Zeit auf volle Leistung gebracht werden. Für Geesthacht selbst war diese Leistung nicht zu erbringen, wohl aber für Hamburg.
Was also tun? Der Berg war vorhanden, aber der See nicht; ein Platz für das Kraftwerkhaus an der Elbe war da; aber auf dem Berg gab es keinen Fluß, der einen See hätte befüllen können, aus dem das Wasser über Fallrohre zum Maschinenhaus hinabstürzen könnte.
Einem findigen Ingenieur ist dann wohl die Idee gekommen, das Wasser der Elbe auf den Weinberg hinaufzuschaffen, etwa nach dem Prinzip, zu Zeiten reichlich vorhandenen Stroms das Elbwasser hochzupumpen und es zwecks Energieerzeugung minutenschnell durch dieselben Rohre wieder in

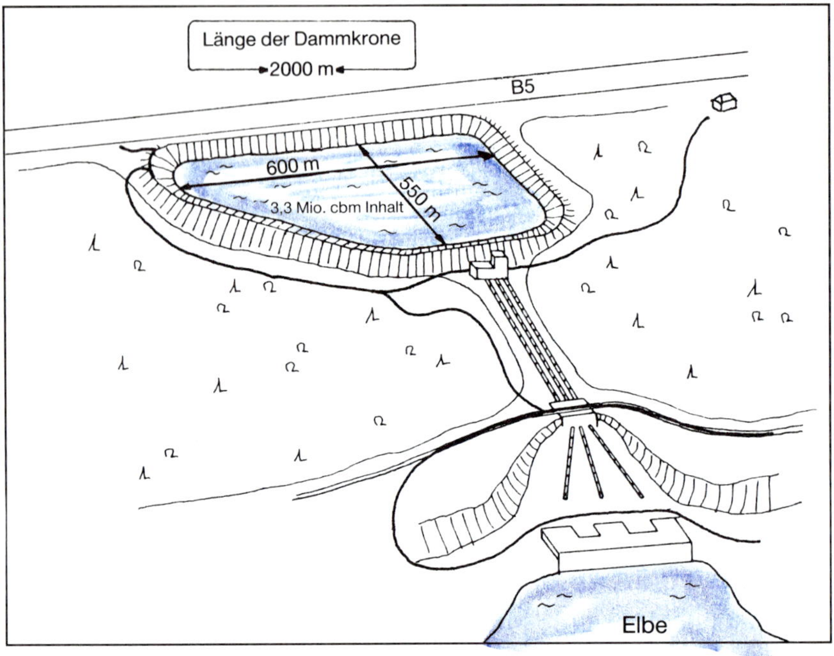

die Elbe herabzulassen, wenn es dringend gebraucht wird. Dieses Verfahren scheint zwar aufwendig und – oberflächlich betrachtet – wohl auch irgendwie widersinnig, aber genau damit kann die energiewirtschaftlich überaus wichtige Spitzenstromerzeugung gesichert, die Augenblicksreserve geschaffen werden.

Als künstlicher See-Ersatz wurde deshalb dem Weinberg ein Speicherbekken aufgesetzt. Einen gewaltigen Ringdamm von 6 bis 21 m Höhe schüttete man oberhalb des Weinberges auf, verband ihn über Rohrleitungen mit dem Krafthaus unten an der Elbe, und schon war ein Pumpspeicherwerk zur Energiegewinnung – Bauart norddeutsches Flachland – geschaffen worden. Respekt vor dieser technischen Leistung aus dem Jahre 1958.

Seitdem deckt das Kraftwerk vor allem in den Morgen- und Abendstunden die auftretenden Spitzen der Strombelastung. In den lastschwachen Zeiten der Nacht hingegen wird Überschußstrom verwendet, um Elbwasser in das Speicherbecken oberhalb des Weinberges zu pumpen. In 1 Minute und 40 Sekunden kann das Kraftwerk vom Stillstand auf seine volle Leistung von 120 000 Kilowatt pro Stunde gebracht werden.

Um den Aufwand für dieses technische Großprojekt zur Energieerzeugung zu begreifen, sollen einige Daten und Zahlen genannt werden. Das Speicher-

becken oben auf dem Weinberg ist 600 m lang, 550 m breit und ca. 17 m tief. Sein Volumen beträgt 3,3 Millionen Kubikmeter Wasser, das entspricht – kaum zu glauben – der Wassermenge von Binnen- und Außenalster in Hamburg.
In 3 Rohrbahnen wird das Elbwasser ins Staubecken gepumpt. Ursprünglich war ein Ausbau auf 6 Rohrleitungen vorgesehen wie beim Walchensee-Kraftwerk auch. Die Vorrichtungen sind bereits vorhanden. Aber spätere energiewirtschaftliche Planungen haben den Vollausbau auf 6 Rohre verhindert. Die Dimension der Rohre ist mit einem Durchmesser von 3,80 m gewaltig. Die Rohrbahnen mit einer Gesamtlänge von 612 m haben zunächst ein Gefälle von 8,4 % (480 m), auf den letzten 132 m von 34,5 %. In 9 Stunden wird das Wasser in das Staubecken hochgepumpt. Nur etwa die Hälfte der Zeit braucht das Wasser für den Rückweg. Im Krafthaus an der Elbe treibt das Wasser Turbinen an, die mit Generatoren gekoppelt sind. Der Strom, der auf diese Weise mit einer Staubeckenfüllung gewonnen wird, entspricht einer Menge von 600000 Kilowatt, die bei Bedarf kurzfristig über ein Umspannwerk ins Hamburger Versorgungsnetz eingespeist werden kann.
Da der statistische Durchschnittsverbrauch eines 4-Personenhaushalts mit etwa 6000 Kilowattstunden jährlich angegeben werden kann, entspricht eine einzige Staubeckenleerung in 4–5 Stunden dem Jahresbedarf von 100 Haushalten mit 400 Personen. Bei einem zugrunde gelegten Kilowattstundenpreis von 0,18 DM läge der Wert der erzeugten Energie bei insgesamt 108000 DM, wie gesagt: pro Staubeckenfüllung. Davon sind natürlich die Betriebskosten und vor allem der Energieverbrauch für das Hochpumpen des Elbwassers abzuziehen.
Die Idee, Wasser buchstäblich auf den Berg zu tragen, um es dann wieder an seinen Herkunftsort zurückfließen und es dabei für sich arbeiten zu lassen, ist schon bemerkenswert. Das Pumpspeicherwerk lohnt daher einen Besuch. Zu erreichen ist es auf der Elbuferstraße, wo man vom Krafthaus einen eindrucksvollen Blick auf die den Weinberg hinauflaufenden Rohrbahnen werfen und auch das Maschinengebäude besichtigen kann. Ein anderer Weg führt in der Höhe über die B 5 unmittelbar zum Staubecken. Gleichgültig welchen Weg man bevorzugt, auf jeden Fall empfiehlt sich eine Wanderung von

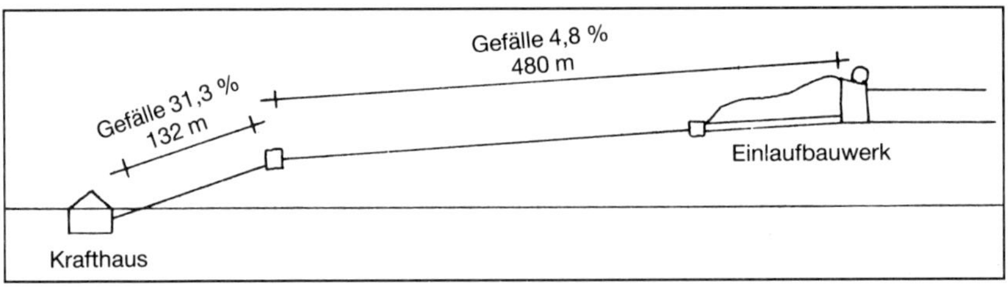

Das Pumpspeicherbecken oberhalb des Weinberges.

Die Rohrbahnen zum Kraftwerk.

Das Kraftwerk an der Elbe.

oben nach unten oder umgekehrt. Der Besichtigungsweg geht – vom Parkplatz an der B 5 kommend – westlich am Wall des Staubeckens entlang bis unterhalb des Einlaufbauwerkes. Von dort führt ein Höhenweg zum Forsthaus „Grüner Jäger“ an die B 5 zurück. Es ist jedoch empfehlenswert, zuvor parallel zu den mächtigen Rohren bis zum Krafthaus an der Elbe hinunterzuwandern, dieses zu besichtigen, erneut bis zum Einlaufbauwerk zu spazieren und dann entweder zum Ausgangspunkt zurückzukehren oder den Weg zum Forsthaus zu wählen.
Kostenlose Kraftwerksbesichtigung:
Täglich, außer montags, 10–12 Uhr und 13–15.30 Uhr
Der Weg zum Wallfuß beim sog. Einlaufbauwerk, wo das Elbwasser in den Stausee gelangt, ist u. a. deshalb eindrucksvoll, weil man von diesem Standort über die großdimensionierten Rohre hinweg einen prächtigen Blick auf das Elbtal werfen kann. Zu unseren Füßen führen die Rohre in einem Einschnitt den Weinberg hinab, links und rechts von Wald begleitet. Da sich zum Maschinenhaus hin der Wald trichterförmig öffnet, genießen wir die Aussicht auf den breiten Elbstrom, auf dem hin und wieder ein Frachtkahn der Elbschiffahrt verkehrt. Am Flachufer drüben beginnt Niedersachsen. Dort liegen hinterm Deich die Häuser des Straßendorfes Marschacht.
Marschacht gegenüber von Geesthacht läßt eine Verbindung des jenseitigen Dorfes mit der diesseitigen Stadt vermuten. Geesthacht existierte bereits seit 1216 unter der Bezeichnung „Hachede“. Als es um das Jahr 1250 im Zuge einer Stromverlagerung der Elbe zu einer Hochwasserkatastrophe kam, die den Ort zerstörte, siedelten sich die Bewohner berufsspezifisch auf beiden Elbufern an. Die Schiffer, Fischer und Händler bevorzugten das Geesthachter Nordufer, die Bauern das Südufer in Marschacht. Während das niedersächsische Marschacht keinerlei Entwicklung machte, wuchs Geesthacht zu einer beachtlichen lauenburgischen Siedlung heran. Nach einer kriegerischen Auseinandersetzung zwischen dem Herzogtum Lauenburg und den Hansestädten Hamburg und Lübeck, die ihre Handelswege sichern wollten, gelangte Geesthacht in beiderstädtische Verwaltung der Hansestädte. Das blieb so bis 1868. Danach wurde Geesthacht vollständig nach Hamburg eingemeindet und erst 1937 nach einer Neuordnung des Hamburger Raumes wieder an Lauenburg zurückgegeben.
Stark mit den Bergen des Hohen Elbufers verbunden war die industrielle Entwicklung von Geesthacht. Am Katzberg, zwischen Pumpspeicherwerk und Geesthachter Ortsrand gelegen, entstand 1849 eine Glasfabrik, die bis zum 1. Weltkrieg in Betrieb blieb. Grundlage der Glasfabrikation waren die nacheiszeitlichen Dünenüberwehungen aus dem Elbtal und die ausgewaschenen, durchgespülten, quarzhaltigen Altmoränensande, wie wir sie auch bei der Glashütte in den Hüttener Bergen (siehe Aschberg) kennengelernt haben.

Von schicksalhafter Bedeutung für den Ort erwies sich die Erfindung des Schweden Alfred Nobel, der in Geesthacht eine Methode entdeckte, das äußerst stoßempfindliche Nitroglyzerin in Gestalt von Dynamit risikolos transportfähig zu machen. Diese Entdeckung des Dynamits gelang Nobel 1867 in jener Sprengstoffabrik, die 2 Jahre zuvor in den Bergen bei Krümmel unweit des Pumpspeicherwerks gegründet worden war. Die industrielle Schubwirkung, die hiervon ausging, war beträchtlich. Bereits 1877 entstand – übrigens auf Betreiben Bismarcks – eine Pulverfabrik in den aus landwirtschaftlicher Sicht unnützen Besenhorster Sandbergen südlich des Düneberges. Hier sind die Auswehungen aus dem Elbe-Urstromtal zu einem Dünenkomplex angewachsen, der für die Fabrik allerdings einen abgelegenen, idealen Standort bot. Aber wie so oft sind Aufschwung und Niedergang eng miteinander verbunden. Gerade die Sprengstoff- und Pulverfabrikation, die als entscheidender Auslöser für die wirtschaftliche Entwicklung des Ortes gelten kann, gab den Anlaß zur Vernichtung seiner bedeutendsten wirtschaftlichen Existenzgrundlage. Die beiden kriegswichtigen Werke, Dynamitfabrik Krümmel und Pulverfabrik Düneberg, wurden durch Bombenangriffe im April 1945 zerzört. Insbesondere die technischen Großbauten, die nach dem Krieg entstanden, sorgten erneut für eine wirtschaftliche Entwicklung des Ortes und machten Geesthacht und seine engere Umgebung weithin bekannt. Den Anfang bildete die Elbstaustufe, die der Verbesserung der Elbschiffahrt dient. Der Strom wurde bis zu 3,5 m angestaut, wodurch die Befahrbarkeit der Oberelbe bis Lauenburg gesichert werden konnte. Es folgten das Geesthachter Pumpspeicherwerk der HEW, dann der Versuchsreaktor des GKSS-Forschungszentrums in den Elbuferbergen (GKSS – Gesellschaft für Kernenergieverwertung in Schiffbau und Schiffahrt m.b.H.). Das Forschungszentrum dient der Reaktorsicherheitsforschung und der Nutzung der Kernenergie sowie der Nutzung des Meeres mit den Bereichen Umweltforschung, Umwelttechnik und Unterwassertechnik. Das vorläufig letzte Großprojekt bildet das Kernkraftwerk Krümmel, das eine Leistung von 1300 Megawatt erbringt. Im Kraftfeld der technischen Großprojekte ist Geesthacht nach dem Kriege zu einer Stadt herangewachsen, die die Einwohnerzahl von 25 000 überschritten hat. Ein zentraler Schwerpunkt ihrer Wirtschaftskraft ist die Energiegewinnung mit Hilfe des Laufkraftwerkes in der Elbstaustufe, dem Pumpspeicherwerk oberhalb des Weinberges und dem Kernkraftwerk Krümmel. – Abschließend noch ein Wort zum Namen des Weinberges. Die Verbindung des Berges mit einer edlen Frucht und einem noch edleren Getränk klingt ungewöhnlich, jedenfalls für den Norden Deutschlands. Tatsächlich ist hier einst Wein angebaut worden; und so verwunderlich ist das nicht einmal, denn die südexponierte Hanglage des Weinberges hoch über der Elbe fängt viel Sonnenstrahlung ein, so daß der wärmeliebende Wein durchaus angebaut werden konnte.

Der Kaiserberg im Luftkurort Albersdorf

Wer nach Albersdorf kommt, hat entweder die Absicht zu wandern oder sich zu erholen oder die „klassische Quadratmeile der Ärchäologie“ zu erforschen. Man kann natürlich aufs beste beides miteinander verbinden. Seinen Aufenthalt in Albersdorf beginnen sollte man mit einem Überblick vom 36 m hohen Kaiserberg am südöstlichen Stadtrand. Auf dem Kaiserberg liegt ein bronzezeitliches Hünengrab, und darauf steht ein 21 m hoher Aussichtsturm in Form einer offenen Eisenkonstruktion, weshalb man bei der Besteigung schon einigermaßen schwindelfrei sein sollte. Als der Turm 1930 gebaut wurde, hatte man ihn in weiser Voraussicht so hoch geplant, daß er den Laubwald, in dem er steht, auch künftig deutlich überragt.

Aus luftiger Höhe über den Baumkronen mag man überlegen, warum der Dithmarscher Gemeinde Albersdorf das Prädikat „Luftkurort“ verliehen wurde.

In der Landesverordnung über die Anerkennung als Kur- oder Erholungsort vom 21. Mai 1970 heißt es im Paragraphen 2, 1 und 2: „(1) Kurorte müssen über besondere natürliche Heilmittel des Bodens, des Meeres oder des Klimas und zweckentsprechende Einrichtungen zur Vorbeugung gegen Krankheiten sowie zu deren Heilung und Linderung verfügen. (2) Erholungsorte müssen klimatisch und landschaftlich begünstigt sein und der Erholung dienen.“

Auf den ersten Eindruck hin scheinen die antragstellende Gemeinde und der genehmigende Innenminister viel Mut besessen zu haben, denn Kurorte mit Reizklima, Bademöglichkeit und Kureinrichtungen gibt es an der nahen Nordseeküste reichlich. Wo also liegt der spezifische Reiz von Albersdorf? Was kann die Gemeinde mehr oder anderes bieten als an der Küste gelegene Orte, um letztlich der Verordnung zur Anerkennung als Luftkurort zu genügen? Wo liegt das naturräumliche Kapital des Ortes?

Es liegt zu Füßen des Kaiserberges. Weit schweift der Blick über ausgedehnte Waldungen. Albersdorf als Gemeinde hat knapp die doppelte Waldfläche als der Durchschnitt aller schleswig-holsteinischen Gemeinden (16 zu 9%). Vor allem im Süden und Südwesten (fast bis zum Nord-Ostsee-Kanal) sowie im Nordosten bis Bunsoh entdecken wir nahezu endlose Laub-, Mischwald und Nadelwaldbestände, noch dazu, was den Reiz erhöht, in der hügeligen und abwechslungsreichen, von dem idyllischen Tal der Gieselau durchzogenen Altmoränenlandschaft der Hohen Geest.

Man müßte also, so mögen damals die Überlegungen der Gemeindevertreter gewesen sein, den Minister erstens auf die reizvolle Landschaft und zweitens auf die sauerstoffhaltige Waldluft aufmerksam machen. Bestimmt kam noch jemand auf die Idee, darauf hinzuweisen, daß man schließlich neben der Waldluft auch die jodhaltige Meeresluft atmen könne. So weit sei das Meer ja

schließlich nicht entfernt. Man könne sogar auf den besonderen Vorzug verweisen, daß die westlich gelegenen Höhen die unangenehme Heftigkeit des Nordseewindes auf ein erträgliches Maß reduzierten.
In der Tat, vom Kaiserberg erkennt man den westlichen Altmoränenrand, der den Blick auf das Dithmarscher Marschland und die Nordseeküste verwehrt.

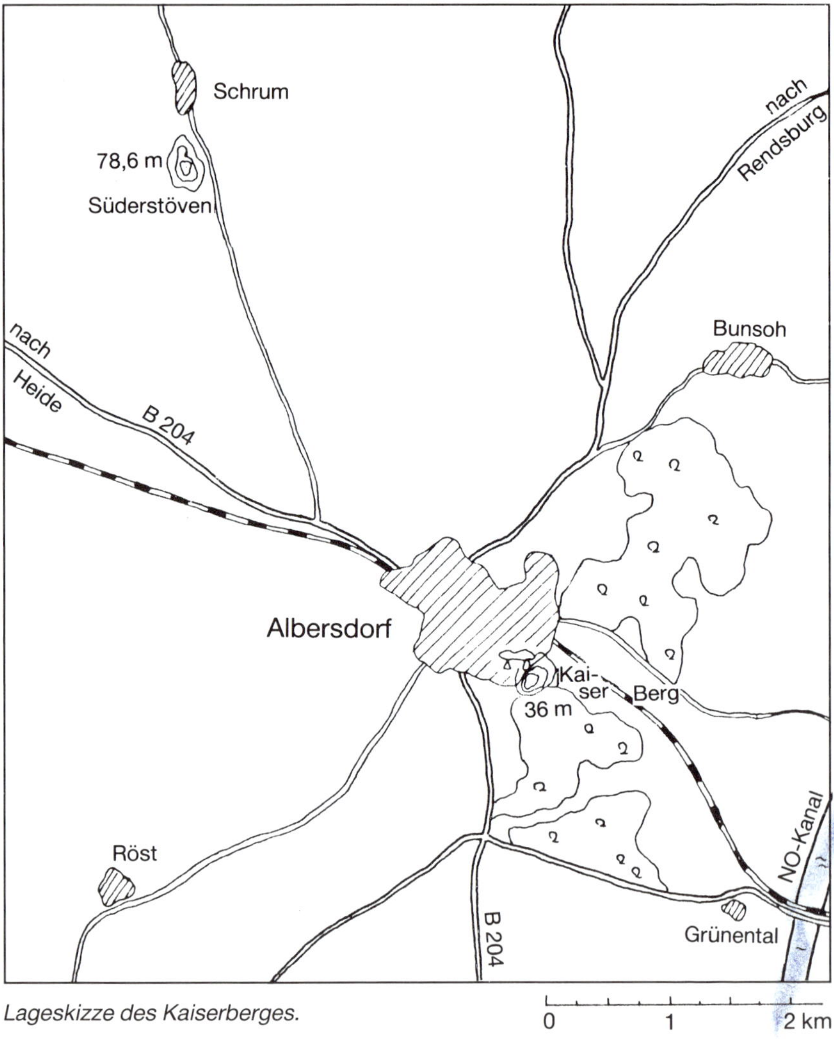

Lageskizze des Kaiserberges.

Lediglich die Crack-Türme der Erdölraffinerie bei Hemmingstedt überragen die Höhen der „Dithmarscher Schweiz“, wie die Hügel in der weiteren Umgebung von Albersdorf genannt werden.
Wir wissen ja schon, der Minister erkannte Albersdorf als Luftkurort an. Und die Urlauber kommen auch. Nämlich jene, die die gesundheitsfördernde Mischung aus Wald, Hügel, reiner Luft und mildem Reizklima in jenen Jahreszeiten genießen wollen, in denen ihnen im Freien der Aufenthalt an der Nordsee noch nicht oder nicht mehr erträglich erscheint.
Die Gemeinde öffnete die Wälder, schuf herrliche Rundwanderwege mit Ruhemöglichkeiten, einen Kurpark mit Waldbühne und alle jene Kureinrichtungen, die der Gast heute fordert. Eine mineralhaltige Quelle besitzt man schon seit 1881, weshalb man in vergangener Zeit vom „Stahlbad Albersdorf“ sprach.
Archäologisches Interesse erweckt Albersdorf besonders durch die vielen jungsteinzeitlichen und bronzezeitlichen Hünengräber im Ort selbst und in der Umgebung. Zahlreiche Gräber sind auf dem Meßtischblatt oder der Wanderkarte verzeichnet, und es wird verständlich, warum sich Albersdorf die „klassische Quadratmeile der Archäologie“ nennt.
In Steinwurfweite vom Kaiserberg entfernt, blickt man auf einen auffälligen Linden- und Buchenhain, der innerhalb einer ruhigen Wohnsiedlung gelegen ist. Unter den Baumkronen der parkähnlichen Anlage liegt eines der bekanntesten Großsteingräber Dithmarschens, der Brutkamp. Das ansehnliche Steingrab aus der Jungsteinzeit wird aus 5 Tragsteinen gebildet, auf denen ein fast runder Deckstein mit rund 10 m Umfang ruht; mit 25 Tonnen Gewicht ist er der größte im Lande. Man hat das Megalithgrab früher als Opfertisch mißverstanden, und die Sage weiß zu berichten, daß ein Riese den gewaltigen Deckstein auf die Albersdorfer Kirche geschleudert hat, weil ihn das Glockengeläut ärgerte. An anderer Stelle heißt es, daß die Unterirdischen in der Grabhöhle wohnten.
Die Deutung des Namens Brutkamp führte zu der Erkenntnis, daß hier ein geheimer Treffpunkt von Brautleuten war, zu einer Zeit, als das Kammergrab noch weit außerhalb des Ortes lag. Brutkamp meint also Brautkamp. Möglicherweise, so will es eine modifizierte Überlieferung, haben die Neuvermählten hier ihr erstes Opfer der Göttin Freya dargebracht. Damit wäre die Interpretation als Opfertisch doch wieder zulässig. In keinem Fall allerdings liegt hier der Grund für die Errichtung des Grabes.
Die prähistorische Wissenschaft unterscheidet mehrere Grabtypen:

- die Dolmen
- die Ganggräber
- die Lang- oder Riesenbetten

Die älteste Form der Steingräber nennt man Dolmen (= bretonisch Steintisch). Auf vier oder mehr Tragsteinen ruht ein besonders großer, tischartiger

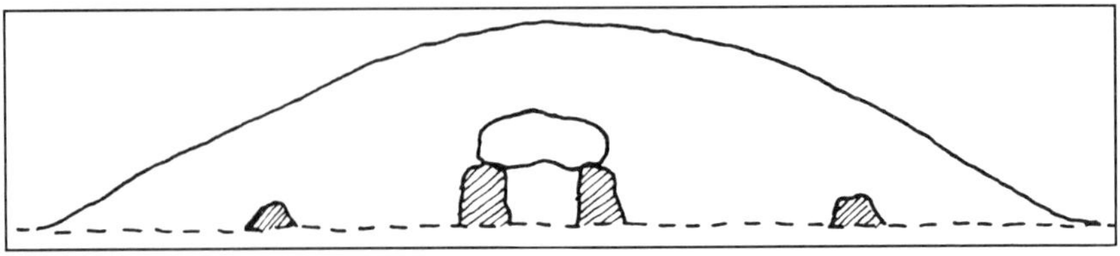

Die Steinkammern waren ursprünglich alle mit Erdaufschüttungen bedeckt. Die Außensteine markieren den Bannkreis.

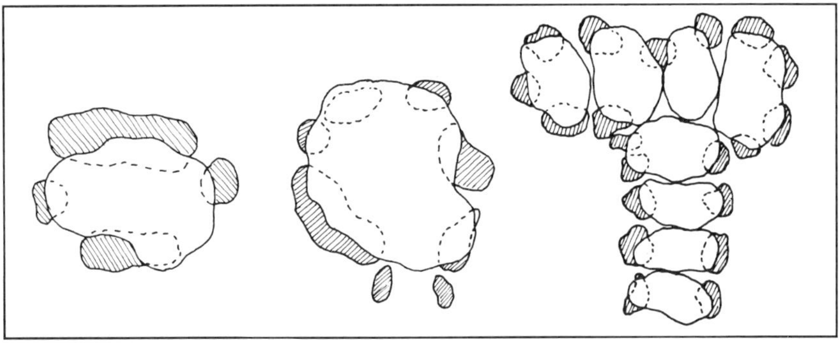

Grabtypen: Dolmen (li.), Steingrab mit angedeutetem Gang (mi.), Ganggrab (re.).

Deckstein (manchmal sind das auch zwei). Die Steinkammer wurde von einem Hügel überwölbt. Aber sehr bald merkte man, daß diese Bauweise die Nachbestattungen erschwerte, so daß als weiterführende Entwicklungsform das Ganggrab geschaffen wurde. Ein überdeckter Gang aus Findlingsblökken ermöglicht den Zugang ins Kammerinnere, daher der Name. Der Gang ist oft nicht breiter als einen halben Meter und selten höher als 0,5 bis 1 m, so daß man die Kammer nur in stark gebückter Haltung oder gar kriechend erreichen kann. Außerdem ist die Grabgröße erweitert. Die Breite der Kammer beträgt zwischen 1,5 bis 2 m, ihre Länge ca. 3 m, die Höhe 1 bis 1½ m. In der Regel schließen drei mächtige Decksteine das Ganggrab ab. Nach innen zu sind die Felsflächen möglichst glatt gehalten, zum Teil entsprechend bearbeitet, während die unebenere, kantigere Fläche der Findlinge nach außen weist. Ursprünglich sind die Ganggräber wie die Dolmen in einem stattlichen Hügel eingebettet gewesen oder sind es noch. Ohne Zweifel forderte die komplizierte Form der Gräber nicht nur einen größeren Arbeitsaufwand, sondern setzte auch mehr bautechnisches Können voraus. Es gibt zahlreiche Typen von Ganggräbern. Die Gänge können lang oder kurz sein, den Zugang von der Schmalseite oder der Breitseite ermöglichen; die Gräber selbst sind mal eckig, mal rund, oval, trapezförmig usw.

Das Hünengrab „Brutkamp".

Der dritte und wegen seiner Dimension eindrucksvollste Typ ist das Lang- oder Riesenbett, wie wir es vom Grimmelsberg her kennen (siehe dort) und wie es auch in Albersdorf-Bredenhoop zu finden ist.
Der Brutkamp selbst dürfte wohl am ehesten einem polygonalen Dolmentyp entsprechen, der allerdings einen angedeuteten Gang enthält. –
Die saaleeiszeitlichen Altmoränen um Albersdorf bzw. im Raum der Dithmarscher Schweiz besitzen ihre größte Erhebung im 78,6 m hohen Süderstöven bei Schrum. Hier liegt das schleswig-holsteinische Niederschlagsmaximum. Wie schon am Beispiel des Bungsberges (764 mm) aufgezeigt, wirken die Moränen im Lande durchaus niederschlagssteigernd. Zwar sind die Altmoränen beträchtlich niedriger als die Jungmoränen, dennoch werden auch über ihnen die Luftmassen angehoben und eine Luftmassenabkühlung setzt ein, die zwar mit ca. 0,5 Grad gering ist, aber doch zu höheren Niederschlagswerten führt (am Süderstöven ca. 934 mm).
Wenn am höheren Bungsberg die Niederschläge geringer sind als in der flacheren Dithmarscher Schweiz, dann liegt das u. a. daran, daß die aus Westen heranziehenden Wolken sich in Dithmarschen bereits abgeregnet haben, der Bungsberg also gleichsam im Windschatten liegt.
Die starke Niederschlagstätigkeit im nordseenahen Altmoränengebiet mit

Der Aussichtsturm auf dem Kaiserberg.

Die waldreiche Umgebung von Albersdorf.

Blick auf Albersdorf und die Höhen der Dithmarscher Schweiz.

seinen geringen Höhen kann allerdings nur zum Teil aus dem schwachen Anheben der Luftmassen über den saaleeiszeitlichen Hügeln abgeleitet werden. Sie erklären Steigungsniederschlag, aber nicht seine Menge. Um die Höhe des Niederschlagswertes zu begreifen, müssen wir ein unsichtbares Gebirge bemühen, ein Luftgebirge.

Wie schon erwähnt, wehen die Luftmassen aus Westen über die Nordsee und auf das Festland zu. Dabei ist die Reibungswirkung über der Meeresoberfläche gering. Die Windgeschwindigkeit ist entsprechend hoch.

Wenn die Luftmassen das Festland erreichen, erhöht sich die Reibung beträchtlich. Deiche, Häuser, Bäume, Hügel, d. h. die Unregelmäßigkeiten der vertikalen Gliederung der Erdoberfläche führen zu Verwirbelung und Abbremsung der heranströmenden Luft. Dieser Tatbestand bewirkt eine deutlich verminderte Fließgeschwindigkeit innerhalb des atmosphärischen Reibungsraumes. Die Reibung ist naturgemäß in unmittelbarer Bodennähe am effektivsten, führt aber zu Fernwirkungen, die noch in der Höhe – allmählich immer schwächer werdend – nachweisbar sind.

Das Ergebnis des Übertritts einer rasch fließenden Luftmasse aus einem reibungsarmen Gebiet wie dem Meer auf das reibungsstarke Festland ist ein plötzlicher Luftmassenstau, verursacht durch die Bremswirkung des Landes. Es entsteht ein „Luftgebirge“, ein Hindernis aus gestauter, dichterer Luft, auf das die nachrückenden, ungebremsten Luftmassen prallen und dem sie ausweichen müssen. Dies kann allerdings nur dort geschehen, wo Platz dafür vorhanden ist. Das ist in der dünneren Höhenluft der Fall. Die atlantischen Luftmassen sind also gezwungen, an dem Gebirge gestauter Luftmassen aufzusteigen. Was dabei passiert, entspricht dem Steigungsniederschlag am Gebirge: Aufstieg – Abkühlung – Wolkenbildung – Regen.

Die Niederschläge im westlichen Altmoränengebiet Schleswig-Holsteins beruhen also einerseits auf einer schwachen Anhebung der bewegten Luft (Steigungswirkung durch Überwindung von Reliefhindernissen) und andererseits auf bodenreibungsbedingtem Luftmassenstau, d. h. durch Ausbildung eines Luftgebirges, an dem die nachrückenden Luftmassen emporsteigen.

Das muß den Urlauber allerdings nicht sonderlich beunruhigen, denn damit ist nichts über die Niederschlagshäufigkeit ausgesagt, tatsächlich ist in der Mehrzahl der Fälle nur die Niederschlagsintensität geringfügig größer.

Berg am Moor – der Zwieberg bei Norderstapel

Was die aufbauenden Kräfte der Natur schaffen, wird von den abtragenden Kräften wieder nivelliert. Formung und Aufbau der Oberfläche Schleswig-Holsteins geschahen im wesentlichen durch die Gletscher der Eiszeiten, die in Schleswig-Holstein all jenes Material zu einem wechselvollen Landschaftsbild absetzten, das sie anderswo abtrugen. Hier wird deutlich, wie ein und dieselbe Kraft aufbauend und zugleich zerstörerisch wirken kann.

Die abtragenden, nivellierenden Elemente in Schleswig-Holstein sind im wesentlichen die Atmosphärilien, d.h. daß durch atmosphärische Einwirkungen Landschaftsveränderungen entstehen. Diese können durch Wind und Regen, aber auch durch Frost und Sonne hervorgerufen werden. Mancherorts verstärken sich die Kräfte, wenn etwa die Kraft des fließenden oder brandenden Wassers durch reichliche Zufuhr von Niederschlägen oder durch Sturm vervielfacht wird.

In diesem Sinne – Landschaftsaufbau und Landschaftsveränderung – hat der Stapelholm, auf dem sich der Zwieberg befindet, einiges zu bieten. Der Stapelholm ist ein alteiszeitlicher Moränenrücken, auf dessen bogenförmigem Verlauf die Orte Drage, Seeth, Süderstapel, Norderstapel, Bergenhusen und Wohlde liegen. Der inselartige Holm selbst gehört zur Hohen Geest; die weiten Niederungen im Süden und Westen sind Bestandteile der Niederen Geest, in die allerdings weitere kleinere Holme eingebettet sind.

Die Altmoränenkerne oder Holme sind von älteren Eiszeiten (Saale-/Warthe-Eiszeit) aufgebaut worden. Zu jener Zeit reichte die Vergletscherung wesent-

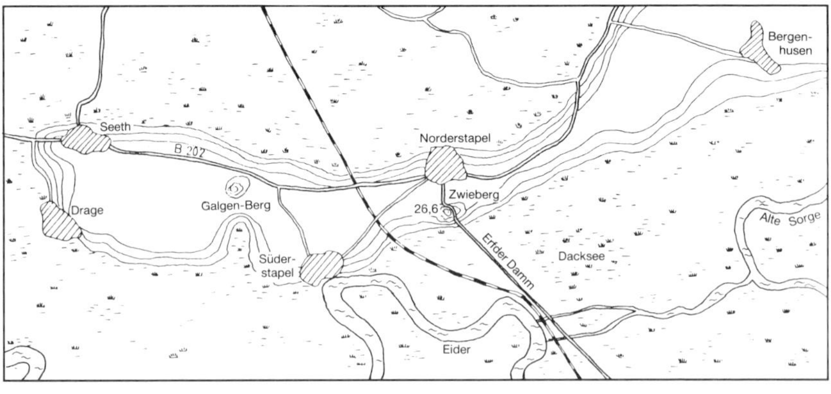

Lageskizze des Zwieberges.

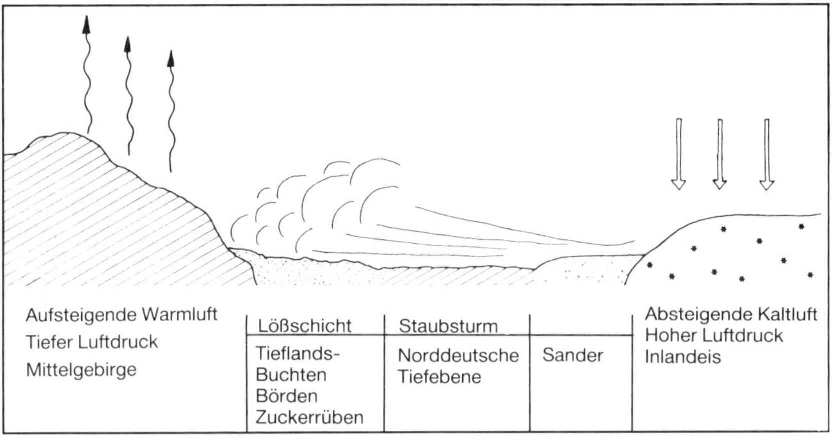

Die Ausblasung und Auswehung der Altmoränen.

lich weiter als in der Weichseleiszeit, die im Bereich der Endmoränen des Östlichen Hügellandes ihre weiteste Erstreckung besaß. Der auffallend inselartige Charakter der alteiszeitlichen Holme bzw. Moränenwälle erklärt sich im wesentlichen daraus, daß sich zu ihren Füßen weichseleiszeitliche Schmelzwassersande tischeben ausbreiteten oder Schmelzwasserflüsse Teile der flacheren Altmoränenlandschaft ausräumten. Statt dessen schufen sie weite Moorflächen und breite Talformen, in denen heute die Eider, die Treene, die Sorge und andere Flüsse oft mehr stehen als fließen.

Im Prinzip müßten die Ablagerungsformen der älteren Eiszeiten aus ähnlichen Elementen bestehen wie im jungeiszeitlichen Östlichen Hügelland. Dazu gehörten eigentlich die Seen. Ursprünglich zählten auch sie zum Formenschatz am Ende der vorletzten Kaltzeit. Aufschüttung und Ausräumung, Hohl- und Hügelformen, der Wechsel von Hoch und Tief in seinen unterschiedlichen Ausprägungen, so etwa müssen wir uns die Altmoränenlandschaft vorstellen, bevor weichseleiszeitliche Schmelzwasserströme mit Sandmassen verhüllten bzw. fort- oder ausspülten, was eine Eiszeit zuvor abgesetzt wurde und bevor tundrenähnliche klimatische Bedingungen zur Weichseleiszeit für eine außergewöhnlich starke Nivellierung der Altmoränenlandschaft sorgten. Heute findet man z. B. auf dem Stapelholm keinen einzigen See, und auch in den anderen Gebieten der Hohen Geest sind Seen eine Rarität.

Die Angleichung des Reliefs, die Auffüllung der Senken und damit das Verschwinden von Seen haben mehrere Gründe. Der wichtigste dürfte wohl sein, daß die Altmoränen in der randeiszeitlichen Lage während des Jungglа-

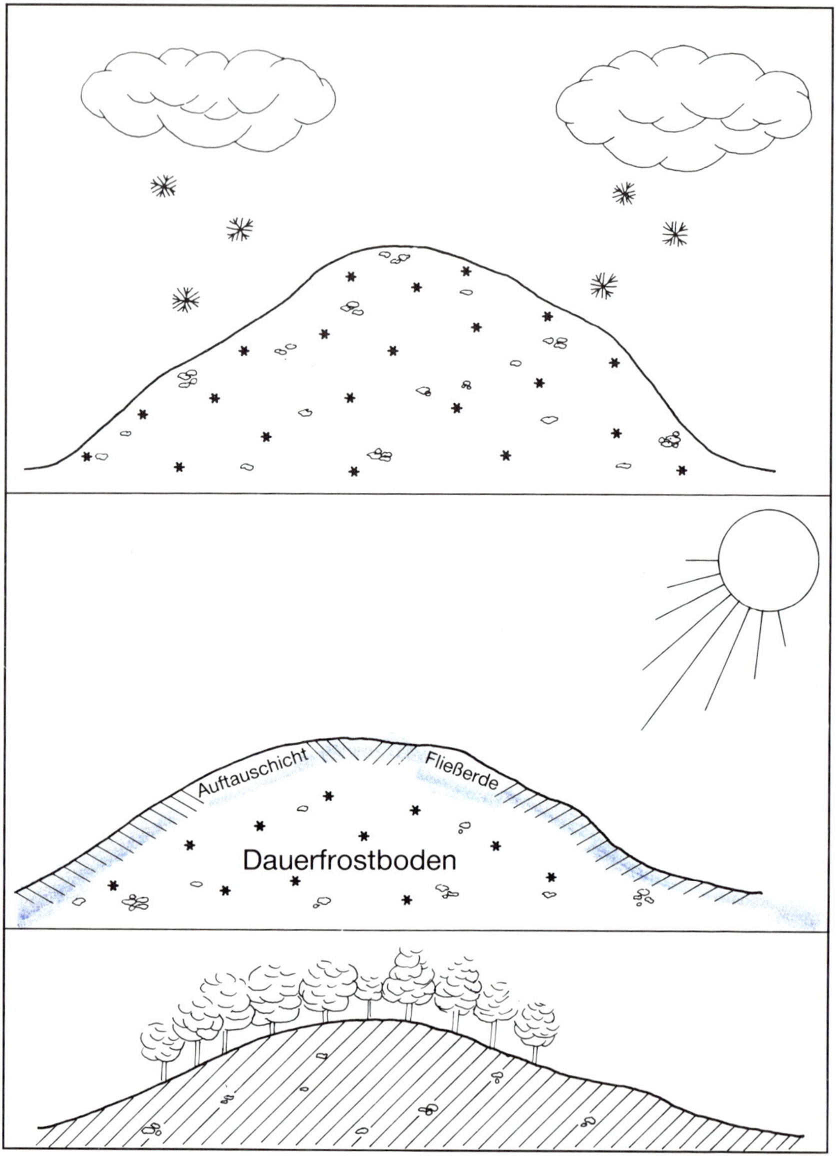

Die nivellierende Wirkung des randeiszeitlichen Bodenfließens (Solifluktion)

zials zwar Dauerfrostboden besaßen, also bis in große Tiefen gefroren waren, oberflächlich jedoch in den Sommermonaten auftauten. Da das Wasser in der 50, 80 oder gar 100 cm mächtigen Auftauschicht wegen des darunter beginnenden Dauerfrostbodens nicht versickern konnte, bildete sich über gefrorenen Hügelkernen wassergesättigte Fließerde, die der Schwerkraft folgend wie auf einer Rutschbahn talwärts glitt, die Senken auffüllte und die Kuppen abtrug. Diesem Vorgang, vom Fachmann Solifluktion genannt, fielen die Seen zum Opfer. So sind die Ablagerungsformen der Altmoränenlandschaft in ihrer ursprünglichen Anlage kaum noch erhalten. Sie bilden Zweitformen, die ein kaltes Klima während der Weichseleiszeit beeinflußte.
Zum Phänomen der Fließerde trat noch – ebenfalls durch das randeiszeitliche Klima hervorgerufen – die Auswehung der Böden hinzu. Über die damals nackten Moränen pfiff ein eisiger Gletscherwind, der aus nordöstlicher Richtung vom weichselzeitlichen Inlandeis kam. Kalte Fallwinde stürzten herab, folgten dem Druckgefälle vom hohen Luftdruck über dem kalten Eis zum tieferen Luftdruck im Süden der etwas wärmeren Norddeutschen Tiefebene. Dabei blies der Wind über die Altmoränen, nahm Sand und Staub auf und trug die feinsten Stäube in die Tieflandsbuchten am Mittelgebirgsrand, wo sie als fruchtbarer Löß abgesetzt wurden. Die größeren und schwereren Sande bildeten in geringerer Entfernung Sanddecken in den Tälern der Altmoränen. Zurück blieben windgeschliffene Steine, die Windkanter, die die Richtung des Eiswindes und seines mitgeführten Schleifmaterials angeben. –
Der Zwieberg oder die Zwieberge (da die Höhe zweigipfelig ist) liegt am südöstlichen Rand des Stapelholms, dessen Name sich übrigens nicht nur auf die Altmoräneninsel beschränkt, sondern als Landschaftsbegriff auch die angrenzenden Niederungen einbezieht. Der Zwieberg ist „Eigentum" des Dorfes Norderstapel. Mit 26,6 m besitzt er keine überragende Höhe, dennoch zählt er zu den besonders eindrucksvollen Bergen in Schleswig-Holstein, da er sich steil aus der Eiderniederung erhebt. Besonders deutlich erlebt man die markante Landschaftsgrenze, wenn man von Südosten kommend auf dem Erfder Damm sich dem Zwieberg nähert. Schon von weitem sieht man den Steilhang, den die teilweise tief eingeschnittene Straße hinaufführt.
Mit seiner exponierten Lage erlaubt der Zwieberg einen großartigen Ausblick auf das Eider- und Sorgetal, auf dessen Weiden schwarz-bunte Kühe grasen. Zwischen ihnen stolziert hier und da ein Weißstorch, der in den nassen Stapelholmer Niederungen sein leider stark geschrumpftes Nahrungsrevier nach Fröschen, Schlangen u.a. Kleingetier absucht. Die Flüsse, vor allem die Eider, haben einst das weichselzeitliche Schmelzwasser transportiert und schufen dank ihrer Erosionskraft die breiten Ebenen, in die während der letzten Zwischeneiszeit sogar das Meer eindringen konnte. Kein Wunder, daß die Niederungen versumpften und vermoorten. Sogar ein inzwischen ver-

Der zweigipflige Zwieberg mit dem Erfderdamm.

landeter Moorsee lag nur wenige hundert Meter östlich vom Zwieberg zwischen Eider und Sorge. Noch heute ist der sogenannte Dacksee in den Meßtischblättern vermerkt und seine tiefste Stelle mit minus 0,1 m angegeben. Sein Name leitet sich übrigens vom Reet ab, das man hier in großen Mengen für Dach- (Dack-) eindeckungen schnitt. Von der Nordsee stießen immer wieder Sturmfluten mit Salzwasser tief ins Land vor. Zu jener Zeit gewann man sogar Salz aus der Asche verbrannten Torfes. Dann unterbanden die Menschen mit Flußeindeichungen und Sperrwerken die Überschwemmungen. Erst nachdem der Eider das Deichkorsett verpaßt wurde, konnte man daran denken, die Niederungsmoore zu entwässern. Aber der Talboden ist feucht geblieben. Die landwirtschaftliche Nutzung beschränkt sich auf die Viehweidewirtschaft.
In einem Moorland wie diesem zu Füßen des steil aufragenden Zwieberges sind die Verkehrsbedingungen naturgemäß schwierig. Das bot zwar in früheren Zeiten die Möglichkeit, sich gegenüber Feinden abzuschotten, besaß andererseits den Nachteil eingeschränkter Handelsbeziehungen. Insbesondere fehlte eine geeignete Verbindung zur benachbarten Geestinsel Erfde mitten durch die moorige Niederung hindurch. Aus diesem Grunde wurde der Erfderdamm gebaut, eine Chausseestrecke, die im Volksmund als Tango-

oder Sambastraße bekannt ist. Die Bezeichnung erklärt sich aus den Auf-, Ab- und Schlingerbewegungen des Fahrzeugs, wenn man mit dem Auto über die wellenförmige Straße fährt, die ihre Vertiefungen durch Sackungen des Untergrundes erhalten hat. Erst vor wenigen Jahren wurde die Straße generalüberholt, um dem stoßdämpferunfreundlichen Zustand abzuhelfen.
Als besonders schwierig erwies sich der Bau der Reichsbahn Rendsburg – Husum zwischen den Bahnhöfen Erfde und Norderstapel. Auch hierfür mußte das nicht tragfähige Moor auf einer Länge von 5,4 km durchquert werden. Immerhin lag die Tiefe des Moores zwischen 4 und 10 m.
Für den erforderlichen Dammbau entfernte man den Moorboden und schüttete Unmengen von Füllsand und Kies auf, die aus dem Zwieberg entnommen wurden, den die Bahn auf 800 m Länge durchschneidet. Nach über zweijähriger Bauzeit (1908–1910) war der Bahndamm fertig.
Straßen- und Bahnbau haben das Gesicht des Zwieberges verändert. Allein für den Bau der Bahnlinie wurden mehr als 300 000 cbm Bodenmassen gebraucht, die im Zwieberg beiderseits der Straße tiefe Narben hinterlassen haben. In der Tat ist der Zwieberg durch planlosen Abbau von Füllsanden in hohem Maße verschandelt und sogar in seinem östlichen Teil durch Schutt- und Kompostablagerungen verunstaltet worden.

Die Eiderniederung und der Stapelholm. Rechts unten der Ort Norderstapel. Die baumbestandene Straße, der Erfderdamm, führt zum Zwieberg hinauf. Die vegetationsfreien Flächen weisen auf ehemalige Sandentnahme hin.

Luftbild freigegeben unter Nr. 1135/1

Trotzdem ist er zum schützenswerten Naturdenkmal erklärt worden. Im Antrag des Kreisbeauftragten für Naturschutz aus dem Jahre 1937 heißt es dazu: „. . . Die beiden Hügel enthalten Ablagerungen von Geschiebemergel, Ton und Sanden verschiedener Art. Von Ihrer Höhe bietet sich ein prächtiger Ausblick auf das Eider-, Treene- und Sorgetal hinaus. Bei günstigem Wetter sind sogar die Hüttener Berge und der Dom von Schleswig zu sehen. Die weithin das Land überragende Erhebung hat sicherlich für unsere nordgermanischen Vorfahren die Bedeutung einer Kultstätte gehabt. Der Zwieberg ist daher zweifellos als ein erdgeschichtliches Naturdenkmal im Sinne des § 3 des Reichsnaturschutzgesetzes anzusehen, dessen Erhaltung sowohl wegen ihrer wissenschaftlichen Bedeutung für die Geologie als auch wegen ihrer volks- und heimatkundlichen Bedeutung im öffentlichen Interesse liegt."
Daß es sich aus geologischen Gründen um einen schützenswerten Berg handelt, hat allerdings der Geologe Gripp 1966 kategorisch verneint, indem er dem Landrat in Schleswig brieflich mitteilt, daß der geologische Aufbau der Zwieberge mit ihren Beckensanden und Kiesen ohne Interesse ist. Er bedauert die fehlende Ordnung im Sand- und Kiesabbau, die sich landschaftszerstörerisch auswirke. Aber auch Gripp betont den Wert der Zwieberge als Aussichtspunkt.
Auch die Funktion als frühgeschichtliche Kultstätte kann nicht als überragend angesehen werden. Im Bereich der mündlichen Überlieferungen und Sagen ist die historische Bedeutung des Zwieberges überhöht worden. Danach soll der Zwieberg der Grabhügel eines bedeutenden Seehelden oder Seeräubers gewesen sein. Über ihn und sein Schiff habe man einen großen länglichen Hügel aufgeworfen. Da man trotz der Zerschneidung des Berges durch Eisenbahn und Erfderdamm sowie durch Kiesgrubenabbau nirgendwo auf dieses Schiff gestoßen ist, darf man annehmen, daß dadurch eine hübsche Sage ihres mystischen Zaubers entkleidet wurde. Zwei Urnen wurden entdeckt, die eine mit verbrannten Gebeinen und früheisenzeitlicher Herkunft, die andere unwiederbringlich zerstört und ohne zeitliche Zuordnung. Im Bereich der sich westlich anschließenden Wollenberge und am Süderstapeler Steilufer sind vor- und frühgeschichtliche Funde häufiger gemacht worden.
Der volks- und heimatkundliche Gesichtspunkt, als ein weiterer Aspekt im Antrag zur Erklärung des Zwieberges als Naturdenkmal genannt, ist durchaus ernst zu nehmen. Noch vor ein bis zwei Generationen fand auf der Spitze des Berges alljährlich das sogenannte Bekenbrennen statt und zwar am Lichtmeßtag, dem 2. Februar. Mit diesem Tag kündigt sich nach alter Bauernvorstellung der Sommer mit Sonne und länger werdenden Tagen an. Aus diesem Anlaß veranstaltete man auf der Kuppe des Zwieberges eine Lichtfeier, eben das Bekenbrennen. Dazu bündelte die Norderstapeler Jugend bis zu 60 cm dicke und über 3m lange Lagen Stroh fest um eine Tragstange. Damit

In der Eiderniederung sieht man Störche auf Futtersuche. Sie nisten in den Dörfern des Stapelholms.

Aus dem Material des Zwieberges wurde der Erfderdamm gebaut.

Die Bauernglocke von Norderstapel.

marschierte man zum Zwieberg, zündete seine Beke oben an und reichte das Feuer weiter, bis alle Riesenfackeln brannten. Etwa eine halbe Stunde konnten die Träger mit der Beke umherlaufen, bis man die züngelnden Reste auf einen hell auflodernden Haufen aus Stroh, Schilf und Gestrüpp warf. Kulturgeschichtlich dient der Fackellauf mit den Lichtmeßbeken höchstwahrscheinlich der Ehrung der Gottheit und der toten Ahnen. Er läßt sich bis auf altgermanische Ursprünge zurückverfolgen.
An der sanften Nordabdachung des Zwieberges liegt das Dorf Norderstapel. Es besitzt keine Kirche und ist wahrscheinlich ein Tochterdorf des Kirchortes Süderstapel. Der Name Stapel bedeutet hier nicht Warenstapel oder Handelsniederlassung, sondern Gericht bzw. Gerichtsstätte. Tatsächlich lag in Süderstapel das Gericht für den ganzen Stapelholm. Die Vollzugsstätte befand sich in der Krelauer Heide im Gebiet der Kaserne Seeth. Dort erinnert ein Gedenkstein, 1976 auf Veranlassung des Standortkommandanten aufgestellt, an die letzte Stapelholmer Hinrichtung am 30.12.1776.
Auf der Rückseite des Zwieberges in Norderstapel steht eine typische Stapelholmer Einrichtung, die Stapelholmer Bauernglocke. Außer in dem eiderfernen Storchendorf Bergenhusen und in Wohlde hingen und hängen Bauernglocken an geeigneten Pfahlgerüsten in jedem Stapelholmer Dorf. In keiner anderen Landschaft Schleswig-Holsteins findet man diese Bauernglokken. Die Stapelholmer mußten eine besondere Notwendigkeit für die Errichtung ihrer Glockengerüste erkannt haben. Es liegt nahe, die Glocken als Signalglocken bei Hochwassergefahr oder bei Feuer, bei Versammlungen oder für andere Zwecke der dörflichen Gemeinschaft zu deuten. So wurden sie auch in der jüngeren Vergangenheit genutzt. Ihr Ursprung jedoch ist ein anderer. Er reicht bis ins 15. Jahrhundert zurück, in eine Zeit also, in der die Dithmarscher Nachbarn voller Streit- und Kampfeslust den Eiderstrom als Transportmittel für ihre Raubzüge benutzten, wiederholt die Stapelholmer heimsuchten und dort regelrecht brandschatzten, sicherlich auch wie in Eiderstedt Vieh- und Mädchenraub betrieben. Zur Abwehr dieser Überfälle bauten die leidgeprüften Süderstapeler ihre Kirche mit Wehrturm, Schießscharten und Steinmauer festungsartig aus, so daß sich die Bevölkerung darin verschanzen konnte; und man errichtete in den meisten Dörfern die Glockengerüste, die – so ihre ursprüngliche Funktion – als Alarmglocken vor den Dithmarschern warnten und die waffenfähigen Männer zum Kampfe riefen. Dies erklärt zugleich, warum die eiderfernen Dörfer Bergenhusen und Wohlde auf das Aufhängen von Bauernglocken verzichten konnten.
So erinnert die Norderstapeler Bauernglocke am Fuß des nördlichen Zwieberghanges an eine streitbare Vergangenheit. Das jetzige Pfahlgerüst mit der Glocke stammt allerdings erst aus dem Jahre 1773 und befindet sich in einer gepflegten, blumengeschmückten Anlage nahe des südlichen Dorfrandes zum Zwieberg hin.

Hamberg oder Wulfsboom – das ist hier die Frage!

Im Süden Dithmarschens schiebt sich ein Altmoränenrücken der Hohen Geest keilförmig in die Marsch vor. Sein Steilabfall wird im Westen von St. Michaelisdonn gebildet, am Südhang liegt Kuden und nach Osten zum Kanal hin steigt einer der schönsten Geestorte Dithmarschens den eiszeitlichen Moränenhang hinauf, und zwar bis zum angeblich zweithöchsten Berg Dithmarschens. Der Name des Ortes ist Burg. Man fügt zweckmäßigerweise hinzu „in Dithmarschen"; denn ein Burg mit dem Zusatz „auf Fehmarn" existiert schließlich auch noch. Und der Berg heißt . . . Ja, wie heißt er denn nun . . .? Gemeint ist die Höhe mit der Angabe 65 m über dem Meeresspiegel. Das ist in der Tat die höchste Erhebung des Ortes, und die trägt auf den amtlichen Meßtischblättern und in vielen Atlanten die Bezeichnung „Hamberg". Aber nach Ansicht der Burger irrt das amtliche Kartenblatt. Nein, der Hamberg, so wurde dem Autor bei seinen Recherchen in Burg glaubhaft versichert, der

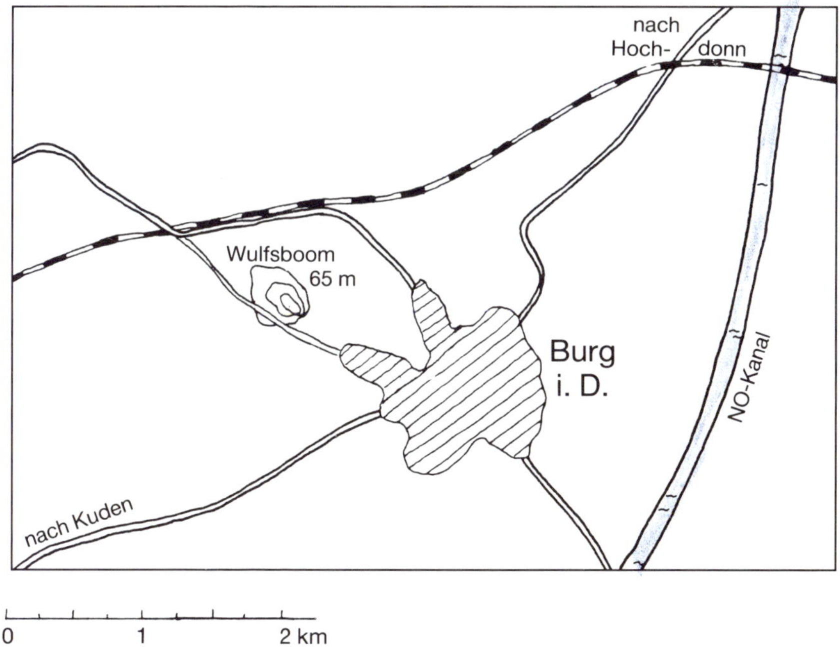

Lageskizze des Wulfsboom-Berges.

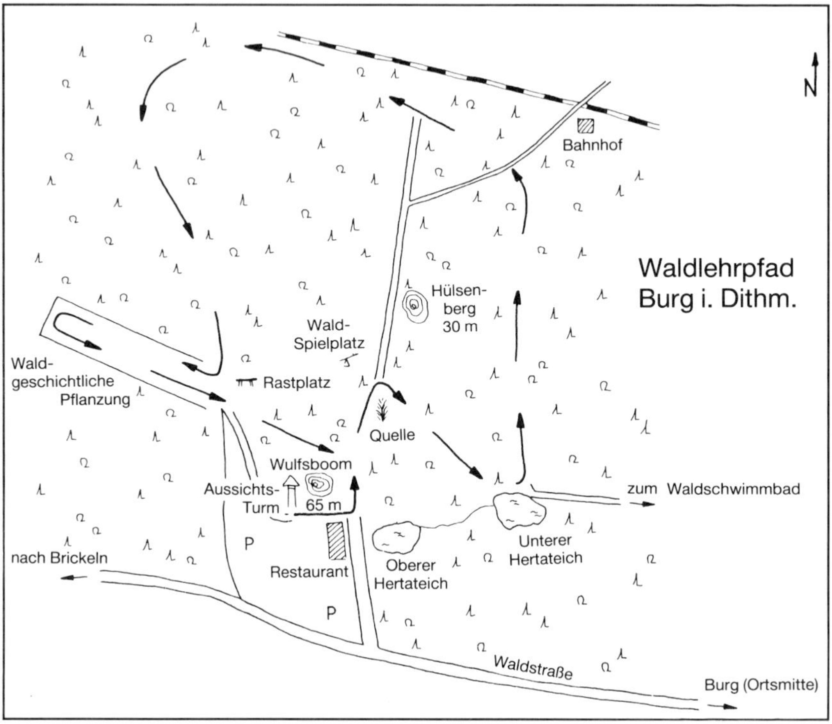

liegt dort, wo sich die beliebte Burger Rodelbahn und das einzigartige Waldschwimmbad befinden, der höchste Berg jedoch, der mit dem Aussichtsturm, das sei der Wulfsboom-Berg und der habe die gewünschten 65 Höhenmeter, während der Hamberg doch viel niedriger liege.

Na schön, es geht ja um den 65-m-Berg. An der ursprünglichen Absicht, den Hamberg zu beschreiben, ändert sich ja eigentlich nicht viel. Der Berg ist schließlich geblieben, nur sein Name lautet anders, wie die Nachfrage beim Verkehrsverein bestätigt hat. Also gut – beschreiben wir den Wulfsboom-Berg. –

Übrigens – das mit dem vermeintlich zweithöchsten Berg ist auch so eine Sache. Unter dem höchsten Berg wird zweifellos der 79 m hohe Süderstöven bei Schrum nördlich von Albersdorf verstanden. Andererseits – und hier irrt das amtliche Kartenblatt gewiß nicht – weisen die Meßtischblätter westlich und nordwestlich von Albersdorf mehrere Höhen aus, die mit 66, 67, 68, 69 oder 71 m durchaus höher liegen als der Wulfsboom. Aber da der Wulfsboom als einziger dieser hohen Dithmarscher Berge einen 21 m hohen Aussichts-

turm besitzt, von dessen oberster, ca. 80 m hoch gelegener Plattform aus man das Land weit überblicken kann, ist der Wulfsboom, wenn auch nicht der zweithöchste, so doch von den hohen ein besonderer Berg.
Genug der komplizierten Irrungen und Wirrungen. Stellen wir abschließend und ohne jede Schadenfreude fest, daß auch staatliches Kartenwerk von Menschen gemacht ist, und daß die Burger die Höhen der Dithmarscher Schweiz wohl nicht so recht einschätzen können (oder wollen). –
Der Luftkurort Burg ist ein liebenswertes, ruhiges, beschauliches Städtchen mit 4000 Einwohnern, in dem ein rühriger Verkehrsverein viel für seine Gäste (aber auch für die eigene Bevölkerung) tut. Von dem wirklich einzigartig gelegenen Waldschwimmbad (temperiert und mit wettkampfmäßiger Ausstattung) und der Rodelbahn war schon die Rede; daneben gibt es einen Trimm-dich-Pfad; schöne Spazierwege führen in die nähere und weitere Umgebung, erschließen Erholungswälder oder Felder und Wiesen am Nord-Ostsee-Kanal, wo der rege Schiffsverkehr den Wanderer beeindruckt. Kegeln, Reiten, Angeln, Schießen, Tennis oder Mini-Golf, für (fast) alles ist gesorgt. Bei so viel Ausflugs-, Erholungs- und Aktivurlaubsmöglichkeiten kann es eigentlich nicht verwundern, wenn die Burger für den Ort damit werben, daß man ihn weit über die Grenzen Dithmarschens hinaus als die „Perle der Westküste Schleswig-Holsteins" kenne. Nun ja, klappern gehört zum Geschäft. Wie schön, wenn es dann auch stimmt; und das ist hier (ziemlich) der Fall. Schließlich hat man neben Erholungs- und Ausflugseinrichtungen sowie reizvoller Landschaft sogar noch eine historische Spezialität zu bieten, eine veritable Burg nämlich, nach der das Städtchen seinen Namen bekam. Nun darf man bekanntlich die schleswig-holsteinischen Burgen nicht an jenen messen, die über Moselschlingen oder dem Rheintal stehen. Aber für schleswig-holsteinische Verhältnisse hat Burg sicherlich die schönste und am besten erhaltene aufzuweisen. Der mächtige 8 m hohe Ringwall der sog. Bökelnburg diente vermutlich als Fluchtburg in jenen unruhigen Zeiten vor etwa einem Jahrtausend, als Wikinger von Norden, Slawen von Osten und Franken von Süden Unruhe in das Land brachten. Schließlich wurde die Bökelnburg zur Zwingburg des Grafen Rudolph von Stade, der hier im Auftrag des Bremer Erzbischofs regierte. Dies tat er mit harter wie auch mit einnehmender Hand. Nach einem Chronistenbericht soll allerdings seine Frau die antreibende Kraft gewesen sein, die unerbittliche Härte gegen die Dithmarscher an den Tag legte. Aber auf Dauer ging das nicht gut. Und schon gar nicht mit den Dithmarschern. Als diese mal wieder ganze Wagenladungen voll Korn liefern mußten, versteckten sich die Bauern in den Säcken. Bei der Übergabe des Korns an Rudolph von Stade ertönte plötzlich das Losungswort: „Röhret de Hände, schnidet de Sacksbände!" Auf dieses Kommando streiften die Dithmarscher die Säcke ab und entledigten sich des verhaßten Grafen und der hartherzigen Gräfin auf bekannt Dithmarscher Weise: Man schlug sie tot. In

den folgenden Jahrhunderten hat noch so mancher Fürst und Landesherr den unbändigen Freiheitswillen der Dithmarscher kennen und fürchten gelernt. Man denke nur an die Schlacht von Hemmingstedt.
Natürlich kann es sich eine touristisch orientierte Gemeinde nicht leisten, die höchste Erhebung im Orte für Zwecke des Fremdenverkehrs unbeachtet zu lassen. Schon seit 1914 steht auf dem Wulfsboom der jetzige Aussichtsturm, der bis 1913 ein hölzernes Gerüst als Vorgänger besaß. DM 6000,– betrugen die gesamten Baukosten, wovon – nebenbei erwähnt – der Maler DM 83,– erhielt.
Wenn man die Holztreppe zur obersten Aussichtsplattform in ca. 80 m Höhe erstiegen hat, eröffnet sich dem Betrachter ein großartiger Rundblick auf die Dithmarscher Geest, die Marschen und Moore, die Elbmündung und auf den Nord-Ostsee-Kanal mit den Brücken Hochdonn und Brunsbüttel sowie auf die dortigen Schleusenanlagen. Meldorf, früher Hauptstadt der Bauernrepublik Dithmarschen, mit seinem Dom als dem bedeutendsten gotischen Bau an der schleswig-holsteinischen Westküste, liegt in nordwestlicher Richtung. Links davon erscheint in 28 km Entfernung das Nordseeheilbad Büsum. Dithmarschens Kreisstadt Heide und die Texaco-Raffinerie Hemmingstedt mit dem 83 m hohen Turm der Crackanlage sind zu sehen. Bei hervorragenden Sichtverhältnissen ist Cuxhaven auf dem niedersächsischen Elbmündungsufer auszumachen.
Nicht minder interessant ist das, was der Berg selbst zu bieten hat. Sein Name, Wulfsboom, ist auch von Fremden, die des Plattdeutschen nicht mächtig sind, ohne weiteres zu übersetzen. Wolfsberg bzw. Wolfsbaum heißt der Berg ins Hochsprachliche übertragen. Gelegentlich wird die Benennung mit Odin und seinen Wölfen in Zusammenhang gebracht. Nun, wie dem auch sei, an Odin glauben wir Heutige nicht mehr, die Wölfe sind verschwunden, aber der Wald auf dem Berg, der ist geblieben. Man hat sogar mehr aus ihm gemacht, nämlich einen Informationswald mit Waldlehrpfad und waldgeschichtlicher Pflanzung geschaffen, der seinesgleichen sucht.
Nun stellen Lehrpfade heutzutage an sich nichts Besonderes dar. Sie haben eine ziemliche Verbreitung gefunden. Ihr Zweck ist immer derselbe. Sie wollen uns naturentfremdeten Stadtmenschen gewissermaßen im Vorbeigehen die Natur aufschließen, uns an Pflanzen und – wo es sich anbietet – an Tiere wieder heranführen und dabei den Wanderern allerlei Wissenswertes vermitteln.
Die Anregung zur Anlage eines Naturlehrpfades in Burg gab 1962 der damalige Kreisbeauftragte für Naturschutz in Süderdithmarschen. Burg war die einzige von mehreren angeschriebenen Gemeinden, die der Empfehlung des Rundschreibens Folge leistete. Der Bürgermeister und der Kreisförster unterstützten das Vorhaben nachhaltig und fanden in dem Biologen der Mittelschule, Herrn Vogel, jenen Fachmann, der aus biologischer und pädagogi-

Aussichtsturm und Museum auf dem Wulsboom.

scher Sicht die Ausgestaltung des Lehrpfades übernahm. Schule und Schüler besaßen bereits eine Beziehung zu dem in Frage kommenden Waldstück, da es zuvor schon als Schulwald gepflegt wurde. Zusammen mit seinen Schülern ging Vogel bei der Einrichtung und Betreuung des Naturlehrpfades zielstrebig an die Arbeit. 1963 war das Werk fertiggestellt.
Die Wanderung beginnt am Aussichtsturm und führt über eine Länge von 1,8 km auf einem landschaftlich und naturkundlich abwechslungsreichen Rundweg wieder dorthin zurück bzw. zum Restaurant unterhalb des Turmes, wo man die gesammelten Eindrücke bei Kaffee und Kuchen verarbeiten kann.
Mit ca. 100 ausgewählten Objekten, die z. T. für den Zweck des Wanderweges gepflanzt worden sind, erfaßt der Lehrpfad die Nadel- und Laubgehölze der Baumschicht, zahlreiche Arten der Strauchschicht und auch einige Pflanzen der Krautschicht. Der Weg geht an einer für Informations- und Lehrzwecke errichteten Waldjugendhütte und einem Waldspielplatz mit Abenteuercharakter vorbei, berührt einen vorgeschichtlichen Mahlstein aus Granit, eine Quelle und einen Teich, gestattet hin und wieder herrliche Ausblicke auf

In der wald-geschichtlichen Pflanzung.

Im Waldmuseum.

Blick vom Aussichts-turm auf die Kanal-brücke Hochdonn.

die Dithmarscher Geest und ist insgesamt, was Tausende von Besuchern bestätigen werden, zu einem wichtigen Erholungsgebiet und Anziehungspunkt für den Luftkurort und das Naherholungszentrum Burg gewachsen.
Als echte Spezialität kann die waldgeschichtliche Pflanzung gelten. In einer westlichen Abzweigung vom Hauptlehrpfad beginnt in der Nähe des Rastplatzes eine Wegstrecke von ca. 100 m, auf der durch entsprechende Anpflanzungenn die Waldgeschichte der Nacheiszeit dargestellt wird. Die Pflanzen wurden so gesetzt, daß die natürliche Einwanderungsfolge aufgezeigt wird, wie sie die Wissenschaft auf Grund von Pollenanalysen und mit anderen Methoden erforscht hat. Auf diese Weise ist die Entwicklung der landestypischen Flora rekonstruiert worden, wie sie innerhalb von etwa 15 000 Jahren nach Beendigung der Weichseleiszeit stattgefunden hat.
Die Bäume und Sträucher sind mit deutschen Namen gekennzeichnet und in Gruppen zusammengefaßt worden. Folgende Pflanzen sind den nacheiszeitlichen Entwicklungsphasen zugeordnet worden:

I. Älteste baumlose Tundrenzeit (etwa 15 000 v. Chr.) : Vertreter: Sanddorn, Zwergbirke, Kriechweide. Vegetationsbild der Parktundra.
II. Subarktische Zeit und Vorwärmezeit – das Präboreal (etwa 12 000 – 7500 v. Chr.): Vertreter: Sandbirke, Gemeine Kiefer, Zitterpappel. Lichte Birken- und Kiefernwälder bilden sich.
III. Frühe Wärmezeit – das Boreal (etwa 7500 – 5500 v. Chr.): Vertreter: Haselstrauch (wichtige Nahrungsgrundlage unserer steinzeitlichen Vorfahren)
IV. Mittlere Wärmezeit – das Atlantikum (etwa 5500 – 2500 v. Chr.): Vertreter: Feldulme, Traubeneiche, Winterlinde, Esche, Feldahorn, Bergahorn, Spitzahorn, Schwarz- oder Roterle. Typisches Vegetationsbild ist der Eichenmischwald. In dieser Zeit entstanden übrigens – bedingt durch einen kräftigen Meeresspiegelanstieg (25 m) – die fossilen Kliffs (Klevs) am Dithmarscher Geesthang.
V. Spätere Wärmezeit – das Subboreal (etwa 2500 – 800 v. Chr.): Vertreter: Rotbuche. Die Buchen-Eichen-Wälder breiten sich aus.
VI. Nachwärmezeit – das Subatlantikum (etwa ab 800 v. Chr. bis heute): Vertreter: Rotbuche, Weiß- oder Hainbuche, Gemeines Heidekraut. Die letztgenannte Pflanze erfährt ihre Massenausbreitung auf den sandigen Geestflächen durch den Eingriff des Menschen (vgl. auch Boxberg).

Dank des waldgeschichtlichen Zusatzpfades macht der Burger Naturlehrpfad nicht nur auf die Pflanzen- und Tierwelt von heute aufmerksam, sondern darüber hinaus auf die Gehölze, die in enger Wechselwirkung mit der nacheiszeitlichen Klima- und Bodenentwicklung unser Land besiedelten.
Fast zwangsläufig entwickelte sich für Vogel und seine Schüler aus der Arbeit am und im Wald eine weitere Zielsetzung. Aus dem praxisnahen Biologie-

unterricht erwuchsen Schülerarbeiten, die es wert waren, der Öffentlichkeit zugänglich gemacht zu werden. Das war der Ansatz für den Aufbau eines Museums.
Ein idealer Platz war schnell gefunden. Der Aussichtsturm wurde für die Zwecke eines Waldmuseums hergerichtet. 1968 konnte hier erstmals die pädagogische Auswertung der Schulwaldarbeit ausstellungsmäßig vorgeführt werden. Anfänglich bestand die Sammlung aus Schülerarbeiten und brachte einen Abriß der naturkundlichen Geschichte von Dithmarschen und den Überblick über die heimische Fauna und Flora. Trotz räumlicher Beengtheit wurde das Museum zu einem beliebten Anziehungspunkt für das naturkundlich interessierte Publikum. Nach und nach wuchs der Ausstellungsbestand auch durch Schenkungen von Bürgern, die mit der Übergabe von Präparaten, Schaubildern, Geweihen und dergl. die Aufbauleistung würdigten und ihr Interesse an einer Weiterentwicklung des Museums bekundeten.
Die entscheidende Würdigung erfuhren das Waldmuseum und sein ehrenamtlicher Leiter Vogel durch einen mit Landes- und Kreismitteln geförderten Um- und Erweiterungsbau. Um den Aussichtsturm herum wurde ein Anbau mit Rundgängen im Erdgeschoß und auf einer hölzernen Galerie errichtet. Als am 9. April 1979 die Eröffnung des neuen Museums stattfand, waren die Zahl der Exponate und die Vielfalt der Themenstellungen gewachsen: Waldgeschichte des norddeutschen Raumes, Geschiebe, Baumscheiben, Naturschutz, das biologische Gleichgewicht, Trophäen, Bernstein, Zapfensammlung, Schädlinge im Wald, Gift- und Speisepilze, Ameisen als Waldpolizei, biologische Schädlingsbekämpfung, Nisthöhlen, Eulengewölle, Moorprofile u. v. a. m. aus der heimischen Tier- und Pflanzenwelt.
Als bereits in den ersten 3 Monaten nach seiner Wiedereröffnung die Naturkundeschau mehr als 10 000 Besucher verzeichnete, stellte die „Brunsbütteler Rundschau" fest: „Gerade in diesem Sommer, in dem es bisher kaum Strandwetter gegeben hat, ist das Informationszentrum mit Aussichtsturm ein schönes Ausflugsziel von der See auf die Geest." Da ist nichts hinzuzufügen.
Ein Nachtrag muß noch angebracht werden, bevor wir den Wulfsboom verlassen. 1979 kam eine bemerkenswerte Beteiligung des Bayerwerkes am Burger „Informationszentrum Wald" zustande. Das seit 1977 im 12 km entfernten Brunsbüttel produzierende Chemie-Unternehmen zeigt in einer ständigen Ausstellung unter dem Thema „Industrie und Natur – Umweltschutz im Bayerwerk Brunsbüttel", daß Natur und Technik keine Gegensätze sein müssen und erst die Symbiose von Natur und Technik zu den Fortschritten führt, die heute mit dem Begriff der Humanisierung gekennzeichnet werden. Reinhaltung der Luft, Klärung des Abwassers, Schutz der Mitarbeiter und Anwohner vor Lärm, Sicherheit am Arbeitsplatz und die Begrünung des Werkes sind die Themen, die hier in Wort, Bild und Ton dargestellt werden.

Der Stollberg – Balkon Nordfrieslands

In Nordfriesland ist alles anders. Da gibt es – angeblich – keine Pharisäer, aber man trinkt sie; da haben wehrhafte Frauen Schlachten entschieden, indem sie heiße Grütze als Schleuderwaffe benutzten; und in Nordfriesland kann man nach einem „Kilo Watt“ graben. Man kann eben vieles, was andere nicht können. Wen wundert es da noch, daß die Nordfriesen etwas gemacht haben, was man in Gebirgen aus naheliegenden Gründen tunlichst vermeidet: Man hat eine vielbefahrene Straße über einen Bergkamm geführt. Diese straßenbautechnische Meisterleistung besitzt natürlich den Vorteil, daß man mit dem Auto bis zur Bergspitze fahren kann. Möglicherweise haben die Nordfriesen die B 5, von der hier die Rede ist, so gelegt, weil sie – verständlicherweise – in Bergwanderungen unerfahren sind und beschwerliche Bergtouren scheuen, wenn sie auf ihren nordfriesischen Balkon hinaufwollen. Und damit man nicht versehentlich über den Berg hinwegfährt, steht an der höchsten Stelle der nordfriesischen Paßstraße auch noch ein Schild „Stollberg", so weiß man, wo man auszusteigen hat. Man muß sich dann nur noch entscheiden, ob man zum höchsten Punkt des Berges östlich der B 5 geht (43,4 m) oder ob man sich unter Verzicht auf 20 Höhenzentimeter mit dem um diesen Wert niedrigeren Standort auf der Westseite begnügt (43,2 m). Wegen der Sichtverhältnisse wenden wir uns besser nach Westen, lassen das Auto auf dem Parkplatz vor der Stollberg-Gaststätte zurück und gehen ein paar Schritte in Richtung auf den zur Zeit im Bau befindlichen Turm der Bundespost.

Wenn der Turm fertiggestellt sein wird (1987), soll er zwei Funktionen erfüllen. Er dient in erster Linie natürlich den fernmeldetechnischen Zwecken der Bundespost, ist also kein Fernsehturm; aber – zweite Funktion – erfreulicherweise läßt die zuständige Oberpostdirektion Kiel in 20 m Höhe des insgesamt 108 m hohen Turmes eine Aussichtsplattform einrichten, die für die Öffentlichkeit zugänglich sein wird.

Solange der Turm noch nicht zu besteigen ist, gehen wir an ihm vorbei und stoßen nach ca. 200 m auf einen Querweg, von dem sich ein prächtiger Blick nach Westen sowie in nördlicher und südlicher Richtung eröffnet: der Blick auf Marsch, Meer und Halligwelt.

Der Stollberg ist eine Altmoräne der Hohen Geest. Hier hat die ältere Eiszeit mächtige Schuttmassen weit nach Westen getragen und zu der für friesische Verhältnisse beträchtlichen Höhe von 43 m aufgetürmt. Dieser Tatsache verdanken wir den einzigartigen Ausblick.

Unterhalb des Stollberges beginnt die Marsch. An der Nahtstelle zwischen Hoher Geest und Marsch erstrecken sich die Dörfer Bordelum, Uphusum, Ebüll, Sterdebüll, Bütjebüll und im Norden das langgezogene Straßendorf Langenhorn. Verständlich, daß sich hier Häuser und Höfe auf dem vor Sturm-

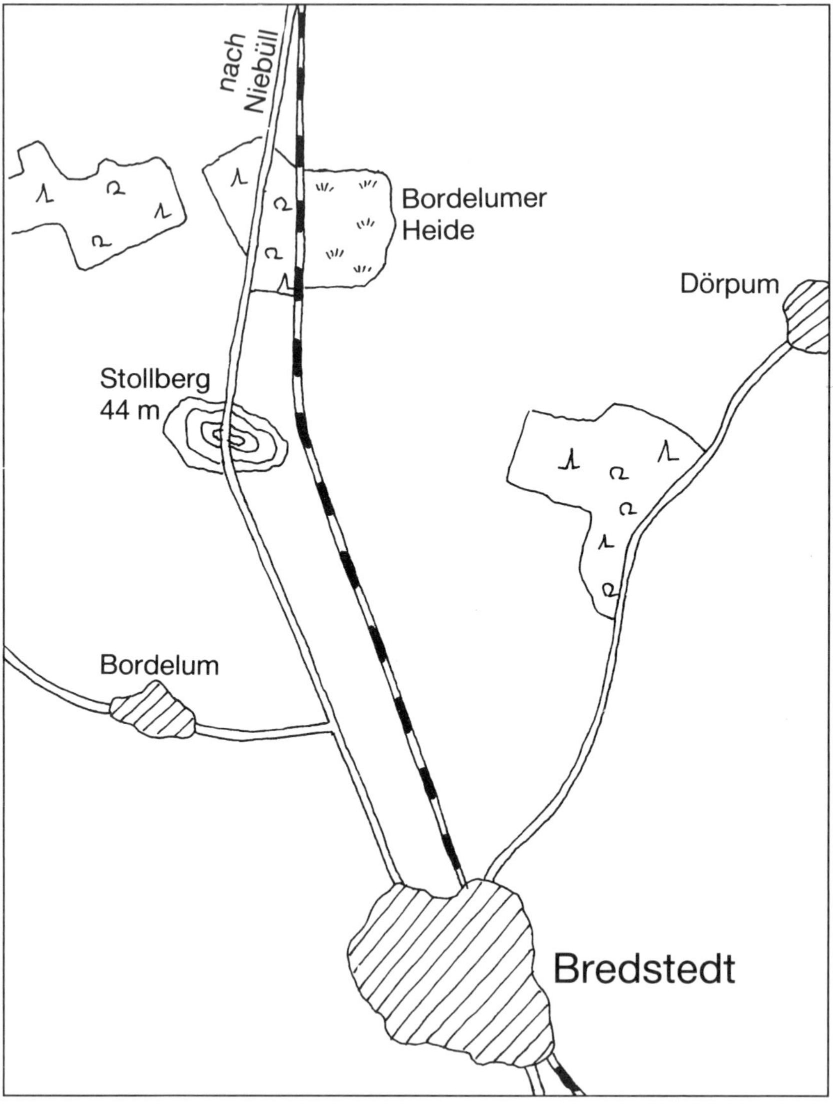

Lageskizze des Stollberges.

fluten sicheren Geestfuß befinden. Die Dörfer stammen ja noch aus einer Zeit, in der die Nordsee bedrohlich näher lag und Deiche weniger Schutz versprachen als heute. Viele Bauern entlang der Geestrandstraße bewirtschaften sowohl Marsch- wie auch Geestboden, ersteren als Viehweide nutzend, den sandigen Geestboden mit Kartoffeln und Roggen bestellend.
Ungefähr 6 bis 7 km erstreckt sich die Marsch mit den Kögen nach Westen. Dahinter beginnt das Wattenmeer. Deutlich zeichnen sich die Halligen ab. Langeneß, Hooge, Gröde, Oland, Habel, die Hamburger Hallig; die Insel Amrum mit ihren Dünen, die Kirchtürme von Föhr, Pellworm, Teile von Eiderstedt sind ebenfalls zu sehen.
Ursprünglich lag der Stollberg bedeutend tiefer im Innern des nordfriesischen Landes. Durch nacheiszeitlichen Meeresspiegelanstieg lagerte sich im Gebiet der heutigen Halligen, Inseln und Marschen viel Schlick ab. Das Material lieferten westlich von Sylt und Amrum gelegene alteiszeitliche Geestkerne, die durch die Brandung abgebaut wurden. An die Altmoränenkerne schlossen sich Nehrungen an, die sich von Sylt über Amrum und den Wattsockel im Bereich der Außensände (westlich der Halligen) nach Süden erstreckten. Im Schutz dieser Barre war der Raum des heutigen Wattenmeeres dem Einfluß der Nordsee entzogen und wurde Marschenland.
Aber die Aufschlickung war nicht hoch genug erfolgt. In die Niederungszone entwässerten festländische Geestflüsse. Es bildeten sich Sümpfe, Moore, Bruchwälder. In diese unwirtliche Gegend drangen um das Jahr 1000 die Friesen ein und fühlten sich hier offensichtlich wohl. Sie siedelten, bauten Torf ab und siedeten Salz aus der Asche des verbrannten Torfes, entwässerten und bauten auch flache Schutzdeiche. Zu dieser Zeit konnte man vom Stollberg aus das Meer nicht sehen. Die Entfernung betrug fast 40 km.
Aber die Nordsee arbeitete sich bis zum Stollberg vor. Zunächst gewann das Meer bei Sturmfluten nur wenig Land zurück; es schuf jedoch mit dem landwärtigen Vortrieb von Prielen Voraussetzungen für den Generalangriff. Der erfolgte am 16. Januar des Jahres 1362. In einer verheerenden Sturmflut, die als „grote Manndränke“ oder Marcellusflut in die Geschichte eingegangen ist, zerriß und durchstieß das Meer den zuvor aufgeworfenen, schützenden Nehrungsgürtel und drang in das nordfriesische Niederungsgebiet zwischen westlichen Nehrungswällen und heutigem Geestrand ein. Schlagartig wurde das bereits von Menschen in Besitz genommene Marschenland in Meeresboden verwandelt, und Nordseefluten tobten am Fuße des Stollberges. Zahlreiche Kirchen, Kapellen und Häuser gingen unter, Tausende von Menschen starben. An der gesamten Westküste zwischen der Elbe und dem dänischen Ripen ertranken an die 200 000 Männer, Frauen und Kinder. Die Viehverluste lagen unermeßlich hoch.
In dieser Sturmflut ging auch das geheimnisumwobene Rungholt verloren, von dem die Sage berichtet, daß nur der Priester mit drei Jungfrauen die Ka-

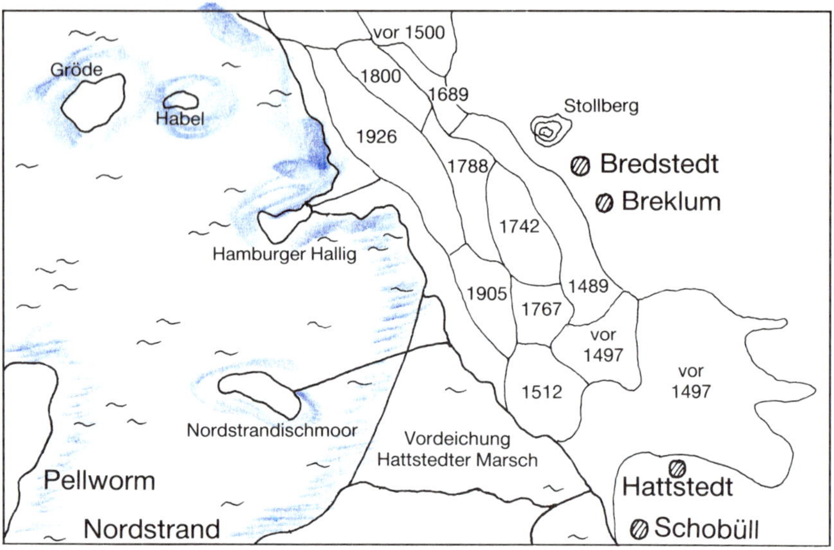

Eindeichungsjahre der Köge unterhalb des Stollberges.

tastrophe überlebte, welche Wechselbeziehungen auch immer hier geherrscht haben mögen.

Ohne Vorwarnung hat das Meer zugeschlagen. Der Dichter Detlev von Liliencron, der vor 100 Jahren für eine kurze Zeit auf Pellworm lebte, beschreibt den Untergang Rungholts in seiner Ballade „Trutz, Blanke Hans“. In den beiden letzten Strophen kleidet Liliencron das Plötzliche, Unvorhergesehene, Schicksalhafte der gewaltigen Flut in dichterische Worte:

> Und überall Friede, im Meer, in den Landen.
> Plötzlich wie Ruf eines Raubtieres in Banden:
> Das Scheusal wälzte sich, atmete tief
> und schloß die Augen wieder und schlief.
> Und rauschende, schwarze, langmähnige Wogen
> kommen wie rasende Rosse geflogen.
> Trutz, Blanke Hans.
> Ein einziger Schrei – die Stadt ist versunken,
> und Hunderttausende sind ertrunken.
> Wo gestern noch Lärm und lustiger Tisch
> schwamm anderntags der stumme Fisch.
> Heut' bin ich über Rungholt gefahren,
> die Stadt ging unter vor 600 Jahren.
> Trutz, Blanke Hans?

Kaum vorstellbar ist die umfassende Umgestaltung des nordfriesischen Raumes. Am Tage nach der schrecklichen Rungholt-Flut rieben sich die Bredstedter und Husumer die Augen. Über Nacht lagen ihre Städte an der offenen See, waren zu Küstenorten geworden. Husum ist es noch heute. Zweifellos haben natürliche Sackungen im Niederungsgebiet sowie die künstlichen Absenkungen durch Entwässerung (Verfehnung) und Torfabbau die katastrophalen Wirkungen der Flut verstärkt.
Bis zum 19. Jahrhundert blieben die nordfriesischen Landverluste stets größer als der Landgewinn. Die verheerende Sturmflut von 1634 zerstörte weiteres Kulturland. Die hufeisenförmige Marscheninsel „Strand" wurde zerschlagen. Allein auf dieser Insel ertranken über 6000 Menschen und 50 000 Stück Vieh. Nordstrand, Pellworm und Nordstrandischmoor entstanden aus der Insel „Strand". Von den versunkenen Dörfern zeugen noch heute Kulturspuren im Watt.
Unterhalb des Stollberges sah die Situation günstiger aus. Bis zum Ende des 15. Jahrhunderts bildete sich am Steilabfall der Geest ein schmaler Streifen eindeichungsfähigen Vorlandes, den das Meer aufgespült hatte. Schon 1489 konnte der Koog vor Bordelum, Bredstedt und Breklum eingedeicht werden. Dann folgten der Sophien-Magdalenen-Koog (1742), der Desmercieres-

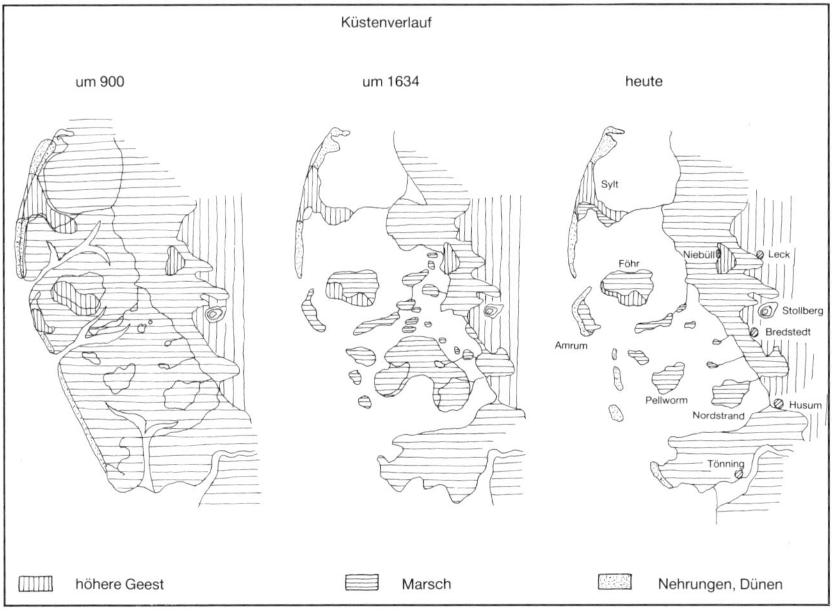

Koog (1767), der Reußen-Koog (1788), der Louisen-Reußen-Koog (1800) und der Cäcilien-Koog (1905).
Als man 1874/75 vom Reußen-Koog aus einen Damm zur Hamburger Hallig baute, schuf man die günstigsten Voraussetzungen für beiderseitige Watterhöhungen. Deshalb konnte 1926 der Deich um den letzten großen Koog, den Sönke-Nissen-Koog, gezogen werden.
Alle genannten Köge überblickt man vom Stollberg aus. Aber der zweifellos auffälligste ist der Sönke-Nissen-Koog, von dem aus die typischen hellgrünen Blechdächer der mächtigen Höfe und Wirtschaftsgebäude zum Stollberg unübersehbar hinüberleuchten. Er ist der letzte Koog, dessen Eindeichung zwecks Renditeerwartung von Privatleuten gestartet wurde. Entscheidende Triebkraft des Unternehmens war der Nordfriese Sönke Nissen aus Klockries bei Niebüll. Er entdeckte während seiner Tätigkeit als Bahningenieur im ehemaligen Deutsch-Südwest-Afrika bedeutende Diamantenfelder, erwarb die Schürfrechte und kam zu einem riesigen Vermögen. Dank seiner Wirtschafts- und Tatkraft konnte die Eindeichung des Sönke-Nissen-Kooges begonnen werden. Es stellte sich allerdings im Laufe der Bauzeit heraus, daß doch zusätzlich auf staatliche Unterstützung zurückgegriffen werden mußte. 1033 ha beste Ackerfläche hat man dem Meer schließlich abringen können. Mit 80–90 Gütepunkten zählen die Böden zu den ertragreichsten im Lande. Raps und Weizen gedeihen prächtig und liefern hohe Erträge. Die Höfe tragen übrigens zum Teil Namen südwestafrikanischer Bahnstationen: Kalkfontein, Elisabethbay, Lüderitzbucht, Keetmannshoop.
Zwar sind auch in späteren Jahren noch große Köge gebaut und agrarwirtschaftlicher Nutzung zugeführt worden, aber bei keinem gab man sich der Illusion hin, daß die Kosten für Deichbau, Straßenbau, Bau des Entwässerungssystems und der Hofgebäude sich jemals amortisieren würden, daß sich das eingebrachte Kapital aus der Bearbeitung der landwirtschaftlichen Nutzfläche in angemessener Zeit verzinste und Gewinne einbrächte. Nach dem Sönke-Nissen-Koog sind nur noch Köge entstanden, die dem Küstenschutz nützen bzw. eine Verkürzung der Deichlinie bringen. Diesem Ziel dient auch das lange Zeit umstrittene Projekt einer Vordeichung der Hattstedter Marsch. Der Deich setzt am Südende des Sönke-Nissen-Kooges an und führt hinüber zur Insel Nordstrand. Nach dem für 1986 vorgesehenen Deichschluß werden 3500 ha Wattfläche landfest sein.
Wenn der Fernmeldeturm fertiggestellt ist, wird der Blick vom Stollberg noch deutlich eindrucksvoller sein, zumal er den Rundblick gestatten wird, also auch nach Osten in die Hohe Geest hinein. Ganz gewiß wird die schon jetzt faszinierende Aussicht nach Westen auf die Köge und das Wattenmeer noch nachhaltiger auf den Betrachter wirken. Vielleicht unterscheidet man dann deutlich die drei Geestkerninseln Sylt, Amrum und Föhr, die beiden eingedeichten alten Marscheninseln Pellworm und Nordstrand sowie die allermei-

Die nordfriesische „Paßstraße“ (noch ohne den neuen Turm).

sten der zehn Halligen, die als jüngere Schlickablagerungen über altem, versunkenen Kulturland wieder gewachsen sind und entweder keine Deiche oder nur unzureichende Sommerdeiche besitzen. –

Das Bild des östlichen und nordöstlichen Stollberghanges ist ein ganz anderes, ein lieblicheres. Hier wirken sich die landschaftsgestaltenden oder mindestens landschaftsbeeinflussenden Naturkräfte des Meeres und des Windes nicht mehr so stark aus. Auf dem mageren, tief entkalkten Altmoränenboden der Hohen Geest wachsen Nadelwälder und bedürfnislose Heidevegetation. Insbesondere die Bordelumer Heide östlich der B 5 ist ein Juwel, das sich kein Besucher des Stollberges entgehen lassen sollte.

Es ist eine besondere Heide, die sich von den Heiden im Osten des Landes deutlich unterscheidet. Während die Heidegebiete um den Boxberg und in anderen östlichen Regionen des Landes Ähnlichkeiten mit der Lüneburger Heide aufweisen, entspricht die Artenzusammensetzung der Bordelumer Heide etwa der auf den nordfriesischen Geestkerninseln. Da die Bodenunterschiede für die Andersartigkeit der Pflanzengesellschaft nicht in Frage kommen, muß die Pflanzenwelt auf einen anderen Bedingungsfaktor reagieren. Das sind die klimatischen Voraussetzungen. In der Tat ist das Klima an der Nordseeküste atlantisch geprägt, d. h. es ist feuchter und kühler als etwa

In der Bordelumer Heide.

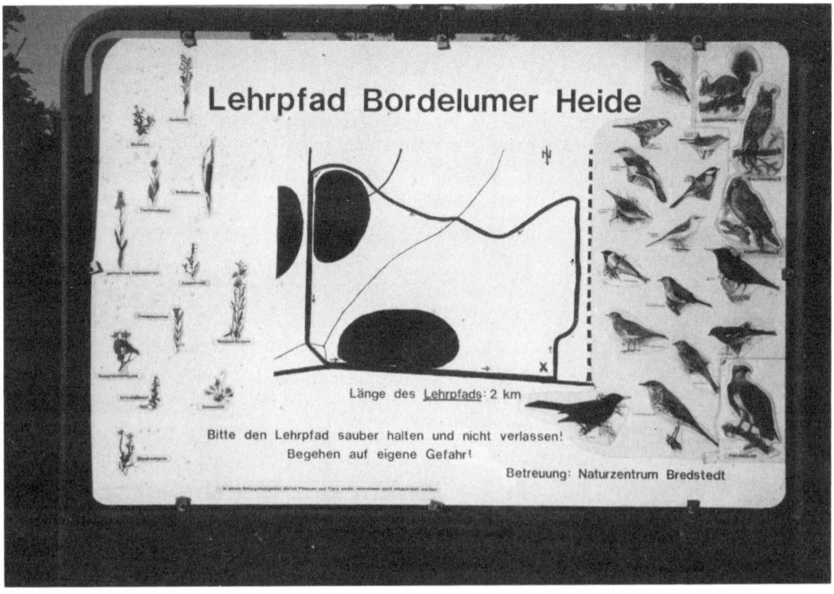

Blick vom Sönke-Nissen-Koog auf den Geestrand (nördl. vom Stollberg).

im mittleren und östlichen Holstein, wo eine etwas größere Sommerwärme herrscht und die Luft trockener ist. Entsprechend verändert sich der Pflanzenbestand. Auffallend sind die Krähenbeere und der Gagelstrauch, der ein echtes Gewächs luftfeuchter Küstenstandorte ist.

Die Bordelumer Heide ist für den Naturfreund durch einen äußerst interessanten Lehrpfad erschlossen, an dessen Rand kleine Schilder auf die Pflanzen und ihre Namen aufmerksam machen. Obwohl das Naturschutzgebiet klein ist und man es in weniger als einer Stunde durchwandern kann, fällt der häufige Wechsel der Artenzusammensetzung auf.

Der Grundwasserspiegel beeinflußt zusammen mit geringen Niveauunterschieden der Bodenoberfläche den Pflanzenbestand. Vier häufig wechselnde Feuchtigkeitsstufen mit entsprechenden Pflanzengesellschaften wird der Wanderer feststellen: 1. die trockene Heide mit dem gewöhnlichen Heidekraut (Calluna) als Leitpflanze, 2. die halbfeuchte Heide mit der Glockenheide (Erica), 3. die feuchte Heide mit der Rasenbinse, 4. vereinzelt ganzjährig nasse Vertiefungen (Schlenken). Zu den Leitpflanzen jeder Feuchtigkeitsstufe

Blick auf den Sönke-Nissen-Koog und die Halligen.

gesellen sich charakteristische Begleitpflanzen wie Arnica, Glockenblume und Ginster, Krähenbeere, Gagelstrauch und Kriechweide, Ährenlilie, Wollgras und Segge, Sonnentau, Schnabelsimse und Lebermoos.
Typisch, aber nicht erstaunlich ist die Zahl atlantischer Arten, weshalb der Biologe von der „atlantischen Heide" spricht. Für diese Pflanzen sind die Sommerkühle und hohe Luftfeuchte so lebenswichtig, daß sie nur im atlantischen Klimabereich und schon nicht mehr im Ostseebereich ihre optimalen Bedingungen finden. Das gilt neben dem bereits erwähnten Gagelstrauch und der Krähenbeere z. B. für den Sumpf-Bärlapp, die Ährenlilie, die Glokkenheide und das Islandmoos.
Gut in die Landschaft eingepaßt sind einige Fischteiche, die zwischen niedrigen Dämmen aufgestaut wurden. Das Wasser entstammt einem Bach, der das Quellwasser des Stollberges sammelt.
Das Naturschutzgebiet der Bordelumer Heide auf dem Stollberg ist als „Kontrastheide" zum Typ der östlich-kontinentalen Heiden einen Besuch wert, zumal sie durch den Lehrpfad auch für den biologischen Laien gut erschlossen ist. Eine Wanderung lohnt auch deshalb, weil man auf dem Festland kaum ein trefflicheres Beispiel für den atlantischen Heidetyp finden wird. Betreut wird die Bordelumer Heide von dem ebenfalls sehenswerten Naturzentrum Bredstedt, das hier auch fachkundige Führungen anbietet.

Düne an der Kette – der Sandberg bei List auf Sylt

Um zu unserem nächsten Berg zu gelangen, bedarf es einer etwas komplizierten Anreise, denn es geht nach Sylt. In Niebüll bedienen wir uns des Hukkepackangebots der Deutschen Bundesbahn, fahren mit dem Zug durch die nordfriesische Marsch und rattern dann in 6,30 m Schienenhöhe über dem Wattenmeer auf dem 50 m breiten Hindenburgdamm zur Inselhauptstadt Westerland. Der 11 km lange Eisenbahndamm bildet die einzige Möglichkeit, vom deutschen Festland mit dem Auto nach Sylt zu gelangen. Als der Damm 1927 für den Verkehr freigegeben war, wurde Sylt aus seinem Dornröschenschlaf aufgeweckt. Heute transportiert die Bundesbahn in doppelstöckigen Waggons jährlich über eine halbe Million Autos.

Mit hoffentlich möglichst wenigen dieser Urlauberfahrzeuge machen wir uns auf den Weg zum Nordteil der Insel und fahren über die bekannten Badeorte Wenningstedt und Kampen nach List, der nördlichsten Gemeinde Deutschlands, wo wir unsere Bergtour durch Schleswig-Holstein beenden werden.

Glücklicherweise hat der Autor bereits im Eingangskapitel erklärend und rechtfertigend darauf aufmerksam gemacht, daß Berge nicht nur durch den Vorgang der Zertalung aus höheren Teilen der Erdkruste herausgeschnitten werden, sondern auch durch Aufschüttung entstehen können. Dazu gehören neben Vulkanen die Moränen und die Dünen. Daß es letztere auf Sylt gibt, ist weithin bekannt. Besonderen Bekanntheitsgrad dürften die beiden großen Wanderdünen im Listland besitzen. Aber – und hier spreizte sich die Autorenfeder – soll man im Rahmen dieses Buches einen wandernden, also sich fortbewegenden Berg beschreiben? Nein, der Leser mußte schon genug ertragen, mit Bergen, die nicht aus Fels bestehen und Berghöhen, die man freiwillig vielleicht gar nicht zur Kenntnis genommen hätte. Außerdem tragen die Wanderdünen noch nicht einmal die Bezeichnung „Berg“ in ihrem Namen. Ja, sie besitzen überhaupt keinen richtigen Namen und werden schlicht Wanderdünen genannt, wenn auch die eine davon mit dem Zusatz „Große“ Wanderdüne.

In dieser Situation trifft es sich gut, daß in der Nähe der Wanderdüne eine durch Vegetation an die Kette gelegte Düne liegt, die also standfest ist, den Namen „Berg” trägt, dazu noch eine deutlich höhere Düne ist und einen umfassenderen Ausblick bietet als die Wanderdüne und auch als die benachbarte Düne Sütterknoll, die zwar 2½ m höher ist, aber sonst nicht so viel zu bieten hat. Gemeint ist der 34,3 m hohe Sandberg im Listland auf Sylt.

Die Leeseite des Sandberges, das ist der dem Wind abgewandte Hang, steigt steil und schroff am Ostrand von List empor. Das Auto parkt man am besten in der Nähe der Gemeindeverwaltung, geht auf dem kurzen Stichweg „An der Düne“ bis zum Dünenfuß, holt dort zunächst einmal tief Luft und beginnt dann, sich rechts haltend, den Aufstieg. Den Steilhang führt ein vege-

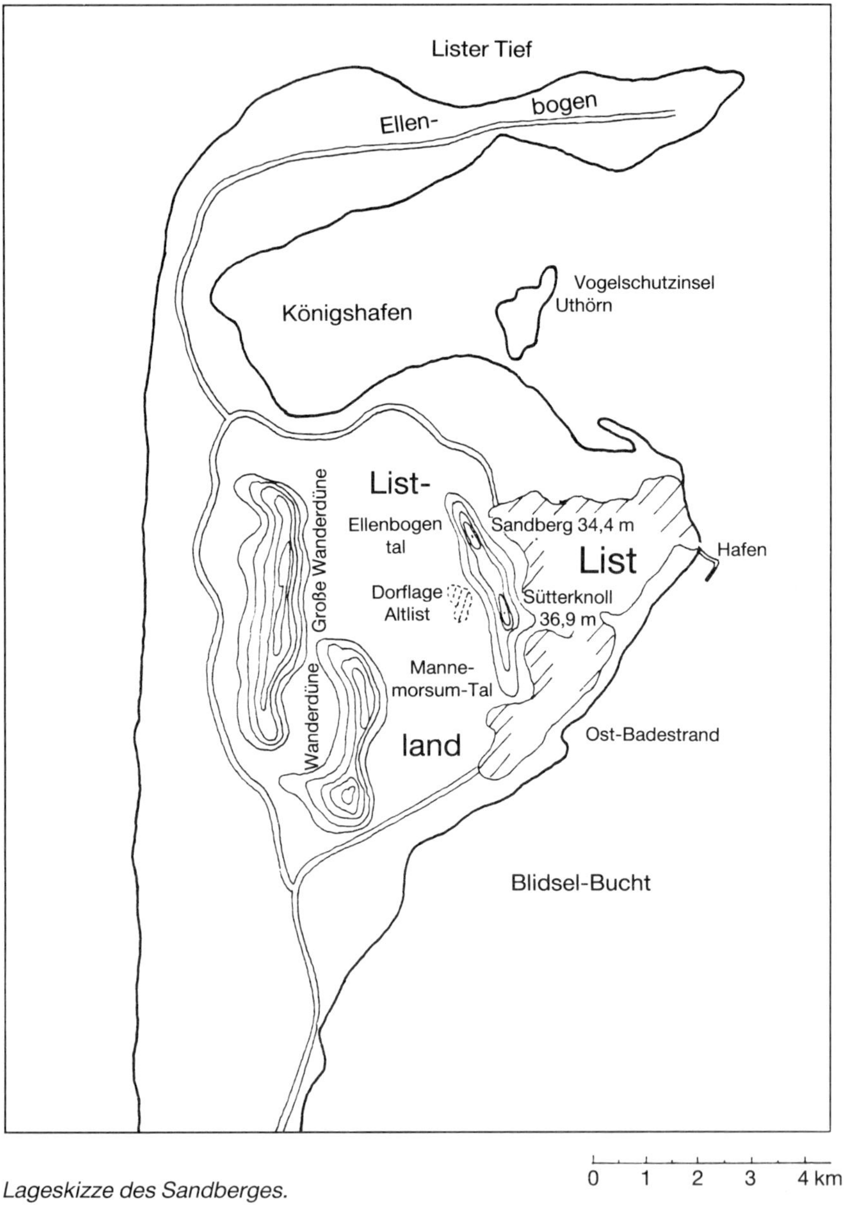

Lageskizze des Sandberges.

tationsloser Trampelpfad hinauf. Zwecks Schutzes der Dünenvegetation – das gesamte Lister Dünengebiet steht unter Naturschutz – sollte man nur ihn benutzen. Das aber bedeutet, etwa die Hälfte eines jeden Schrittes wiederholen zu müssen, weil man im lockeren Dünensand zwangsläufig um die entsprechende Distanz zurückrutscht. Oben angekommen schöpft man als Flachlandbewohner nicht Luft, nein, man schnappt danach, im zufriedenen Bewußtsein allerdings, den Kreislauf einmal richtig gefordert zu haben. Die Waden spürt man erst am nächsten Tag.
Nach einer kurzen Erholungspause geht es an einem Zaun entlang weiter. Am Ende des Zaunes biegen wir auf einen Trampelpfad nach rechts und wandern ohne besondere Anstrengung auf die Spitze des Sandberges.
Wir stehen jetzt oberhalb des Lister Friedhofs und genießen einen fabelhaften Rundblick. Nach Osten breitet sich unterhalb des Sandberges List aus. Der Ort zählt etwa 3000 Einwohner und gehört zu jenen Sylter Fremdenverkehrsgemeinden, die sich mit eher bescheidenem, aber durchaus zufriedenstellendem Komfort ein Publikum gesichert haben, bei dem das Naturerlebnis einen höheren Erholungswert genießt als eine mondäne Umgebung. Immerhin, seit 1977 besitzt auch List sein „Haus des Kurgastes" mit Schwimmbad, Meerwassertrinkkurhalle, Massagen, Packungen und sonstigen Kurmöglichkeiten. Das auffallende Gebäude liegt in südöstlicher Richtung vor der Oststrandpromenade.

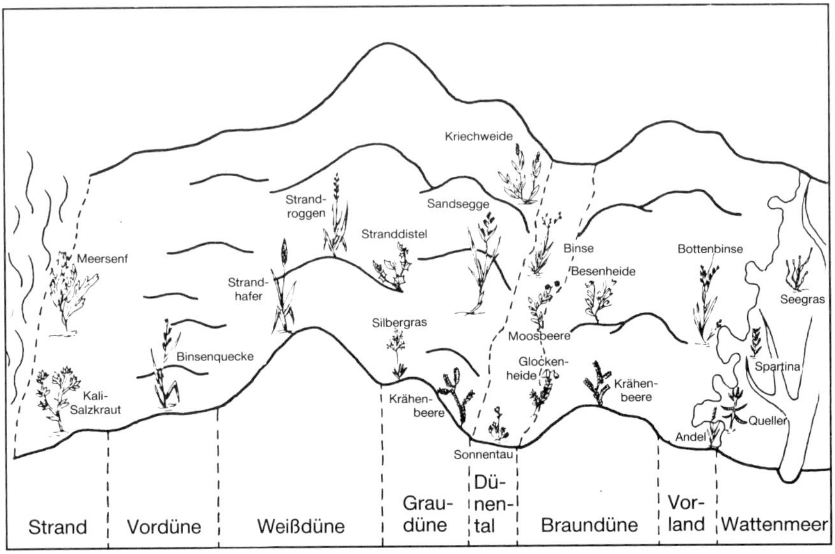

West-Ost-Profil der Dünenvegetation.

Zerstörte Bunkerstellung auf dem Sandberg.

Eine der bedeutendsten Einrichtungen des Ortes ist zweifellos der Hafen, den wir vom Sandberg aus überblicken. Hier herrscht rege Betriebsamkeit, die allerdings nur z. T. durch hafentypische, arbeitsbedingte Vorgänge hervorgerufen wird. Der Hafen ist Ziel zahlreicher Touristen. Das merkt man erstens bei der Parkplatzsuche und zweitens beim Anstehen an einer der vielen Fischbrat-, Wurstbrat-, Eis- und Andenkenstände im Hafenbereich. Für die Beschaffung eines Imbisses empfiehlt es sich, Zeit einzukalkulieren und sich rechtzeitig einen geschützten Eßplatz zu sichern. Bei den sylttypischen, windigen bis stürmischen Verhältnissen fliegen Calamares und Pommes frites allzu rasch vom Pappteller.
Im Lister Hafen gibt es einen Fähranleger, an dem ganzjährig Autofähren von der benachbarten dänischen Insel Röm (Rømø) festmachen. Die Insel ist ebenfalls durch einen Damm mit dem Festland verbunden, über den allerdings im Gegensatz zum Hindenburgdamm eine gut ausgebaute Autostraße bis zum Fährhafen Havneby führt.
Daneben dient der Lister Hafen als Fischerei-, Krabbenkutter- und Ausflugshafen (Seehundsbänke) und – sehr wichtig – als Schutzhafen bei Sturm und starkem Wellengang.
1934 wurde List Garnisonsort und ist es noch heute. Die militärischen Anfänge reichen allerdings zurück bis in die Zeit des 1. Weltkrieges, als List einen

Luftschiffhafen erhielt, von dem aus Zeppeline nach England starteten. Im Dritten Reich wurde List zum Seeflughafen ausgebaut. Die strategisch-militärische Bedeutung der Lister Garnison wird unterstrichen durch die massiven Bunkeranlagen auf dem Sandberg. Bomben-, Sprengtrichter und Betonreste zeugen von der Zerstörung dieser Festung. Unübersehbar aus der Höhe erstreckt sich heute das Kasernengelände der Bundeswehr zwischen Sandberg und Hafen.

Nördlich des Hafens blickt man auf das Gelände der Biologischen Anstalt List. In dieser Außenstelle der Biologischen Anstalt Helgoland wird marine Grundlagenforschung mit Schwerpunkt auf der Litoral- und Wattenmeerforschung betrieben.

Nach Norden zu wird der Blick gefesselt vom Königshafen, dem berühmten Ellenbogen, der dänischen Insel Röm und der Wasserfläche zwischen den beiden Inseln, dem Lister Tief.

Bevor die großen mittelalterlichen Sturmfluten Nordfriesland gründlich umwandelten und das Meer zwischen Inseln und Festland eindrang, war der Königshafen ein Siedlungsgebiet der Wikinger, in dem Archäologen fündig wurden und allerlei Kulturspuren zum Vorschein brachten.

In der Zeit des 30jährigen Krieges fand im Königshafen eine Schlacht zwischen den vereinigten holländisch-schwedischen Flotten und der dänischen Flotte unter Christian IV. statt. Der Dänenkönig gewann zwar die Schlacht, verlor aber letztlich den Krieg gegen Schweden.

Die besondere Bedeutung des Königshafens ergibt sich daraus, daß es zwischen der Nordspitze Jütlands und Sylt nirgendwo eine geschützte Reede gab. Die „Eiserne Küste" nördlich und die Wattküste südlich von Esbjerg waren allzu verkehrsfeindlich und wurden erst im 19. Jahrhundert durch künstliche Häfen zugänglich gemacht. Im Königshafen liegt die Insel Uthörn. Sie ist Vogelschutzgebiet und darf nur im Rahmen einer Führung mit dem Vogelwart betreten werden. Hier brüten die Vögel des Küstenraumes und des Wattenmeeres: Austernfischer, Rotschenkel, Seeschwalbern, Möwen u. a.

Die weite Bucht des Königshafens wird westlich und nördlich vom Ellenbogen umschlossen. Er ist das wirklich lohnende Ausflugsziel nahezu jedes Syltbesuchers. Allerdings muß man eine Art Mautgebühr entrichten, um auf den Halbinselbogen hinaufzukommen. An einem Schlagbaum wird kassiert. Das Vorzeigen der Lister Kurkarte bleibt ohne Wirkung. Das Gebiet des Ellenbogens ist nämlich seit 250 Jahren im Privatbesitz von zwei Familien. Damals war das Listland dänisch. Zwei Brüder erwarben das nutzlos scheinende Land vom dänischen König. Die Besitzverhältnisse haben sich bis heute vererbt, und die Eigentümer des Ellenbogens machen von ihrem Recht Gebrauch, für den Besuch ihres Dünen- und Strandgeländes Eintritt zu verlangen. Gewiß wird dadurch ihr Einkommen, das auf monokulturartiger Schafzucht beruht, weniger krisenanfällig.

Blick vom Sandberg auf das nördliche List, den Ellenbogen, die Vogelschutzinsel Uthörn und den Königshafen (links).

Übrigens erfolgten an der schmalen Stelle des Ellenbogens zwischen Lister Landtief und Königshafen schon Meereseinbrüche, und zwar 1928 und 1962. Dank rascher, künstlich durch Sandflugzäune und Halmpflanzung verstärkter Dünenbildung konnte der Ellenbogen gesichert werden. Immerhin bleibt dies ein Indiz für die exponierte und gefährdete Lage Sylts.
Der Ellenbogen ist ein Dünen- und Naturschutzgebiet, in dem Wanderungen ein herrliches Naturerlebnis versprechen. Baden sollte man allerdings nicht, jedenfalls nicht am Nordstrand. Dort herrscht absolutes Badeverbot. Den Grund erkennen wir vom Sandberg aus in Gestalt des Lister Tiefs, jenem 2,3 km breiten Wattstrom zwischen Sylt und Röm, durch den im Zuge des Gezeitenwechsels die Wassermassen in ein 500 qkm großes Einzugsgebiet hinein- bzw. aus ihm herausströmen. Das entspricht dem Raum zwischen dem Hindenburgdamm und dem Straßendamm nach Röm. Hier herrschen tückische Strömungsverhältnisse, die jeden Urlauber zur Beherzigung des Bade-

verbots veranlassen sollten. Man will errechnet haben, daß durch den Engpaß Lister Tief in 3½ Tagen Wassermengen gepreßt werden, die der jährlichen Abflußmenge in der Rheinmündung entsprechen. Infolge der Düsenwirkung ist die Erosionskraft der Strömung so hoch, daß die schmale Gezeitenrinne eine Tiefe von 50 m aufweist und langfristig sicherlich eine Gefährdung für die Sylter Nordspitze darstellt.

Eine naturgeographische Spezialität bietet der Blick vom Sandberg nach Osten. Nur durch ein breites Tal, das Ellenbogental, getrennt, liegt dem Sandberg das einzige Wanderdünengebiet gegenüber, das es in der Bundesrepublik gibt. Es besteht aus zwei Wanderdünen, einer östlich und einer südöstlich gelegenen. Die Dimension der Großen Wanderdüne ist beachtlich. Ihre Nord-Süd-Erstreckung beträgt ca. 1200 m und ihre Breite etwa 400 m.

Ihren Ursprung finden alle Dünen, auch eine bewachsene wie der Sandberg, im Zusammenspiel von Meeresbrandung, Abtragung und Aufwehung. Im Falle der Lister Dünen sind es alte, westlich gelegene, eiszeitliche Geestkerne gewesen, die vom Meer aufgearbeitet worden sind. Noch heute geht der Prozeß weiter. Die Dünen empfangen Nachschub vom Roten Kliff bei Wenningstedt. Hier baut das Meer die Steilküste ab, trägt das Material in einer küstenparallelen Strömung nach Norden, wo es sich am Ende der Küste als Nehrungshaken (Ellenbogen) absetzt, der noch heute nordwärts wächst. Ein anderer Teil des transportierten Sandes wird unterwegs durch die Brandung auf den Strand geworfen. Dort trocknen die Körner, werden vom Wind aufgenommen und fortgetragen. Im Windschatten von Unregelmäßigkeiten der Küstenoberfläche kommt der Sand zur Ablagerung. Geeignete Hindernisse sind Treibgut oder Pflanzen. Die eigentliche Primärdünenentwicklung wird eingeleitet, wenn eine Sandanhäufung von der Binsenquecke besiedelt wird. Mit ihren weitverzweigten Erdstengeln und Wurzeln hält sie den Sand fest, und mit ihren langen, meist eingerollten Blättern bremst sie den Flugsand, der sich hinter den Halmen in Form einer Sandfahne absetzt.

Wenn auf diese Weise die Vordüne auf 1 m bis 1,50 m angewachsen ist, übernimmt der Strandhafer die Sandfangfunktion. Der Beweglichkeit des Dünensandes widersteht der Strandhafer ebenfalls durch rasche und tiefe Bewurzelung. Auf Übersandung reagiert der Strandhafer mit verstärktem Streckungswachstum der Stengelglieder so lange, bis sie die Oberfläche erreicht haben. Selbst einen jährlichen Verschüttungshorizont von 90 cm (!) vermag er zu durchwachsen. Die unter dem Sand kriechenden Ausläufer erreichen eine Länge von mehr als 6 m. Sie sind von zahlreichen Knoten durchsetzt, aus denen wiederum ein dichtes Wurzelgeflecht für eine solide Verankerung im lockeren Dünensand sorgt und diesen dadurch festlegt. Die so entstandene Strandhaferdüne wird auch als Weißdüne bezeichnet. Ihr Standort beginnt unmittelbar hinter dem Strand.

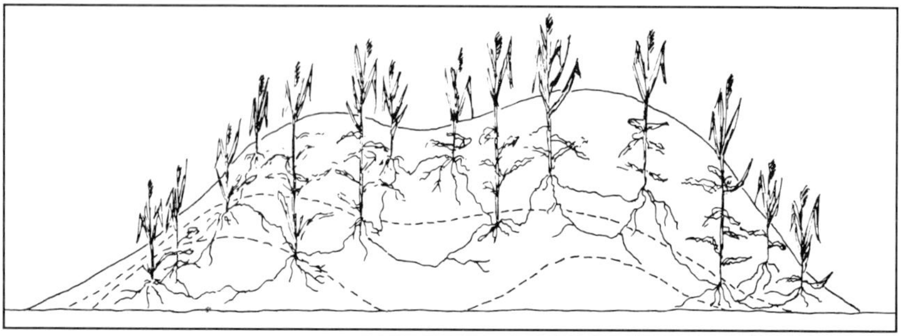

Der Übersandung begegnet Strandhafer durch starkes Streckungswachstum. Mit seinem dichten Wurzelgeflecht legt er die Düne fest.

Wie aber entsteht die Wanderdüne? Wenn durch irgendwelche Umstände, z. B. durch Brandung oder Sturm, eine Strandhaferdüne angerissen wird, findet der Wind Angriffsflächen, kann die Düne ausblasen und versetzen. Dies geschieht immer wieder und ist nicht ungewöhnlich. In der Regel wird eine solche lokale Dünenbewegung durch den Strandhafer rasch gestoppt. Wenn allerdings die Dünenzerstörung nicht punktuell, sondern flächenhaft erfolgt, beginnen gewaltige Sandmassen zu vagabundieren. Dann ist das Verhältnis von Sandschüttung und Pflanzenwuchs gestört, und die Düne beginnt als vegetationsvernichtende Wanderdüne ein Eigenleben. Der Luvhang ist meist sanfter abgeböscht. Hier weht der Wind den Sand empor. Im Windschatten des Leehanges fällt der Sand steil herab und verschüttet die Talvegetation. Entsprechend der vorherrschenden Windrichtung wandert die Düne allmählich von West nach Ost, wird allerdings bei Ostwinden auch vorübergehend zurückgedrängt. Am Westhang des Sandberges liegt das Dorf Alt-List unter mächtigen Sandmassen begraben. Früher gab es kein Mittel, eine Wanderdüne zum Halten zu bringen. Heute würde es wohl gelingen. Aber so lange keine unmittelbare Bedrohung von den Lister Wanderdünen ausgeht, wird man sie als ein einzigartiges Naturschutzgebiet erhalten.

Das Ellenbogental und das Mannemorsumtal zwischen der Wanderdüne und dem Sandberg sind feuchte Ausblasungstäler, in denen durch Auswehung der eiszeitliche Untergrund erreicht wird. Die vorhandene Feuchtigkeit nutzen Torfmoose, Glockenheide, Moosbeere, Binsenarten und der „fleischfressende“ Sonnentau, der mit seinen klebrigen Blättern Insekten fängt. Hier liegt auch der Lebensraum der hübsch gezeichneten Kreuzkröte.

Der Sandberg weist im Vergleich mit den Weiß- bzw. Strandhaferdünen eine vielfältigere Vegetationsgesellschaft auf. Je weniger Sandbewegung auf einer Düne herrscht, um so mehr Arten siedeln sich an. Die Weißdüne wird zur Graudüne. Ihr Charakteristikum ist ein geschlossener Pflanzenbewuchs. Die

Die Dünenrose auf der Höhe des Sandberges. Die Miniaturpflanze ist voll ausgewachsen. Unter dem Einfluß des starken Windes duckt sie sich in flache Mulden oder wächst wie hier im Schutz einiger Betontrümmer.

Heidekraut und Krähenbeere auf der Braundüne.

Wo der Wind Angriffsflächen findet, kann er die Düne ausblasen. Hier sind alte Humushorizonte angeschnitten worden.

Die große Wanderdüne im Westen des Sandberges. Dazwischen liegt das verschüttete Altlist.

Graufärbung zeigt Humusbildung an. Auf dem Sandberg gedeihen Sandsegge und Silbergras, Dünen-Stiefmütterchen, Gänsefingerkraut, Habichtskraut. Auch Zwergsträucher wachsen hier bereits und bilden vor allem im Lee die Braundünengesellschaft mit Kriechweide, Dünenrose, Heidekraut, Glokkenheide und der beherrschenden Krähenbeere, die geradezu als Leitpflanze dieser Heidegesellschaft gelten kann. Im Gegensatz zu den Heiden des Festlandes sind die Krähenbeerenheiden Sylts nicht durch Waldweide oder Abholzung entstanden. Sie markieren einen Gleichgewichtsendzustand natürlicher Pflanzenbesiedlung unter den gegenwärtigen Klima- und Bodenverhältnissen.

Was wäre noch erwähnenswert von unserem erhöhten Standort aus? Vielleicht dies: Im Süden des Sandberges liegt die Wetterstation List. Man sieht sie nicht; sie hält sich hinter Dünen verborgen, aber sicherlich nicht wegen des Inselwetters. So schlecht ist das Wetter wirklich nicht. Zugegeben, windig ist es fast immer. Aber hier fällt deutlich weniger Regen als auf dem Festland. Und auch die Zahl der Sonnenstunden liegt in List höher. Sicherlich ein Grund mehr, um im Listland auf Entdeckung zu gehen.

Berge und Höhen überall

Zwanzig Berge sollten beschrieben werden. Auf den ersten Blick scheint diese Zahl übertrieben. Wo in Schleswig-Holstein sollen 20 Berge zusammenkommen? Nun, sie liegen vor, und es gibt noch viel mehr!
Da gibt es z. B. eine Berggruppe, die aus 127 Millionen Kubikmeter Erdmassen besteht. Eine solche Zahl kann sich der Leser wahrscheinlich ebenso wenig vorstellen wie der Autor. Aber schübe eine Riesenplanierraupe diese Berge in den benachbarten See, der zu den größten im Lande gehört, wären beide – Berggruppe und See – verschwunden, eingeebnet. In der Eiszeit geschah es genau umgekehrt. Die Berge waren einst weichselzeitliche Grundmoränen. Diese wurden von einer vorrückenden Gletscherstirn ausgepflügt, ausgeräumt, abtransportiert, aufgeschüttet und schließlich bei mehrfachem Wechsel von Rückzug und erneutem Vorstoß der Gletscherzunge so gestaucht, daß eine chaotische Endmoränenlandschaft aus gefrorenen, schuppenartig gestellten und gestauchten Moränenschollen entstand: die

Blick vom Nordostufer über den Wittensee. Am jenseitigen Ufer die Duvenstedter Berge.

Stauchendmoräne der Duvenstedter Berge – bestehend aus 127 Millionen cbm Moränenschutt, „geboren“ aus dem Eiszeitmaterial, das einst in Länge, Breite und Tiefe das Becken des heutigen Wittensees ausfüllte. Dieser klassische Wannen- bzw. Zungenbeckensee verdankt seine Erhaltung dem Toteis, das die Hohlform auch nach dem Rückzug der Gletscher konservierte und die spätere Auffüllung mit Sand und Moräne verhinderte. Nirgendwo in Schleswig-Holstein ist die Wechselbeziehung zwischen Berg und See so deutlich wie am Nordostufer des Wittensees mit Blick auf die Duvenstedter Berge im Südwesten oder von den Duvenstedter Bergen auf den See herab.
Ein vom Eis umflossener Berg wie der Bungsberg, also ein Nunatak, ist auch der Klingberg. Er liegt zwischen der B 404 und der B 432, ungefähr 8 km

Der Klingberg westlich von Bad Oldesloe ist ein Nunatak. Im Kern besteht er aus geschichteten Sanden, daher die Kiesgrube.

westlich von Bad Oldesloe. Mit 78 m ist der Klingberg zwar deutlich niedriger als der Bungsberg, dafür aber bietet er eine glazialmorphologische Spezialität besonders feiner Art. Er besitzt nämlich den Vorzug eines großen Aufschlusses in Form einer Kiesgrube. Man kann also in den Nunatak hineinsehen.

Der Berg hebt sich deutlich aus seiner Umgebung heraus. Er bildet ein Plateau, eine waldbestandene Hochfläche, und besteht aus geschichteten Sanden, die seine Entstehung aus Schmelzwasserabsätzen verraten. Dies überrascht. Ein Sander als isolierter Berg? Schaut man näher hin, dann erkennt man, daß an den Flanken des Berges eine geringmächtige Decke aus Moränenschutt lagert, die aus dem Eis ausgetaut ist. Offensichtlich hat ein späteiszeitlicher Gletscher nicht mehr die Kraft gehabt, den Berg zu überfahren. Das nur bis zu einem gewissen Grade plastisch-flexible Eis brach, teilte sich, die Gletscherzungen glitten um den Höhenrücken herum, schürften die Schmelzwassersande unterhalb des Berggipfels aus und räumten sie seitlich ab. An den Bergflanken taute schließlich der Moränenschutt aus den Gletscherzungen heraus. Dabei entstand die Randmoräne, eine dünne Decke aus Geschiebelehm, die man am Kiesgrubenaufschluß über den Sandablagerungen deutlich verfolgen kann. Zum Gipfel schrumpft die Schicht immer stärker, bis sie schließlich weit unterhalb der Hochfläche an den Hängen endet, ohne das Plateau zu erreichen. –

Von besonderem Reiz ist auch der Hornheimer Riegel am Ende der Kieler Förde. Diese Moränenberge, auf denen sich übrigens der Fernsehturm im Vieburger Gehölz erhebt, entstammen dem Fördebecken. Eine Gletscherzunge folgte einem älteren Tunneltal, schürfte es stärker aus und setzte dessen Inhalt am Ende der Förde als Endmoräne ab. Als in der Nacheiszeit der Meeresspiegel stieg, die Ostsee und die Kieler Förde volliefen, versperrte der Hornheimer Riegel der Ostsee den Weg tiefer ins Landesinnere. Mehr als darüber mag man vielleicht staunen, daß die Eider, die im Hügelland östlich von Bordesholm entspringt und zwecks Entwässerung den kurzen Weg zur Ostsee einschlägt, vom Hornheimer Riegel gezwungen wird, ihre Fließrichtung zu ändern. Wenige Kilometer vor der Kieler Förde erweist sich der Moränenwall als unüberwindliches Hindernis. Der Eider bleibt nichts anderes übrig, als unmittelbar vor dem Ziel, der Ostsee, eine Kehrtwendung zu machen und quer durchs Land in die Nordsee zu entwässern. Das sind immerhin 80 km Luftlinie. –

Weil wir mit den Bergkuppen des Hornheimer Riegels gerade in der Nähe der Ostsee sind, sollten wir auch die herrlichen Steilufer nicht vergessen. Eines der schönsten Kliffs in Schleswig-Holstein liegt zweifellos vor den Toren von Travemünde: das bis zu 26 m hohe Brodtener Ufer. Wo es am höchsten ist, trägt es die Bezeichnung Hermannshöhe – wie auch das beliebte Ausflugslokal am selben Platz. Steilküsten sind nichts anderes als eiszeitliche Moränen-

Der Hornheimer Riegel, auf dem der Kieler Fernsehturm steht, versperrt der Eider den Weg in die Ostsee.

absätze, die von der Brandung der Ostsee angenagt, angeschnitten, abgetragen und so zu Steilufern geformt werden. Damit ist natürlich eine Rückverlagerung der Küste verbunden, und man kann errechnen, wie lange es dauern wird, bis die Ostsee an der Eingangstür des Cafés „anklopft" (ungefähr 80 m fehlen noch) oder bis der benachbarte Golfplatz um ein Spielloch ärmer sein wird. Vor rund 7000 Jahren jedenfalls lag das Kliff 5 bis 6 km tief in der Ostsee, was man in Gestalt der Brandungsplattform auf Seekarten oder auf guten Landkarten (farbliche Kennzeichnung als Flachgewässer) gut ablesen kann. Einst ragte hier eine Halbinsel tief in die Lübecker Bucht hinein.
Auf langfristig, etwa in Generationen planende Grundstücksspekulanten dürfte diese Gegend wegen des fortschreitenden Küstenabbruchs keinen besonderen Reiz ausüben. Andererseits verdanken die bekannten Badeorte Timmendorfer Strand und Niendorf sowie Travemünde ihre Strände dem Brodtener Ufer, dessen Material vom Ostseewasser in küstenparallelen Strömungen beiderseitig abtransportiert und als feiner Sand an den Stränden der Badeorte abgesetzt wird. Timmendorfer Strand z. B. liegt auf einer breiten Nehrung aus Brodtener-Ufer-Sand. Die Nehrung hat eine ehemalige Förde, den Hemmelsdorfer See, vollständig von der Ostsee abgetrennt. Auch der

breite Sandstrand des Priwalls bei Travemünde ist das Ergebnis der Abtragung des Brodtener Ufers.
Von der Hermannshöhe aus genießt man eine herrliche Sicht auf die Lübecker Bucht. Zahlreiche Segelboote beleben das Wasser und von bzw. nach Travemünde herrscht reger Schiffsverkehr der Handelsschiffe nach Lübeck und der großen Fähren nach Skandinavien. Im Sommer und an Feiertagen nutzen viele Ausflügler die herrliche Lage hoch über der Ostsee für Spaziergänge auf dem Kliff-Wanderweg. In der Speisekarte des Restaurants ist über den Wanderweg und die Entstehung des Namens „Hermannshöhe" folgendes zu lesen: „Dieser Weg war in früheren Zeiten nur ein Trampelpfad, und das Ufer ragte noch etwa 75 m weiter in das Meer. Schon um die Jahrhundertwende benutzte ihn der Consul Hermann Fehling, um hierher zu kommen. Als er sich damals für den Bau der Travemünder Strandpromenade einsetzte, spazierte er oft zu seinem Lieblingsplatz am Brodtener Ufer. Dem höchsten und schönsten Punkt, von dem man die ganze Lübecker Bucht überblicken kann. Und wenn nach dem Herrn Consul gefragt wurde, bekam man von den Travemündern zur Antwort: ‚Ja, der Hermann ist auf seiner Höhe'. So bekam dieser besondere Platz den Namen ‚Hermannshöhe'." –
Während das Brodtener Ufer ein aktives Kliff darstellt, sind die „Klevs" in Dithmarschen fossile Steilufer. Bei Kleve (Klev = Kliff), Süderdonn oder St. Michaelisdonn liegen z. T. hohe Altmoränen, die von dem nacheiszeitlichen Meeresspiegelanstieg erfaßt wurden und wo die Brandung der Nordsee einst Steilufer ausbildete. Vor ihnen wurde Marschland abgesetzt, das sich heute bis 15 km und mehr westwärts erstreckt. Das Marschland ist entstanden aus den abgetragenen Altmoränenrücken im Verein mit den organischen Sedimenten der Nordsee. Von den Bergkuppen dieser fossilen Kliffs, überblickt man die weite Marsch Dithmarschens. –
Auf vielen Bergen stehen Wassertürme, die man z. T. besteigen kann. Dies gilt z. B. für Flensburg, Eutin, Ratzeburg, Mölln usw. Keinen Ausblick sollte man versäumen. Jeder Wasserturm lohnt einen Aufstieg. Vom Turm auf dem Möllner Klüschenberg beispielsweise sieht man jenen Dreiklang der Landschaftselemente und Farben Schleswig-Holsteins, der so typisch ist für weite Räume unseres Landes: das Grün der Wälder, das Blausilbrige der Seen und das kräftige Rot der Backsteinhäuser.
Oft liegen die Städte auf Landbrücken zwischen den Seen. Man nimmt diese Lage aber erst richtig aus der Vogelschau wahr. Der Blick vom Ratzeburger Wasserturm auf die Domhalbinsel ist ein gutes Beispiel dafür, aber auch der Ausblick vom Klüschenberg auf Mölln herab macht deutlich, daß unsere Vorfahren die Lagegunst zwischen Seen zu schätzen wußten. Die Möllner Altstadt, in der einst Till Eulenspiegel die Möllner Bürger arg gefoppt hatte, liegt zwischen dem Möllner Stadtsee und dem Schulsee. –

Als letzter Berg soll noch der Wienberg Erwähnung finden. Alle Gäste des Ferienzentrums Weißenhäuser Strand an der Hohwachter Bucht kennen ihn aus der Ferne, aber vermutlich nicht seinen Namen. Der Wienberg ist die bewaldete Höhe (50 m), die sich nordöstlich des Ferienzentrums als langgezogener Rücken erstreckt. Der Wienberg ist für die Öffentlichkeit nicht zugänglich, denn er gehört zum Gebiet des Truppenübungsplatzes Putlos. Aber es sind einige Dinge über ihn bemerkenswert. Der Wienberg ist nämlich eine bedeutende vorgeschichtliche Stätte. Mehrere jungsteinzeitliche Hünengräber liegen auf seiner Höhe. Die randlichen Steinsetzungen sind meist gut erhalten, die Grabkammern sind allerdings in der Regel zerstört.
In der Zeit der slawischen Wenden, so wird überliefert, soll der Wienberg eine Kultstätte gewesen sein, ein Nationalheiligtum dieses slawischen Stammes, wo sie ihrem Gott Prove opferten und ihre religiösen Feste feierten. Aber überzeugende Belege fehlen bis heute. Richtig ist allerdings, daß es ein solches Heiligtum in der Nähe Oldenburgs gegeben haben muß. Pfarrer Helmold, Nachfolger Vicelins in Bosau und Verfasser der Slawenchronik, berichtet von einem wendischen Heiligtum auf einem waldbestandenen Berg bei Oldenburg, auf dem Volk, Priester und Fürsten in einem Prove geweihten Eichenhain zu Gerichtssitzungen zusammenkamen. Anläßlich eines Besuches

Blick vom Wasserturm auf die Möllner Altstadt.

Der bewaldete Rücken im Hintergrund ist der 50 m hohe Wienberg auf dem Truppenübungsplatz Putlos.

Helmolds und des Bischofs Gerold bei dem Wendenfürsten Pribislaw ließ Gerold das heidnische Heiligtum zerstören. Möglicherweise handelte es sich dabei um den Wienberg. Leider war die Beseitigung der heiligen Stätte so vollständig, daß bis heute keine Spur davon gefunden werden konnte.

Als Schießplatz der Bundeswehr liegt das Gebiet um den Wienberg seit Jahren brach. Wirtschaftliche Nutzung, Düngung und Spritzung mit Herbiziden und Insektiziden finden nicht statt. Die Unterlassung wirkt sich in naturschützerischer Sicht äußerst segensreich aus. Das Wienberggebiet ist ein Refugium für Pflanzen geworden, wo die rote Liste der gefährdeten Arten sich geradezu umkehrt. Aus botanischer Sicht gibt es hier einen Artenreichtum, der seinesgleichen sucht. Auf den mageren Sandböden und in versumpften Bulten und Schlenken wachsen Pflanzen und Gräser, z. T. mannshoch, in großer Artenzahl. Der Rücken des Wienberges ist bewachsen mit krattartigem Eichenbestand, durchsetzt von Weißdorn-, Hasel-, Eschen-, Birken- und Erlengebüsch. Brombeerranken und Schlingpflanzen erschweren den Zutritt. Einzelne Nadelbestände wechseln mit Eichen- und Buchenhochwald. Zu den Raritäten der Pflanzenwelt zählen Adlerfarn, Lerchensporn, Aronstab, Wollgras, Tüpfeljohanniskraut, Fieberklee u. v. a. m. Ein ideales Übungsrevier – nicht nur für Soldaten, sondern auch für Botaniker.

Gebirgsluft in Scheswig-Holstein?

In eine Veröffentlichung schlich sich einmal folgende Höhenangabe als Druckfehler ein, den viele Leser wahrscheinlich gar nicht bemerken, weil man darüber hinwegliest:

> 18). Im Norden umlagern fastebene
> Stollberg immerhin 44 mm NN er-
> er Übergang vom Stollberg nach We-

Sie erinnern sich, der Stollberg ist der Berg mit der nordfriesischen Paßstraße. Ganz so kleine Berge haben wir nicht beschrieben. Eine Meterzahl steckt hinter jedem Berg. Die Dezimalstelle in vielen Höhenangaben mag vielleicht hier und da ein Schmunzeln hervorgerufen haben. Zugegeben, bei der Zugspitze käme es niemandem in den Sinn, noch eine Kommastelle anzugeben. Weitherzige Leser aus gebirgigen Gegenden werden verzeihen, wenn der Schleswig-Holsteiner auf die Dezimalzahl Wert legt.

Der Gang auf die schleswig-holsteinischen Berge möge gezeigt haben, daß die Höhen und Kuppen des Landes eine äußerst vielfältige natur- und kulturräumliche Ausstattung Schleswig-Holsteins repräsentieren. Dann wird man vielleicht mit humorvollem Verständnis der eingangs gegebenen großzügigen, im Kern freilich wahren Berginterpretation des Autors gefolgt sein, dem die landeskundliche Darstellung im Zusammenhang mit unseren Bergen durchaus ein Anliegen war und bleibt.

Das Mittel der liebevollen Übertreibung – sofern es denn nicht völlig aus der Luft gegriffen ist – erscheint legitim, wenn es dazu dient, neugierig zu machen. In diesem Sinne hat es bereits gegen Ende des vergangenen Jahrhunderts der Eutiner Kaufmann Janus verstanden, den Begriff der „Holsteinischen Schweiz“ werbewirksam für seine Ziele des Fremdenverkehrs zu nutzen. Seiner intensiven Werbung ist es zu verdanken, daß der Bekanntheitsgrad der „Holsteinischen Schweiz“ rasch anstieg und die Landschaft zu einem beliebten Ziel für Touristen aus dem In- und Ausland wurde, obwohl es hier weder Gletscher, noch Felswände, weder Wasserfälle noch Almwiesen gibt, sondern die „Holsteinische Schweiz“ nur einfach so schön, abwechslungsreich und ausdrucksvoll ist wie die namengebende alpenländische Schweiz selbst.

Janus eröffnete 1885 sein „Hotel Holsteinische Schweiz“ in Krummsee nördlich des Kellersees. Dabei hat er den Namen „Holsteinische Schweiz“ nicht einmal erfunden, sondern es nur verstanden, ihn für sich arbeiten zu lassen. Schon 1876 schrieb der Heimatdichter Klaus Groth, der die Schweizer Alpenwelt auf seinen Reisen kennengelernt hatte, einen Vers in das Gästebuch des Gasthauses Bruhnskoppel, indem er den Berg Rigi-Kulm am Vierwaldstätter See mit der Kuppe Bruhnskoppel (76,8 m) bei Krummsee verglich:

Bruhnskoppel bleibt für alle Zeiten
der schönen Landschaft höchster Reiz,
und in des Ostens Herrlichkeiten
der Rigi-Kulm von Holsteins Schweiz.

Als am 30. Juni 1867 das „Hotel Gremsmühlen" in Malente eröffnet wurde, warben die Besitzer mit den Worten „Gremsmühlen – die Schweiz Holsteins" und mit der „reizenden Lage und der gesunden Gebirgsluft". Gebirgsluft? Na ja, hier stockt sogar der Schreibfluß des Autors, und man kann nur achselzuckend feststellen: Werbung muß eben sein!

Sogar eine Bahnstation an der Strecke Malente–Lütjenburg wurde auf Betreiben des Kaufmanns Janus in „Holsteinische Schweiz" benannt. Janus war es letztendlich, der den Begriff „Holsteinische Schweiz" zum Markenzeichen machte, das seit der Hotelgründung in Krummsee im Jahre 1885 besteht, nunmehr 100jährig geworden ist und längst übertragen wurde auf die gesamte Region zwischen Preetz, Lensahn, Neustadt und Bornhöved. Im August 1986 wurde die Holsteinische Schweiz unter gleichlautender Bezeichnung sogar als fünfter Naturpark des Landes ins Leben gerufen. Übrigens haben auch die Dithmarscher ihre „Dithmarscher Schweiz", gemeint sind die waldreichen Höhen um Albersdorf herum. –

Die maximalen Sichtweiten hängen wegen der Erdkrümmung von der Höhe des Standortes ab, den der Betrachter einnimmt. Wenn uns die Eiszeit den Gefallen getan hätte, in der Mitte des Landes einen ca. 500 m hohen Berg aufzuschütten, könnte man Schleswig-Holstein auf einen Blick erfassen, absolut trockene und staubfreie Luft vorausgesetzt. Die letzte Eigenschaft besitzt unsere Luft ja einigermaßen. Mit der Luftfeuchtigkeit ist es nicht ganz so gut bestellt. Meistens ist die Luft so mit – freilich gesundheitsförderndem – Wasserdampf angereichert, daß die Sicht nur 5 oder 10 km reicht. Aber in der Regel genügt das, um die interessanten Details in der Landschaft zu entdekken. Darauf kommt es im wesentlichen an; denn in größerer Ferne sind selbst bei hervorragenden Sichtverhältnissen ohnehin nur noch Umrisse erkennbar. Wem es dennoch auf eindrucksvolle Fernblicke ankommt, der möge auf die Richtung der Winde und die Betriebsamkeit in der Nähe von Flugplätzen achten. Bei trockenen Ostwinden und bei kalten Nordwinden wird die Luft so stark entfeuchtet, und damit die Sicht so klar, daß zahlreiche Sportmaschinen auf den Startbahnen von Lübeck, Kiel, Hartenholm, St. Peter-Ording, Büsum, Westerland, Flensburg, Neumünster und wo auch immer im Lande aufsteigen; ein untrüglicher Hinweis für die wenigen Menschen, die noch kein Sportflugzeug besitzen, daß es Zeit ist, sich die „Bergstiefel" zu schnüren und den ersten der hier vorgestellten Berge in Schleswig-Holstein zu erwandern.

Literatur

Bantelmann, A.: Die Landschaftsentwicklung an der schleswig-holsteinischen Westküste, Neumünster 1967

Bayer AG: Naturkunde im Aussichtsturm, in: Unser Werk, Sonderheft Brunsbüttel, Werkzeitschrift der Bayer AG (1983) (Nachdruck eines Artikels aus 1979)

Degn, Chr.; Muuß, U.: Topographischer Atlas Schleswig-Holstein, Neumünster 1963

Degn, Chr.: Luftbildatlas Schleswig-Holstein und Hamburg, Neumünster 1984

„Die Grenze", Schleswig-Holsteins Landesgrenze zur DDR, Schrift des Innenministers H. 24, 1985 (3. Aufl.)

Eckert, G.: 500 Tips für Fehmarn, Hamburg 1978

Eigner, J.: Ökologische Knickbewertung in Schleswig-Holstein, in: Die Heimat 1978

Fink, G.: Die räumliche Lage Lübecks, in: Die Heimat 1935, S. 178–181

Golz, W.; Rohde, H.: Auf dem Wege zum Luftkurort – Albersdorf in der Entwicklung, Bunsoh am Start, in: Dithmarschen, Zeitschrift für Landeskunde und Heimatpflege, H. 3, 1963

Grahle, G.: Geheimnisse des Wienberges, in: Die Heimat 1932, S. 6–12

Grahle, G.: Ganggräber in Schleswig-Holstein, in: Die Heimat, 1931, S. 25–32

Gripp, K.: Erdgeschichte von Schleswig-Holstein, Neumünster 1964

Gripp, K.: Die Entstehung der ostholsteinischen Seen und ihre Entwässerung, in: Beiträge zur Landeskunde von Schleswig-Holstein, Hrsg. Carl Schott, Kiel 1953

Gripp, K.: Neues über den Gipsberg und die Höhle zu Segeberg, in: Jahrbuch Segeberg 1963, S. 97–103

Hagel, J.: Der Brunnen der Siegburg in dem Segeberger Kalkberg, in: Die Heimat 1955, S. 205–209

Hagel, J.: Was alte Abbildungen von der Arbeit am Kalkberg erzählen, in: Jahrbuch Segeberg 1964, S. 105–116

Harders, G.: Die Bismarcksäule auf dem Pariner Berg, in: Jahrbuch für Heimatkunde, Eutin 1982, S. 120–121

Hingst, H.: Vorgeschichtliche Denkmäler und Funde in Schleswig-Holstein, Neumünster 1977

Hingst, K.; Muuß, U.: Landschaftswandel in Schleswig-Holstein, Neumünster 1978

Jessen, W.: Chronik der Landschaft Stapelholm, Rendsburg 1950

Jessen, W.: Ursprung und Zweck der Stapelholmer Bauernglocke, in: Die Heimat 1936, S. 45–46

Kehnscherper, G.: Hünengrab und Bannkreis, Neumünster 1983

Kettel, W. O. P.: Erlebtes romantisches Holstein, Hamburg 1970

Kinder: Urkundenbuch zur Chronik der Stadt Plön, Plön 1890

Klose, O (Hrsg.): Handbuch der historischen Stätten Deutschlands, Schleswig-Holstein und Hamburg, Stuttgart 1976

Koch, J. H.: Schleswig-Holstein, DuMont Kunst-Reiseführer, Köln 1980

Kock, Chr.: Wolfsplage im Amte Hütten vor 250 Jahren, in: Die Heimat 1931, S. 159–163

Kock, Chr.: Köhlerei im Amte Hütten, in: Die Heimat 1930, S. 196–198

Kock, O.; Pöhls, H. (Hrsg.): Heimatbuch des Kreises Plön, Plön 1953

Koppe, F.: Die Bordelumer Heide und ihre Pflanzenwelt, in: Die Heimat 1931, S. 179–184

Lamschus, Chr.: Auf den Spuren des Salzes in Lüneburg, Lüneburg 1985

Landesamt für Naturschutz und Landschaftspflege: Knicks in Schleswig-Holstein – Bedeutung, Pflege, Erhaltung, Kiel 1983

Lübke, H. E.: Burg in Dithmarschen, in: Die Heimat 1921, S. 217–219

Meier, O. G.: Von alten Bäumen, Gräbern und Steinen in Dithmarschen, Heide 1964

Meier, O. G.: Der Naturlehrpfad in Burg, in: Dithmarschen, Zeitschrift für Landeskunde und Heimatpflege, H. 3, 1964

Möller, Th.: Der Tüteberg bei Westensee, in: Die Heimat 1938, S. 336–339

Neugebauer, W.: Beiderseits der Vogelfluglinie, Lübeck 1969

Neugebauer, W.; Nissen, N. R.: Schönes Schleswig-Holstein, Lübeck 1978

Neuschäffer, H.: Die Waldnutzung in der Geschichte Schleswig-Holsteins, in: Schleswig-Holstein, H. 6, 1985, S. 8–13

Nissen, N. R.: Lauenburg an der Elbe – Landschaft, Geschichte, Kunst- und Bauwerke, Lauenburg 1963
Petersen, J.: Über die geogr. Verbreitung und Lage der Orte auf „hude“, in: Die Heimat 1930, S. 73–78
Pöhls, H.: Auf dem Grimmelsberg, in: Die Heimat, 1950, S. 168–169
Pöhls, H.: Über Bauernglocken im Kirchspiel Süderstapel, in: Die Heimat, 1930, S. 162–163
Prühs, E. G.: Das Ostholsteinbuch, Neumünster 1981
Prüß, M. (Hrsg.): Geesthachter Heimatbuch, Geesthacht 1929
Regge, J.; Hahn, H.; Lienau, K.: Der Segeberger Kalkberg und seine Höhlen, Bad Segeberg 1978
Riedel, W.: Die Auswirkungen der Eiszeiten auf die Landschaftsbildung im Gebiet von der Eider bis zur Königsau, in: Schriften der Heimatkundlichen Arbeitsgemeinschaft für Nordschleswig, H. 38, 1978, S. 60–84
Rönnpag, O.: Bismarck und das Fürstentum Lübeck, in: Jahrbuch für Heimatkunde Eutin, 1973, S. 34–50
Röper, H. u. a.: 50 Jahre Scheersbergfest, Scheersberger Schriftenreihe H. 19, 1984
Röschmann, J.: Hünengräber in Angeln, in: Jahrbuch des Angler Heimatvereins, 1954
Sager, W.: Lauenburg an der Elbe, in: Die Heimat 1903, S. 49–56
Schmidt, J.: Auf Stollberg, in: Die Heimat 1934, S. 158–159
Schmidtke, K.–D.: Die West-Ost-Verteilung des Niederschlags in Schleswig-Holstein, in: Die Heimat, H. 9, 1983, S. 249–256
Schmidtke, K.-D.: Auf den Spuren der Eiszeit. Die glaziale Landschaftsgeschichte Schleswig-Holsteins in Bild, Zeichnung und Kartenskizze, Husum 1985
Schmidtke, K.-D.: Die Küstenvegetation an Nord- und Ostsee, in: Hassenpflug u. a.: An Nord-und Ostsee, Schleswig-Holsteins Küsten, Husum 1985
Schnack, E.: Der Stein von Hattlund, in: Jahrbuch des Angler Heimatvereins, 1936
Schott, C.: Die Naturlandschaften Schleswig-Holsteins, Neumünster 1956
Schröder, G.: Panker und der Hessenstein, in: Die Heimat, 1913, S. 248–254 und 282–285
Schröder, W.: Elbschiffahrtsmuseum Lauenburg, Lauenburg 1981
Schwabedissen, H.: Vom Jäger zum Bauern der Steinzeit, Neumünster 1982
Selk, P.: Aus meiner volkskundlichen Sammelmappe, in: Jahrbuch des Angler Heimatvereins, 1932
Sprockhoff, E.: Die nordische Megalithkultur, Berlin 1938
Stadelmann, R.: Meer – Deiche – Land, Küstenschutz und Landgewinnung an der deutschen Nordseeküste, Neumünster 1981
Stolz, G.: Ein Turm auf der Gömnitzer Höhe, in: Jahrbuch für Heimtkunde Eutin 1982, S. 51-55
Struve, K. W.: Die Kultur der Bronzezeit in Schleswig-Holstein, Neumünster 1957
Vogel, H.: Waldlehrpfad und Waldmuseum Burg/Dithmarschen, Burg 1976
Wiepert, P.: Führer durch die Stadt Burg und die Dörfer auf der Insel Fehmarn, Berlin 1941
Wiepert, P.: Fehmarnscher Wegweiser, Burg 1953
Wiepert, P.: Auf vorgeschichtlichen Pfaden Fehmarns, in: Die Heimat, 1956, S. 9–13
Witt, F.: Zur Geschichte von Neustadt, in: Die Heimat, 1981, S. 185–188
Wulf, W.: Die Knicks – ein Zeichen unserer ostholsteinischen Landschaft, Jahrbuch für Heimatkunde Eutin 1980, S. 186–188
am Zehnhoff, A.: Sylt, Helgoland, Amrum, Föhr mit den Halligen, Pellworm und Nordstrand, DuMont Landschaftsführer, Köln 1979
Zimmermann, H.: Die Holsteinische Schweiz, Lübeck 1972
Zimmermann, H.: Holsteinische Schweiz – Entstehung und Verbreitung eines Begriffs, in: Jahrbuch für Heimatkunde Eutin, 1979, S. 154–158

Inhaltsverzeichnis